智能城市规划

中国工程院

2019年度土木水利与建筑工程学部咨询研究项目

"推进城市治理体系和治理能力现代化(2035)——新时代城市发展战略研究"

智能治理

INTELLIGENT GOVERNANCE

吴志强　著

上海科学技术出版社

图书在版编目（CIP）数据

智能治理 / 吴志强著. -- 上海：上海科学技术出版社，2022.7
（智能城市规划）
ISBN 978-7-5478-5706-9

Ⅰ.①智… Ⅱ.①吴… Ⅲ.①互联网络－应用－现代化城市－城市管理－研究－中国 Ⅳ.①F299.23-39

中国版本图书馆CIP数据核字(2022)第098115号

智能治理

吴志强　著

上海世纪出版（集团）有限公司
上海科学技术出版社　出版、发行
（上海市闵行区号景路159弄A座9F-10F）
邮政编码201101　www.sstp.cn
上海雅昌艺术印刷有限公司印刷
开本 889×1194　1/16　印张 10.75
字数 280 千字
2022年7月第1版　2022年7月第1次印刷
ISBN 978-7-5478-5706-9/TU·320
定价：98.00元

本书如有缺页、错装或坏损等严重质量问题，请向工厂联系调换

内容提要 Synopsis

本书是"智能城市规划"丛书的第四本，汇聚中国工程院土木水利与建筑工程学部诸多院士的思想与智慧，以中国工程院咨询研究项目"推进城市治理体系和治理能力现代化（2035）——新时代城市发展战略研究""十九届四中全会国家治理现代化中城市现代治理体系与能力创新战略研究""国土资源合理利用与国土空间治理实施保障体系研究"为蓝本，从智能治理入手，应用人工智能指引的"大智移云链"新技术，剖析我国城市化过程中存在的不平衡、不充分问题，深入解析城市发展规律，阐述尊重城市发展规律的城市智能治理理论、战略与技术支撑体系，为我国新时代推进国家治理现代化与提升城市治理水平提出系统的政策建议。本书聚焦城市智能治理，可以为城乡建设管理、城乡智慧治理、城乡规划决策等方面的领导、专家、学者，以及相关专业的师生提供参考思路，以实现更幸福的城乡生活，协同构筑和谐智慧的美好未来。

"智能城市规划"丛书

序言
Preface

国务院 2017 年 7 月印发的《新一代人工智能发展规划》提出了我国人工智能发展"三步走"的目标：2020 年，我国人工智能总体技术和应用与世界先进水平同步；到 2025 年，人工智能基础理论实现重大突破；到 2030 年，人工智能理论、技术与应用总体达到世界领先水平。我国人工智能发展规划与其他国家的最大区别在于，将人工智能本身理论的突破与我国城镇化的历史进程相结合，"以人工智能的发展，推动我国城市规划、设计、建设、治理全过程的智能化"，形成以智能化提升我国"智力城镇化"的高品质发展，以城镇化场景运用引领新一代人工智能理论研究突破的方向。我国在人工智能科学理论和技术上的崛起与我国城乡建设的智能化双向驱动之间的结合，是实现中华民族伟大复兴的必经之路和特色所在。

未来城镇化是"智力城镇化"，体现在"城市智化""规划设计智化""建设组织智化""城市治理智化"上。城市的智化将使城市在环境中具有自我学习、自我感知、自我迭代的能力，在人类历史上首次创造具有自我进化能力的设备和环境。规划设计的智化将成为生产、生活、生态环境中具有革命性、颠覆性、自发性及应对根本任务的新型设计定义。建设组织的智化将全球最专业的人才纳入网络。城市治理的智化将以"科学发展观"为引领，建立并实现现代城市的治理战略目标。

5000 年的城市历史是从城市的物质世界开始的，这个物质世界支撑的是人类社会世界的不断发展。物质世界与社会世界的交互成就了城市的发育、迭代和进步。今天，我们的城市开始有了第三元世界：城市的赛博（cyber）世界。正因为城市的赛博世界的诞生，才有了"城市智化"的可能。"城市智化"不是一蹴而就的，而是一天一天不断进步的。2010 年，上海世博会的规划建设大规模应用了全场景数据感知和动态采集，后被称为"大数据方法"；在世博园区场馆的规划设计中，研发、运用了大量多场景推演手段，后被称为"虚拟现实"。2012 年，中国工程院以此为基础，以智能城市立项进行研究，"中国新型城镇化的智能建设战略研究"项目在 2014 年之前主要聚焦大数据研究，之后进入人工智能研究阶段。从 2014 年至今，我们的团队在将人工智能技术应用于城市规划和研究方面投入了大量的时间和精力。

"智能城市规划"丛书——《智能城市》《智能规划》《智能建设》《智能治理》正是未来四

大智化趋势知识和理论的积累，汇聚了国内外几十位院士和顶级专家的智慧和思想，反映了当今世界关于智能城市最前沿的研究和实践成果，指出了未来新一代智能城市的发展方向。

  本丛书可以为城乡规划决策、城乡建设管理、城乡运营治理等方面的领导、学者，尤其是从事城市和社区智能化建设的企事业单位提供参考思路和发展顶层设计的思想理论依据。同时也可以作为城市规划、建筑学、环境设计、道路交通、市政建设、土木工程、软件信息、公共管理、金融投资、风险管理等专业的教师和学生研读的前沿参考文献。

导言
Introduction

"智能治理"包含"智能"和"治理"两个概念。其中,"治理"的概念包含对不同对象的治理,如机构的治理、企业的治理、团队的治理,但这些都不在本书的讨论范围内。本书中的"治理"主要是指对一个国家的城市、乡镇、居民区和农村的治理,即某个特定地方空间的治理。

在多数人还习惯使用"城市管理"的说法的时候,联合国和我国近年的官方文件已开始用"治理"这个词。"治理"和"管理"到底有什么区别呢?这是一个从帝国的统治走向现代社会的合理性高效的管理,再到今天生态文明下治理的不同历史阶段的进步。"治理"有多方面、多版本的定义,我总结了其六大方面的特征,可能对我国现阶段的城市"管理"走向"治理"的进程有特别的启发。

1. 以人民为中心。让城市的市民和百姓,以及到城市来的游客和工作人员都有参与决策的通道和途径,如城市中设立的市长信箱、市长电话等,街道里弄运行的"家园治理",支持大量业主委员会参与决策。与世界各国的城市发展不同,我国城市发展的有些概念是独特的,如"人民城市人民建,人民城市为人民",不仅指治理空间单位上的决策参与,更把决策的目标明确为人民,以人民为主体。尽管在实践中还有大量提升和发展进步的空间,有更多改革创新措施需要落实,但是"城市为了人民,人民是城市的主人"的概念落实到个体的人身上的时候,便是现代城市治理的第一前提和第一特征。

2. 多元人口在地域上的共同目标与共识。城市社会是一个多元社会,与传统农业社会的最大区别在于,城市社会辖区内的人口密度更高,更是多地来源、多元教育程度、多方利益协同、多种文化背景在高密度条件下的融合。因此,治理的第二特征是能否在一个治理空间的多元人口中形成一个地域的共同目标和共识。这就要求大量自上而下、自下而上、由内而外的频繁且畅通的沟通。一个地方的发展是为了未来更美好的生活,形成的共识能成为所有人行动的规范和准则,也是生态文明时代特别需要的特征。爱护一方土地的山水、文化基因,保护历史文化遗产,推举创新创意的想法,促进多元共融共通,是治理成功的标志性要素。从这点上说,"治理"与过去的自上而下、内外分离、利益导向的"管理"是有本质区别的。

3. 依法治理。治理的多方面利益诉求，需要建立在现代法治社会基础上，没有现代法律制度及其配套的相关条例规定作为所有参与者的共同行为标准，并影响所有人的道德价值观，"治理"是没有办法在一个高密度的狭小空间内完成的。所以，只有有了法律作为"治理"的基石，才能避免危害社会底线的行为发生。法治是"治理"的基础保障。

4. 数字化转型与智能技术的导入。今天的"治理"能够实施、推进与过去城市管理、村镇管理、社区管理完全不一样的措施和方案，是因为我们进入了一个数字化转型和智能化技术导入的时代。"以人民为中心""百姓参与""让人民成为城市的主人"中的"人民"和"百姓"不再是抽象概念，而是具化为一个一个人构成的群落，数字化让所有人的需求得到显示。也只有实现更快速高效的沟通，才能达成共识、形成法律基础。因此，对于今天的"治理"，数字智能化是其根本性的技术支撑；没有技术作为脊梁，就不可能有"以人民为中心""共识""依法治理"。因此，数字化转型和智能技术的导入，既是上述前三点特征的技术中枢，也是下文中后两点特征的技术前提。

5. 高效、安全。现代的治理通过数字化和智能化，可以使城市、乡镇、社区家园中的每一个人更快捷地得到信息，使时间成本、参与成本、耗能成本、沟通成本都大幅度下降，实现更高效的运行。与一个治理不良的城市相比，一个治理良好的城市一定会显现出更高效的特征。在日常的管理中，尤其在针对城市化公共安全，包括预防自然灾害和防疫的工作中，都可以显示出各个城市的治理水平。因此，高效、安全是一个城市治理水平高低的基本表征。

6. 可度量。现代治理经过数据化后，是可以度量的。比如城市智商（CITY IQ）、城市情商（CITY EQ）、城市幸福指数（CITY HQ），都是度量城市治理水平的工具。有了可度量的"尺子"，所有城市都知道自己的长短板和工作重点，以及迫切需要向其他城市学习的内容。可度量是对内测量治理水平的工具，也是让所有市民参与治理的动力，更是一个城市与其他城市在竞争中发展的动力。因此，可度量是现代城市治理重要的测度特征。

目 录
Contents

治理篇
Part I　GOVERNANCE

第一章　治理概念的提出　*1*
CHAPTER 1　CONCEPT OF GOVERNANCE

1.1 城镇化走向智力城镇化的转型思考　*3*
Towards Intelligent Urbanization

1.2 现代国家的城市治理战略目标　*5*
Strategic Goals of Urban Governance in Current Countries

1.3 城市发展问题与治理问题　*7*
Problems in Urban Development and Urban Governance

1.4 大数据时代的到来　*14*
The Coming of Big-Data Era

第二章　规律导向的空间规划范式　*17*
CHAPTER 2　THE LAW-ORIENTED SPATIAL PLANNING MODEL

2.1 技术迭代与空间发展　*19*
Technology Iteration and Space Development

2.2 技术辅助规划的内核要义　*21*
The Core of Technology-assisted Planning

2.3 空间、技术与规划的提升螺旋　*23*
The Ascending Spiral of Space, Technology and Planning

2.4 新一代技术赋能空间规划扩展　*25*
The New Generation Technology Empowering Spatial Planning

2.5 规律导向：迈向空间规划的新高度　*27*
Law-orientation: New Stage of Spatial Planning

第三章　治理的要素　29
CHAPTER 3　KEY ELEMENTS OF GOVERNANCE

3.1 规模要素　31
Scale Elements

3.2 空间要素　32
Spatial Elements

3.3 人才要素　33
Talent Elements

3.4 创新要素　34
Innovation Elements

智能篇
Part II　INTELLIGENCE

第四章　城市空间数字体系的建构逻辑　37
CHAPTER 4　THE CONSTRUCTION LOGIC OF CITY SPATIAL DEGITAL SYESTEMS

4.1 城市治理大数据库架构的难点　39
The Crucial Points in Structuring Big Data for Urban Governance

4.2 地方治理数据的表达及分析　40
Analysis and Presentation of Local Governance Data

4.3 城市治理能力的时空指标体系　45
The Spatiotemporal Index System of Urban Governance Performance

4.4 数据库架构技术发展代际演进　47
Intergenerational Evolution of Database Structure Technology

4.5 城市治理智能支撑平台的 CBDB 架构　51
The Structure of City Big Data Bank (CBDB) for Intelligent Urban Governance

4.6 城市治理的大数据设施支撑　53
Big Data Facilities to Support Intelligent Governance

第五章 城市治理问题及其诊断支撑 *55*
CHAPTER 5　PROBLEMS AND THEIR DIAGNOSIS IN URBAN GOVEMANCE

5.1 城市治理问题及其哲学本质 *57*
Problems in Urban Governance and Their Philosophical Essence

5.2 城市诊断的思想基础 *59*
The Ideological Basis of Urban Diagnosis

5.3 城市诊断的体系建构 *61*
System Construction of Urban Diagnosis

5.4 区域诊断 *62*
Regional Diagnosis

5.5 生态诊断 *64*
Ecological Diagnosis

5.6 产业诊断 *68*
Industrial Diagnosis

5.7 动力诊断 *72*
Dynamic Diagnosis

5.8 社会诊断 *77*
Social Diagnosis

5.9 文化诊断 *80*
Cultural Diagnosis

5.10 流动诊断 *81*
Flow Diagnosis

5.11 空间诊断 *84*
Spatial Diagnosis

5.12 安全健康诊断 *91*
Safe and Health Diagnosis

5.13 小结 *95*
Chapter Summary

第六章　城市智能治理支撑平台　*97*
CHAPTER 6　CITY INTELLIGENT GOVERNANCE SUPPORTING PLATFORMS

6.1 城市智能治理技术体系　*99*
Technical System for Urban Intelligent Governance

6.2 人工智能赋能城市规划　*107*
AI Empowering Urban Planning

6.3 城市智能治理技术平台　*108*
Urban Intelligent Governance Technology Platform

战略篇
PART III　STRATEGIES STRATEGIES

第七章　战略案例　*113*
CHAPTER 7　STRATEGY CASES

7.1 北京副中心的家园治理规划设计　*115*
JIAYUAN Planning in Beijing Sub-center Project

7.2 智力城镇化国家碳达峰路径及其影响要素研究　*118*
Carbon Peak Paths in Intelligent Urbanization Countries and Their Influence Factors

7.3 马桥人工智能试验区新基建顶层设计　*132*
Top-level Design of New Infrastructure in Maqiao AI Town Project

7.4 广州市基于CIM的智慧城建"十四五"规划　*134*
Guangzhou's Smart City Plan Based on CIM

第八章　我国城市治理现代化战略推进　*139*
CHAPTER 8　STRATEGIC ADVANCEMENT OF URBAN GOVERNANCE MODERNIZATION IN CHINA

8.1 我国城市治理现代化的根本需求　*141*
The Fundamental Demands of Intelligent Urban Governance in China

8.2 我国城市治理现代化战略模式的建构　*143*
Construction of the Strategic Model of Intelligent Urban Governance in China

8.3 我国城市现代化发展和治理模式 *145*
Intelligent Urban Development and Governance in China

8.4 我国城市现代化治理发展的底板技术与核心技术 *146*
The Basic and Core Technologies for Intelligent Urban Governance in China

第九章 新时代我国城市治理现代化政策建议 *147*
CHAPTER 9 PROPOSALS FOR CURRENT URBAN GOVERNANCE IN CHINA

9.1 国家治理现代化进程 *149*
The Intellectualizing of Governance at National Level

9.2 国家政府层面政策建议 *150*
Policy Proposals at National Level

9.3 地方政府层面政策建议 *153*
Policy Proposals at Local Level

9.4 行业技术层面政策建议 *155*
Policy Proposals at Professional and Technological Level

9.5 智能治理的实施保障体系建构 *157*
Construction of Supporting System for Implementation

治理篇
Part I
GOVERNANCE

第一章 治理概念的提出

CHAPTER 1
CONCEPT OF GOVERNANCE

1.1 城镇化走向智力城镇化的转型思考
Towards Intelligent Urbanization

1.1.1 城镇化人口变化

城镇化发展过程中，首先被城镇化的是城市周边地区。随着城镇化发展到一定阶段，城镇化人口不再主要来自乡村，开始出现更大范围内的人口吸纳。对于国域面积较小的国家，甚至出现超越国界的城镇化转移。例如20世纪90年代，英国吸引了大批苏联、东欧的新富、新贵，在伦敦地区集聚了大量的东欧富人。又如，日本通过实习生政策从东亚、东南亚吸引劳动力，欧洲、美洲也都形成过国际城镇化移民。

对中国来说，城镇化率达到60%以前，人口城镇化首先发生在同一城市的城—乡之间，而后是邻近城市之间，再到相邻省份之间。近几年出现了跨区域的流动，如上海吸引了大量苏浙皖人口，北京吸引了东北三省的人口，珠港澳城市群吸引了湖南、重庆的人口（表1.1、表1.2）。当中国城镇化率达到70%~75%以后，随着高等教育的普及，人口的城镇化还会出现更大范围的流动。

因此，高度城镇化与全球化是紧密结合在一起的，全球经济一体化也对高端城镇化地区造成了直接冲击。随着城镇化的发展，城市治理需要面对在同一城市空间中，完全不同文化背景、不同语言的人的问题。在20世纪末，欧洲城镇化治理也面临过同样的问题和挑战，因为大量不同肤色、不同宗教、不同文化及不同教育背景的人移居到一个社区中。

1.1.2 城镇化产业变化

城镇化提升也对产业结构产生了重大影响。在城镇化初级阶段，主要的产业动力是第二产业，依托工业化的力量吸纳大量移民，推动城镇化率从10%发展至60%。随着高度城镇化阶段的到来，尤其城镇化率达到66%以后，城镇化与第三产业，如现代服务业、信息软件业、居民服务业、文化娱乐业息息相关。

第三产业推进高端城镇化，同时城镇化在进入高级阶段后会带动第三产业的发展。

表1.1　中国人口净流入前10城市

序号	城市
1	上海
2	深圳
3	北京
4	东莞
5	广州
6	苏州
7	佛山
8	天津
9	成都
10	宁波

数据来源：2019年第六次人口普查数据

表1.2　中国人口净流出前10城市

序号	城市
1	重庆
2	周口
3	信阳
4	阜阳
5	商丘
6	毕节
7	茂名
8	驻马店
9	南阳
10	遵义

例如德国等发达工业国家，工业生产总值没有减少，但随着第三产业的扩张，三大产业的比重发生了变化，城市中的就业人口百分比也相应发生了变化。

自动化、智能化的进步，提高了劳动生产率，使工业就业人口大量下降，这些人口被释放到第三产业中。越来越多的人需要第三产业的服务以提升生活品质，也有越来越多的人从事第三产业以提供更美好的生活。

与第二产业相比，第三产业的从业人口更加复杂和多样，需要城镇具备多样性、个性化的社会治理能力。

目前按照第一、第二、第三产业进行划分，将农业、工业之外的产业统称为第三产业。如果进行仔细分类，除了传统的服务业，更高端的信息产业可以称为第四产业，智能创新创意可以称为第五产业。

第四、第五产业对应的从业者，受过高等教育，自我管理能力可能超过社区管理者的水平，他们更有意愿主动参与社会治理，也更有效率地进行社会治理。因此，代表未来生产力主流方向的第四、第五产业从业者居住的社区，可以作为新型社会治理的探索模式试验区。

1.1.3 城镇生态价值变化

城镇化发展除了城镇化人口来源、产业结构、生活需求的变化以外，还和全球生态环境变化有着重要关联。

随着20世纪70年代环保主义思想的传播，尤其是2000年以后全球气候变化问题被广泛讨论，传统化石能源（煤炭和石油）城市得到了特别的关注。碳排放的敏感度与城市中的人口构成、城市治理能力密切相关。城镇化发展到高级阶段时，将会有三支力量推动城市治理的变化：

（1）政府力量。随着对生态环境的重视，各地政府在与其他政府的竞争中，将以更低的碳排放、更好的环境品质、更好的绿水青山作为考核指标，以适应高端城镇化智力人口，并作为城市品牌。

（2）科研力量。城镇化率达到75%以后，城市对第二产业的依赖越来越少，对第三、第四、第五产业的需求不断增长，同时也使传统能源结构的需求发生变化。产业需求不再是传统的石油、煤炭等高碳排放结构，而是需要大量清洁能源支持。

（3）社会力量。随着高端城镇化的出现、受过高等教育人口的集聚，以及社会环境意识的增长，垃圾分类、碳排放、碳中和越来越受到重视。环境污染的问题，变成城市治理中的重要议题。德国在从传统能源国家转型到新型能源国家过程中，市民中的知识分子起到了巨大的推动作用。可以预测，中国今天正在接受大学教育的这一代人，20年后将成为城市治理的主要对象和主要治理者。

1.2 现代国家的城市治理战略目标
Strategic Goals of Urban Governance in Current Countries

1.2.1 理性科学

城市是一个复杂的生命体，其发展与运行有着自身的规律与范式。随着城市规模的不断扩大，新的城市功能、城市矛盾不断出现，城市政府的职能一方面不断增多，另一方面也会产生与原有职能的相互重叠或盲区。因此，城市政府无论在制定城市发展目标、确立城市发展方向等顶层战略，还是在制定具体推进方案、行动计划等过程中，都应认识到城市复杂度在不断增加，并遵循理性客观的态度。试图"一次性"解决城市问题，或者采取"一刀切"的方法简单化地处理城市问题，都无法获得满意的效果。

同时，摒弃以往"凭感觉""拍脑袋"的决策思维，在建立现代城市治理战略目标时，以"科学发展观"为引领，强调城市战略目标理念的客观理性，行动方案与措施制定的科学可行，依靠城市智能决策系统，改变决策的随意性。

1.2.2 法治治理

城市治理战略的制定，各项推进城市发展举措的实施，社会的顺利运转，都离不开稳定有效的法治环境。法律通过界定每个人的边界与定位，形成个人权力与职责相配套；界定组织的边界与定位，形成组织权力与组织职权的相对应。无论是物质世界的法治建设，还是规范网络虚拟社会的法治建设，都要做到有法可依、有法必依、违法必究。

在面对数字虚拟社会不断扩大的现实面前，形成"网络非法外之地"的共识，积极探索相关法律法规的制定与完善，消除互联网世界的法律盲区，通过法治达到"善治"的治理目标。

1.2.3 民主参政

传统城市管理模式采取的是一种自上而下的科层式管理模式，城市市民作为被管理的对象，很少有表达自身诉求的空间。在新型的治理模式下，市民作为被治理者，同时主动参与城市治理过程，形成"人人被治理，人人治理"的网络化治理结构。

这种网络化结构与传统管理统治的树状结构不同，体现了治理与管理、统治的根本区别，也与公司强调委托代理的治理有根本区别。随着个人移动通信、社交媒体的普及，市民参与城市治理从以往的单向通知式交流逐步转向双向即时性交流，民主参政的意识和能力获得了进一步的提升，市民参与城市治理的广度与深度体现了城市智能治理的成熟度。

1.2.4 数字支撑

如何有效利用城市产生的浩瀚数据，使城市进入智能数字城市时代，不仅仅是城市智能治理的一个技术问题，同时也是一个需要考虑的社会问题。

在数字革命时代，社会治理依托大数据技术，对城市社会进行大规模、大系统的了解和把握，中间信息的更加透明、对称，为消除由于信息不对称造成的管理盲区提供了可靠的信息来源。同时，数据全要素的可获得性，能实现以更大的观察样板参与观察；信息基础设施的不断完善，又能实现更高的频率来缩短处理时间；便捷的数字化存储技术使对历史数据的挖掘成为可能，从而能以更长的时间跨度上的数据的分析完成对总体大趋势的预警，以更细颗粒度的数据完成对个体的差异性服务和支撑。

数据治理成为城市政府在发展智能治理中需要优先考虑的关键环节。关于数据的立法、数据权的保护、城市级平台数据的应用都应当作为城市智能治理中的关键考量点。

1.2.5 生态文明

完整的城市生态包含三种生态，即自然生态、社会生态、创新生态。城市的治理之道是在城市自然生态的前提下形成良好的社会生态，从而为城市的创新生态提供良好的孵化环境，使城市成为不断涌现的各种新思想、新创意、新创造、新发明、新技术、新理论的聚集地，为城市的发展提供动力，推动城市不断向更高层级进化。

首先要重视自然生态的保护。这是城市得以生存的物质资源环境，如通过设立碳中和目标，获得可持续发展的生存环境。其次，创导建设和谐的社会生态，形成协调和谐、积极向上氛围，在以城市政府为主的引导与激励下，治理主体相互之间能够支撑的社会文明。最后，城市的创新生态是城市发展的源动力，其构建的关键在于包容性社会的建立和优秀人才的聚集（图1.1）。

图 1.1　现代国家城市治理战略目标

1.3 城市发展问题与治理问题
Problems in Urban Development and Urban Governance

1.3.1 我国城市发展问题诊断

在城镇化快速发展的背景下，我国城市与世界上其他城市一样面临着来自生态环境、经济社会发展等各个方面的问题，如城市交通不平衡、职住不平衡、环境恶化。城市是一个生命体，其生长发育有其自身的规律。城市问题是系统性问题，也是普遍性问题，它是增长主义发展到一定程度必然会出现的，而解决城市问题的方式和对问题的反应速度决定了城市的发展水平。我国城市发展面临的问题主要表现为不平衡和不充分。

1. 城市发展的不平衡问题

我国城市发展不平衡的核心问题在于不和、不合、不续。"不和"是指与外部不和谐。"不合"是指内部不协调。"不续"是指在时间维度上代际不永续。

（1）"不和"——与外部不和谐。我国幅员辽阔，城市在国土空间上广泛分布，但是我国的东部城市和西部城市、南方城市与北方城市、城市地区和乡村地区之间，在城市发展过程中，尤其是城市之间或城市与外部环境交换交往的过程中，存在广泛的不和谐问题。具体包括：

① 东部和西部城市发展不和谐。

我国东部城市分布密度高，城市人口密集，有较高的经济、科技水平，交通条件便利，辐射腹地范围广阔，市场经济发展成熟。但是我国西部地区的经济发展水平较低，人口分布分散，交通条件不便，对外联系不畅。东部与西部应当借助构建国际国内"双循环"的契机，打通各方面联系的阻碍，形成东西部发展协调互促的新发展格局。

② 南方和北方地区城市发展不和谐。

我国南方城市与北方城市各有优势与特色，但是长期以来，由于历史发展、人口分布、经济水平、文化习俗与认知上的差异，交流与协作不足，缺乏完善的治理协作体系。因此，应当在畅通南北方城市协作沟通体系的基础上，实现优势互补，加强沟通合作，提升协作治理水平。

③ 城市地区与乡村地区发展不和谐。

我国城镇化进程推进至今，农村人口大量涌入城市，城市空间不断扩张，并在此过程中集聚优势资源，吸纳农村劳动力，产业蓬勃发展，经济增长迅速。但是我国的广大农村地区发展停滞，资源匮乏，人口老龄化严重，后续发展乏力。因此，应发挥城市对农村的辐射带动作用，让城市反哺农村，贯彻落实乡村振兴战略，构建乡村生产、生活、生态协调有序的新发展格局。

（2）"不合"——内部不协调，是城市内部各系统、要素之间的不协调。具体体现在：

① 城市空间发展不合。城市发展过程中，空间增长、空间开发、空间供需缺乏合理、长远的安排和规划，缺乏统一、和谐的秩序，城市规模无序扩张导致城市滋生、蔓延"大城市病"。城市空间结构安排不合理，过于集中或过于分散，导致以密度过高的单一地区为核心或密度过低的多中心

的城市空间结构难以为继。

② 城市资源环境与城市发展不合。城市发展的过程破坏了原本完好的自然环境，突破了生态环境底线，使自然资源承载能力超负荷，供、需、用三者矛盾。城市发展对城市环境的破坏需要治理与修复，但城市发展过程中的大量无序建设、复杂建设过程和建设方式，使生态环境的治理和修复面临复杂情况。

③ 城市工程建设与城市发展不合。城市基础设施远期规划与近期规划结合欠缺，现状基础设施难以满足城市健康发展的合理需求，城市基础设施建设速度滞后于城市发展速度。城市工程建设技术更新迟缓，由前沿技术研发到市场应用转化周期长，导致城市工程建设技术水平滞后于时代要求。过度强调城市增量建设与建筑空间扩张，导致城市建筑的盲目建设，无论是住房还是公共建筑、商业建筑，供给严重大于需求，建筑工程与建筑设计质量低下，"豆腐渣工程""奇葩建筑"频现。城市高层建筑大量建设，破坏城市风貌，造成城市防灾疏散等安全隐患和加剧社会割裂与隔离，不利于城市和谐发展。

④ 城市交通与城市发展不合。城市对交通的高度需求促使城市对交通发展高投入，在刺激城市道路交通设施高速增长的同时，也带来了巨大的负外部性。城市交通自身作为一个复杂的综合系统，其管理与运营、建设与维护成为城市发展中不可忽视的问题。大量的流动人口加上中国私家车拥有量的骤增，使城市的交通需求与交通供给矛盾突出，导致大城市比较普遍的"出行难"和交通事故频发。交通拥堵不仅导致经济社会诸项功能的衰退，还会引发城市生存环境的恶化，成为阻碍发展的"城市顽疾"。与此同时，城市交通大规模建设中混杂品质低下的交通工程项目，损害市民利益，威胁城市安全。

（3）"不续"——时间维度上不可持续。在时间维度上，我国城市发展的不平衡问题是不可续，主要表现在：

① 城市人口增长与资源环境的关系不可续。

城市人口急剧增长，不断加剧生态环境的压力。20世纪90年代以来，每年平均有1500万左右农民工进入城市，数以万计的大学毕业生留在城市。这使经济发展较快的城市规模扩张迅速，导致中心城区生产、生活所产生的污水、垃圾、工业废气等污染问题向周围地区转移，加快了周边农田、绿地、林地等生态系统恶化，迅速降低了城市和周边地区的环境承载能力、污染净化能力和城市生态平衡能力。城市人口的急剧增长，直接造成城市污水的大量增加。据统计，从1999年起，我国城市生活污水排放量就超过工业污水排放量，目前全国城市生活污水排放量已超过全国污水排放总量的50%（李迅，2008）。与此同时，大气污染严重，许多城市频繁出现大面积雾霾天气。机动车尾气成为特大城市空气污染的主要根源之一。此外，固体废弃物量的迅速增加，使生活源也成为影响城市环境的主要因素之一，与此相关的居民消费行为和生活方式对城市环境也将产生更大影响。

② 短期发展与长远规划不可续。

在城市发展过程中，缺少长远的城市规划。城市治理政策缺乏连续性，存在"一届市长，一个规划"的长官意志的现象。因此，在城市大规模建设过程中，造成公共资源浪费和城市布局不够合理的现象。以南京市为例，在20世纪90年代曾先后建设了三个大学城，但最终比较成功的只有仙林大学城；南京的城西干道高架天桥设计预期使用30年，但实际使用不到10年就被下令炸毁，再建地下隧道（陶林，2017）。这些都是由于缺少长远规划造成公共资源严重浪费的实例。

③ 代际关系不可续，当代人的生存与发展透支下一代人的资源。

城市急剧膨胀式发展，大量消耗自然资源，对人类生产、生活需求的满足建立在对自然环境破坏、对下一代人生存资源透支的基础上。在城市发展过程中，对资源的利用不可持续，产生了大量的污染与浪费——城市交通运输过程中，车辆产生大量汽车尾气污染；城市能源利用过程中，大量燃烧化石燃料，排放二氧化碳及各种大气污染物，造成温室效应与诸多空气污染问题；城市生产、生活产生的大量垃圾未完全处理，倾倒填埋到自然环境中，对自然环境造成了极大的破坏。地球的资源是有限的，当代人发展过多消耗自然资源，必会提前透支下一代人发展所赖以生存的资源。

2. 城市发展的不充分问题

（1）城市发展对人民需求的满足不充分。中国城市居民面临着"看病难、看病贵、高房价"这三大问题。以南京为例：医疗方面，到大医院看病最为常见的问题是要多次排队、医院挂号困难，名医号甚至要等待数月；房价也较高，居全国高房价城市之列，市区平均房价在每平方米5万元左右，周围仙林、江宁等区域也达到每平方米2万~3万元，南京市拉萨路小学、琅琊路小学和力学小学三所小学附近学区房达每平方米7万元以上（陶林，2017）。

（2）市民参与城市发展不充分。城区发展治理及公共设施建设内卷化。虽然当前公众的参与能力、参与意愿有所增强，但还只停留在被动参与、告知式参与层面，往往易流于形式。

以上问题与挑战源于我国在过去较长时间内传统粗放型和GDP至上的城市发展模式和治理模式，片面追求数量扩张，单纯考虑人的物质需求，追求经济效益，造成大量消耗资源、排放污染。继续沿用传统的城市发展和治理模式已不能适应并难以解决我国目前城市化发展中出现的种种问题。在我国，从农村人口占绝大多数的社会转变为城镇人口占多数的城市型社会，城市治理现代化是必由之路（李迅，2008）。

3. 城市发展不平衡、不充分问题的成因

中国的城市发展及其治理中的不平衡源于城市治理能力不足。城市治理水平取决于城市治理能力与城市规模两者之间的相对关系。

城市规模大小应取决于其治理能力。凡治理能力大于城市规模，城市则健康发展；凡城市规模大于治理能力，城市则病态涌现。

例如，唐代长安是当时全球最大的城市，管理井井有条，也代表了中华文明达到了新的高度。纵观世界城市发展历史，城市文明程度最高的一定是规模最大、治理水平最好的城市。

因此，为了一个文明更高级的发展，必须对城市的未来状态做出提前的安排，构建治理体系，以使生存空间内外关系走上全面的、惠及全民的、可持续的发展。

当前，城市发展不平衡、不充分问题的成因包括：

（1）信息不对称。城市治理机制的运行是一个城市信息不断输入、转换和输出的过程，信息和基于信息的判断是整个系统有效运转的基本动力。在信息输入、转换和输出的过程中出现信息缺失、信息误读、信息错误、信息传递慢等问题，称为信息不对称问题。

我国城市治理机制在运行过程中，普遍存在着信息不对称的问题，包括自下而上信息收集的不对称和自上而下信息传达的不对称。信息不对称问题的形成有着复杂的原因，并对城市治理机制的运行产生消极影响。能否解决城市治理信息不对称问题直接关系到治理办法是否有效。

任何治理行为的前提和基础都在于拥有的治理信息。唯有掌握了相关治理信息，才能够精确地制定治理机制、治理政策、治理办法，并有效执行（钱坤，2019）。我国在信息收集过程中的信息不对称问题主要包括：大数据技术在城市治理中的应用不成熟；公众的信息反馈渠道少，传递效率低；公众对城市共建、共治、共享的参与意愿不足。

城市治理机制执行是指政策执行者通过建立组织机构，运用各种政策资源采取解释、宣传、实验、实施、协调与监控等各种行动，将治理政策观念及内容转化为实际效果，从而实现既定治理目标的自上而下的动态过程（王巧玉，2018）。这个过程中的信息不对称问题主要有城市治理信息公开化程度低、城市各主体对治理政策的解读不一致等。

信息不对称还将对治理成果的评估造成不利影响，最终导致治理评估效果错误、扭曲，不利于城市治理的现代化、科学化、智能化的推进。

（2）智慧基础设施建设不完善。

① 城市基础设施建设管理统筹机制不成熟。智慧城市基础设施建设管理的体制机制、相关法律的制定、各部门职权结构尚不明确，存在多头管理、部门间信息不对称、利益壁垒等问题。这些问题导致智慧城市基础设施建设的集约化水平低，公共基础资源利用效率和应用水平不高，存在重复投资问题。各单位申报时间不统一导致反复施工，对居民生活造成严重干扰。新型智慧城市基础设施建设首先要解决的就是明确智慧基础设施建设的建设体制、机制、法制，提高建设效率。

② 缺乏面向多元社会主体的有效投资模式。智慧城市建设市场化探索程度低，总体来看，智慧城市建设主要由政府投资，投资主体单一，缺乏多元化、多渠道的投融资机制（马家蓉，2016）。

③ 城市创新力不足，难以保障基础设施的持续更新。有效的智慧城市基础设施对科技水平要求高，且更新迭代速度快。目前国内城市仍然缺乏针对智慧基础设施建设人才培养的相关政策机制。规划建设速度跟不上技术更新速度，缺少创新人才为智慧城市的后续发展提供持续性的技术支撑。

（3）城市治理制度不足。城市治理作为国家治理体系的重要组成部分，是实现国家治理现代化的重要引擎。然而，伴随着城市治理现代化的加速推进，城市治理在治理主体、治理制度及治理文化等多个方面出现了错位、延迟或滞后等问题，形成了一个多重堕距的复杂现象（任鹏飞，2019）。

城市治理的问题是具体治理制度差距，城市治理能力不足导致了多种城市不平衡、不充分的问题。

① 城市治理主体中的政府职能堕距。面对城市治理中凸显出来的各类问题，政府受路径依赖和经济自利动机等因素的影响，一时间难以对自身职能作出科学合理的转变。在城市治理过程中，政府时常出现越位、错位和缺位的状况，履职缺乏一定的主动性与规范性（任鹏飞，2019）。

② 城市治理框架中的制度堕距。由于城市治理涉及城市多方面的事宜，因此城市治理的相关制度体系必须是精细且规范的。然而，现阶段我国城市治理的相关制度体系尚不健全，不合理甚至无效的制度仍然存在（任鹏飞，2019）。

③ 城市治理背景中的文化堕距。当前阶段，我国城市治理现代化难免受到外来文化的强烈冲击，所以中国传统文化与西方外来文化之间的碰撞也会越发频繁（任鹏飞，2019）。

1.3.2 我国城市治理问题诊断

城市治理是国家治理在城市范围内的具体实施和浓缩反映，是依托具体的城市而发生的治理活动的统称（杨安，2018）。城市治理问题是城市发展到一定阶段必然要面对的。当前我国城市发展所面临的城市治理问题主要包括以下几个方面：

1. 治理理念问题

（1）管理型政府与服务型理念的冲突。城市管理职能的设置是根据城市功能的划分，多采用纵向切割的方式对城市进行条状管理。以执行任务为导向的管理型思维模式根深蒂固，在政策的具体操作中，往往以管理者为中心，信息管理系统更多的是提供信息汇集，支持管理的需要，而不是以普惠民生或者创造良好营商环境为出发点，原本应由相关职能部门之间相互核实就能解决的问题，由于部门壁垒的存在，各同级职能部门之间数据无法共享，最终将数据提供的义务重复多次地加载到市民或者企业头上,由此出现了"如何证明我妈是我妈"这样令人尴尬的情况,大大降低了行政办事效率。同时,市民与企业对政府机构的满意度下降。

(2)公众主动参与意识淡薄。国内民众传统上将社会治理、城市治理视作他人参与的范畴,"避邻"的频繁出现也是公众参与意识淡薄的一种表现,其他如传统的"乡绅乡贤"对村落的自治,"居委会大妈"对住宅小区的巡视管理都是他人管理的典型特征,缺乏公民主动参与的意识。

同时,公众参与的权利和地位没有充分完备的法律保障,致使部分公众参与流于形式、公众参与管理的范围狭窄、参与的实际作用难以扩展等情况比较普遍。

(3)自上而下的科层级管理模式束缚基层公务员的主动性。严格的科层级管理模式对基层公务员的行为约束非常明显。这种科层级管理一方面保障了政策执行的同一性,但基层公务员的自由裁量权几乎消失殆尽,以执行任务为导向的工作模式导致了基层公务员在行政事务办理过程中刚性有余而韧性不足。名目繁多的各类刚性考核指标,大多以完成任务的数量为标准,较少涉及市民满意等主观指标,阻碍了基层公务员主观能动性的合理发挥。

(4)以顾客满意度代替市民满意度。城市公共服务的提供未能区别顾客满意度与市民满意度之间的不同,简单地将顾客满意度等同于市民满意度,从而导致对不同市民群体提供的服务存在质量差异。以顾客满意度为评价标准的概念来自企业界。其服务的提供是根据服务对象,即顾客的需求来考虑的,根据顾客的不同需求,量身定做相应的服务内容。由于企业以追求效率和更多的盈利为出发点,为使顾客满意,企业会根据顾客的财力、地位的不同,提供差别化的服务。

城市为市民提供公共产品与公共服务时,服务的标准不应该随市民的身份、地位的不同而不同,这是由城市公共服务中的社会公共价值所决定的。顾客的满意度并不等同于市民的满意度。比较典型的例子是新冠肺炎疫情后管理阶段,老年人由于不会使用智能手机,无法提供健康码而导致公交出行受阻的现象在很多地方时有发生。

2. 治理体系问题

城市治理体系包括城市主体、城市客体、发展趋势性、保障完备性等方面。

(1)治理主体存在的问题。

① 治理主体单一化。城市治理的模式仍沿用传统城市管理模式和方法,城市政府被视为城市治理的唯一主体(鲍鹏飞,2017)。一方面,金字塔式的组织结构使得信息的传导层次多,信息经过多层过滤,政府决策机构很难获得完整的信息,政府在治理城市过程中就具有一定的局限性;另一方面,企业、社会、非政府组织和其他组织参与治理的渠道有限,其作用很难发挥。

② 单一主体权力碎片化。我国的行政管理体制大体上由专业主管部门的垂直化管理和行政区域范围内的属地管理两条线组成,基层的基本管理单元饱受条块分割之苦。在城市层面,作为治理单元的社区面临的分割尤为严重,来自城市各个专业部门的管理要求与地方政府的属地管理要求无序叠加,陷入"政策执行千头万绪,任务权责无法匹配,解决问题有心无力"的局面,缺乏整体性治理的制度安排。

③ 主体构成多元化诉求强烈。通过利用互联网、智能手机等先进信息技术手段,企业、社会团体、公众对公共事务的参与热情事实上正在逐渐改变行政主导的城市管理模式。企业、公众、社会团体等通过微博、微信等自媒体平台表达自身的诉求,主动寻求更多的行政关注。针对某一热点事件,网络舆论会出现集中爆发的现象,尤其是负面事件一旦形成焦点,就会对当地城市管理机构产生巨大的压力。

(2)治理客体的复杂性及其不平衡性问题。

① 治理客体构成高度复杂化。城市治理的客体由交通运

输、能源电力、生态环境等具有耦合作用的子系统组成，具有开放性、动态性、非线性等特征，整个城市系统形成了一个巨复杂生态系统。随着城市规模的进一步扩大，这种复杂性将进一步加剧。治理客体的构成日益复杂，而客体之间的矛盾也日益加深。理论上，城市的矛盾可以通过简单的城市规模的扩张得以缓和，但在实践中，城市规模无法做到无限扩张。在既有城市规划扩大有限的约束下，治理客体的成分构成日益复杂，客体之间的相互关系也更复杂。

② 客体对象自动匹配能力不断下降。城市生态系统随着城市复杂度的不断提高，其在随机性、模糊性和动态性方面的特征将更加明显，功能子系统之间的匹配能力将进一步下降，依靠传统的专家直觉和经验管理经常处于"捉襟见肘"的状态。

③ 治理客体资源分配矛盾。由于城市的发展存在一定的约束边界，城市可利用的资源总量存在一个极限值，即资源在一定程度上具有总量限制。各类资源的分布不均，导致了治理客体之间的竞争日趋激烈。传统城市管理在资源分配有效性方面的能力出现了不足现象，对各类资源的控制能力大大弱化。

（3）治理体系的发展趋势问题。以往我国城市管理体系基本遵循的演化模式是从传统的科层式城市统管为主导，逐步转化到20世纪90年代的市场化城市经营与科层式管理共存的模式。今后随着城市空间的进一步扩大，亟须明确其未来的发展方向。

科层式城市统管的理论基础是建立在韦伯式的科学管理理论基础上的，以委托代理理论为核心，在以往发挥了重要的作用。20世纪90年代以后，城市的发展进入高速阶段，科层式城市统管的低效率的弊端日益凸显，以效率著称的市场化的城市经营逐渐走上舞台，为城市的高速发展提供了很好的工具。

但是在城市的发展过程中，盲目地追求速度与规模，忽略了对城市运行机制的研究，市场化因素导致的盲目扩张，从源头上导致了城市的带病运行，因此城市在发展过程中积累的矛盾日益突出。

（4）治理保障体系的完备性欠缺问题。城市的管理法规不完善，治理手段受到限制。目前，城市治理领域还没有一部完整、系统的实体法出台，仅限于一些条例或地方制定的规章办法。有的法规规章条款的标准不明确，对某些行为只有禁止性条款，没有详细处罚规定，缺乏可操作性。

城市管理实践中存在许多不合理行为。由于在治理方面缺乏法规依据，城市管理者对许多违章、违法行为往往无法进行有效查处，影响了城市治理工作的顺利开展。

3. 治理能力问题

（1）城市灾难的预警和应急、恢复能力不足。2020年初突如其来的新冠肺炎疫情是对城市综合管理能力的一场大考。在此次考试中暴露出来的城市灾难的预警和应急、恢复能力方面的短板将成为今后一段时间内城市治理现代化能力提升的重要方向。

城市灾难预警能力的不足，致使城市在面临突发公共卫生、公共安全等重大事件时，缺乏先进的技术手段、信息滞后，造成被动式应对，决策能力、水平无法与复杂情景下的应急状态相适应，错失重大事件应对的窗口期。

（2）城市认知外部因素能力不足。基于有效数据量规模的大小来认知城市运转，识别城市状态并以此做出决策，是城市治理的一种基本模式。传统城市管理者基于小规模数据抽样预判城市的整体发展形势，以局部、碎片化的历史性数据回溯去推演未来的发展。随着工业4.0时代的到来，城市运行的复杂性与不确定性的高度增加，使得传统的决策方式开始失去效力。城市认知外部因素能力与城市本身复杂性、不确定性之间的不匹配性日益增加，并成为城市管理者对各类城市问题及时响应的严重障碍。

（3）城市战略的制定能力不足。城市的发展战略具有前瞻性，顶层设计能力的不足将导致城市发展战略制定的滞后，制约城市的发展，甚至导致失败。城市战略制定能力的决定因素在于科学全面地认识城市，利用城市数据库，将不同城市部门的数据进行整合，能够展示不同事件之间的不同寻常的联系，从不同的城市运行角度去认识城市，能够洞察城市发展的规律。这些识别能力来自数字知识库的积累，也来自科学数据之间本身存在的逻辑关联。这些识别能力的缺乏导致了城市战略制定者无法准确研判城市所处的发展阶段，并把握城市未来的发展趋势。缺乏制定城市发展战略的顶层能力导致我国城市高点定位能力不足，城市发展极易陷入"头痛医头，脚痛医脚"的泥潭。

（4）城市政策执行能力不足。城市政策在制定过程中，落地性和可行性方面的研究不足，政策出台的初衷与执行效果之间存在很大的差异。一方面是政策制定过程中对政策执行的变形因素考虑不够周到，政策的可执行性与民众接受的匹配度差；另一方面是政策、管理方式的基础理念的出发点是以方便管理为主，而不是以服务人民为主，政策的执行、推广存在天生的障碍。

（5）提升市民福祉的能力不足。城市治理系统缺乏持续提升市民福祉的能力。以提升人民"公平感、幸福感、安全感"三感为代表的市民福祉能力的欠缺包括：三感的识别机制和提升动力欠缺；不同利益、不同群体之间的资源公平分配能力不足；教育、医疗等基础资源平衡能力不足。

（6）城市创新能力不足。城市创新的主体单一、活力不足是城市治理现代化过程中的一个重要障碍。当前，城市创新主体来源单一、缺乏创新的氛围、大众创新意愿不足导致了城市创新能力存在一定的局限性。城市内部创新群落的活跃度与城市的未来发展息息相关，如何促进城市创新群落的生长、壮大是提高现代化城市治理能力的一个重要方面。

1.4 大数据时代的到来
The Coming of Big-Data Era

1.4.1 数字文明

数字是破解世界难题的必要工具。从古至今，人们一直在用数字说明世界背后看不到的力量。数字在1000年前就已经被应用到了生产、生活的各个方面。数字化发展到今天，产生了所有人都能看得见、摸得着的量化图像，这是所有文明中都不能忽视的。

人类社会的科技发展体现在很多方面，但可以简单分为三条主线，即物质、能量、信息。这三条科技发展主线上的每次突破都会带动生产力水平进入新的阶段。数据成为生产要素，是信息科技发展的产物，标志着科技发展进入了高阶主线的新阶段，人类社会也进入了一个文明发展的新阶段。

信息科技在将人类生产、生活的各项活动数字化的同时，也正在逐步将物理世界数字化。未来将存在两个层面的世界，即物理世界和数字世界。数字世界的形成代表了人类社会进入了全新的数字文明时代。农耕文明时代，土地是核心生产要素；工业时代，在土地要素的基础上，劳动力、资本和技术共同构成发展生产力的核心要素；进入数字文明时代，数据成为第五个生产要素，成为推动生产力向更高阶段发展的关键，将构成经济发展的主体。根据预测，到2030年，中国数字经济占GDP比重将超过50%。

从少数人的抽象哲学，到生产使用，再到人民生活的所有文明体，这就是一个"数字化"的历史。

1.4.2 大数据时代的城市

从第一次工业革命开始演化至今，各界对城市的理解，经历了"城市是机器""城市是有机体"的认知转变到2010年上海世博会举办期间提出的一个全新概念——城市生命体（City-being）。

在以人工智能带动的大数据、智能化、移动互联网、云计算和区块链技术的影响下，城市拥有了自己的"神经系统"和"中枢系统"，能够自主感知、判断、反应，并且能够通过自主学习的过程不断提升自身能级，进行自主迭代，改变现在城市信息不对称的状态，减少不必要的长途跋涉和时间的浪费。

城市是一个生命体。从机械化技术到人工智能技术的迭代，是赋能城市"体力"到"智力"的过程。而当前，它正处于一场重要的从生命体到高度发达、敏感的高级生命体的转变过程中。

1.4.3 大数据时代的城市规划

大量城市规划师和学者已开始使用大数据、人工智能、移动互联网等工具对城市开展前所未有的研究。数据对城市问题的描述由传统的宏观概况发展到整体图景和细节刻画兼而有之，传统理性和感性的界限更加模糊，对城市问题的研究经历了感性主导到简单理性主导的交替过程之后，逐渐向复杂理性发展。

进入数字化时代后，我国的城市规划水平远远领先世界，将呈现六大趋势：

第一，国家被数字库覆

盖，将诞生大规模、全覆盖的国域数据库。吴志强团队在2010年为世博会园区规划研发的大规模人流动态模拟技术及其布局优化平台，可即时获取1000万人的数据量。经过几年坚持不懈的积累，已实现把100平方千米以上的世界城市全部纳入统计，辨识发现937个城市。此后，研究提高了世界城市的统计精度，将城市面积50平方千米逐渐缩小到1平方千米。到2018年1月，已将世界上所有大于1平方千米的城市进行统计。2019年，数据统计精度发现，世界上又增了42个城市。到现在为止，全世界共计13 861个城市。

第二，2035年，城市发展理论规律、模型与方法将会大规模涌现。届时就像经济学，从凭感觉变成显科学。2025年一定会出现大量的城市规律分析热议，用数据说话就像在经济学中一样普及，如同古典经济学之前朦胧的愿望状态变成可以清楚地表述，城市规划、建筑都将遵循城市规律。

第三，城市精准诊断、更新和智慧运营管理。城市的观察、认识和诊断有了新的技术和数据背景，对城市数据的获取更为方便，甚至可以做到全方位的实时监控。因此，在大数据支撑下建立相应的诊断标准体系有充分的可行性。吴志强团队在2016年研发了应用于北京城市副中心的城市信息模拟（CIM）平台。在平台界面上点击任一地块，可即时获取其实时数据，包括建筑面积、人口、15分钟步行距离内的教育和服务设施、人流状态等信息。若这种城市状态能精准、实时传达给城市管理者，就可对踩踏等城市安全事件进行有效预警、预防。

第四，建筑设计进入精密部件修正修复阶段。今后对老旧的建筑进行修建改造时，可用3D打印建筑部件，像镶牙工程技术，建筑里每一个部件都可以抽出来、移植进去，可以实现精密移植、精密测算，对城市精确护理的时代到了。

第五，绿色建筑和无碳、健康社区大量出现。

第六，智能创作与人工智能推演改变城市规划设计工作方式。

（1）对象智化。设计对象变得智化和情感化。过去，设计完成、作品交付，规划工作即结束。而今后，规划设计作品交付的那一天就像是孩子刚刚诞生，可以感知人群、感知活动、感知人的情感，然后不断学习迭代，拥有学习能力。智慧迭代能力使得建筑、城区、城市规划的完成从过去的句号变成生命的开始。我们设计的对象将变得智化和情感化。

（2）主体智化。人工智能技术参与设计，有大量的辅助工具在支撑规划师做规划设计，人工智能3.0提供自我创新创作的技术可能。比如吴志强团队研发的12项时空智能推演已可实现人工智能推演。这12项时空智能推演包括城市人口推演、城市用地推演、城市密度推演、产业空间推演、城市资源推演、城市交通推演、城市形象推演、城镇群落推演、建设时序推演、方案比较推演、家园服务设施推演、空间创新潜力推演。

作为创作主体的智化，即规划师和建筑师所使用的工具将有大量的智能技术支撑，工作方式也将智化，最佳优势联手，群落创作成为可能。设计将回归到人，人的需求成为所有设计的根本。

1.4.4 大数据时代下的城市治理

智能治理是支撑国家治理体系和治理能力现代化水平提高的载体，是实现城市治理精细化的重要手段。智能技术的治理精细化不仅仅是简单的在尺度上的细化，更重要的是遵循城市发展规律，做到快速的感知、判断、反应与自主学习，并通过空间的精细化治理提高精准性、快速性和有效性。智能治理技术主要包括以下几个方面：

（1）数据感知与监测分析。借助大数据、人工智能等技术，建立全球、城市、社区等多尺度的空间数据感知、收集与呈现，保障信息的公开透明。

（2）规律挖掘与模拟推演。充分数据感知与监测分析，深入研究要素流动的空间传播特征及机理和演化规律，预测城市要素的时空演变趋势。同时借助机器学习等人工智能核心算法，加强对城市运行状态的动态监测和未来的推演模拟。

（3）应急决策与公共协同。城市规划与治理应该按照不同类型突发事件、灾害的空间特点，迅速制定对应的应急空间预案规划与措施，重点确定应急空间场所、应急疏散通道与生命线工程等内容，为防灾提供支撑。与此同时，智能防灾治理不仅在于辅助决策，更重要的是通过数据信息的互通共享，建立跨区域联合的风险管理体系和应急资源保障的合作体系，形成协作抗疫的治理平台，提高救援人员和抗灾物资区域配置的科学性、精准性和高效性。

在社区治理层面，以上海为例，小区网格化管理措施，精细化治理手段，既是解决积累的历史问题的迫切需求，也是与信息技术提供的可能性相结合构成的一个时代进步。

社区精细化治理的过程是监测、维持与培育社区生命体健康成长和创新发展的过程。以往的社区是"粗放式"的管理模式，造成社区工作难以协调、社区自治程度低、社区环境品质低下等问题，社区居民，特别是弱势群体的生活需求没有得到解决。未来，社区势必通过精细化治理，逐渐成为宜居、乐业、善治的生活载体，让社区的创新力成为城市创新力的源泉之一。

第二章 规律导向的空间规划范式
CHAPTER 2
THE LAW-ORIENTED SPATIAL PLANNING MODEL

2.1 技术迭代与空间发展
Technology Iteration and Space Development

全球技术发展呈现出长期的迭代规律和紧密的空间关联特征（吴志强等，2021）。不同时代的技术通过对空间的变革，不仅影响人类的生产、生活方式，也改变着人类对空间的认知，进而推动人类文明的发展。在整个发展过程中，人类始终以对美好生活的不断追求作为技术迭代、发展的重要驱动力，通过技术的迭代改变城市空间并不断拓展对空间的认知，为城市面临的问题与发展的目标带来持续性的变化。

英国城市工业革命后期产生的大量城市公共卫生问题推动了现代规划的诞生，而交通设施的发展带来了以优美环境为导向的新城运动（HALL，2014）。其也让人类逐步开始从广阔的地域上认知城市空间，特别是飞机、铁路等交通技术的变革使人口、产品在空间上的流动更加便捷，城市空间也在更广阔的领域内被紧密联系起来（Batty，2019），人类对城市空间的认知也逐步从单个城市走向城市群落甚至全球。

伴随着20世纪60年代开始的计算机的应用推广、90年代的互联网开始普及，全球信息交流更加便利，物理距离也不再是交流的障碍，通过信息技术对时空障碍的破除让企业得以在世界范围内扩散生产和开拓市场，空间的广度和深度也再一次被拓展。20世纪90年代，伴随着城市可持续价值观的普遍认可，人类逐步关注城市与自然之间的关系，大量可持续技术被运用其中，对于空间的认知也逐步从城市空间向更广阔的自然空间拓展。近20年来，伴随着大数据、人工智能等新技术的发展，"智慧城市"成为全球城市发展关注的重要领域。这些技术不仅让实现现代化成为可能，其中大量新数据的诞生推动城市从低频逐步向高频转型（吴志强，2018a），更是拓展了超越人体感知的空间认知，推动人类对空间产生新认知。

由此可以发现，技术的迭代大大拓展了人类对空间对象的认知。在未来技术变革的进一步推动下，空间将不再以传统建成环境与自然环境、城市单体与群落的二元体系呈现，而是随着治理的现代化过程逐步迈向空间全要素。与此同时，随着信息化程度的显著提升，对于空间的认知从仅包含物理与人类社会的空间走向信息（cyber）、物理（physical）、人类社会（human society）的三元CPH空间（潘云鹤，2016；吴志强，2020），技术迭代将带来空间认知的持续性提升。

在未来，我们还将进一步观察到包括电子技术、可持续技术及智能技术为代表的新一代技术发展浪潮对空间带来的影响（吴志强等，2021）。伴随着移动互联网、云计算、区块链及人工智能等新一代技术的涌现，将为三元CPH空间的进一步发展提供可能。一方面，新型基础设施的传感器在空间中的全方位植入带来了空间的可感知与智能反应，提供了全新的空间视角。另一方面，数据和算力的进步从源头和处理实现了城市技术不断提升（Russell，Norvig，2010）。这不仅将让城市的经济结构、生活组织经历前所未有的高频重组和变革，也将让城市的空间运行融合更多的数字空间，从而影响未来人们的生产与生活方式，产生新一轮的城市运行模式和空间变革。

人的需求带动技术进步，技术进步以满足人的需求
以人为核心的空间智化是技术的最佳应用测试场景
人工智能技术的空间整合是突破点

图 2.1　三元世界互动关系

2.2 技术辅助规划的内核要义
The Core of Technology-assisted Planning

从工业革命与机械化进程开始到电子与航空航天技术，空间发展见证了技术迭代带来的巨大变革（吴志强等，2021）。随着新一轮的迭代，技术发展的信息化内核不断加强，并在当下人工智能与移动互联网对社会经济的影响中得到显著体现。其在进一步改变空间及内部要素交互逻辑的同时，信息技术也开始逐步导入规划，辅助规划的转型进程。与此同时，伴随着规划的转型，辅助技术处于长期优化提升的过程中，并不断反馈规划发展。

2.2.1 规划需求驱动下的技术辅助发展

技术辅助规划的概念与信息技术的发展呈现出紧密的联系。20世纪50年代，伴随着交通发展带来的城市蔓延，规划界认为需要通过科学化的方式来识别并解决错综复杂的城市问题。交通与土地利用模型（land use and transport model）在计算机与数学模型的支持下，通过系统化规划流程的方式提供了要素配置的"最优解"，并作为规划决策的辅助。20世纪90年代，西方社会经济形势的变化使得规划多元参与的本质逐步强化，向"去空间"的模式转型，传统强调"自上而下"模式规划的城市模型受到了理念和技术的多方面批判，逐步转型为：为规划全过程提供辅助的"规划支持系统"（planning support system），通过互联网与个人计算机的应用，实现合作式规划，提升沟通效率。今天，随着大数据带来的全样本和高频认知及人工智能技术的优化，智能规划成为发展的新一轮浪潮。通过对样本的学习，挖掘空间背后的规律，并进一步实现对未来的精准预测，技术辅助规划也将从模型化、工具化的辅助方法走向智能化、全流程覆盖的辅助体系（表2.1）。

表2.1 规划的辅助技术发展的背景、关键技术与代表性成果

阶段划分	规划需求	支撑理论技术	代表性成果
模型化，20世纪50—70年代	通过计算机模型实现价值中立与科学性兼具的规划	系统理论 应用科学 计算机	Lowry's Model（Lowry，1964） Urban Dynamics Model（Forrester，1969）
信息化，20世纪90年代至今	通过技术工具的运用来促进信息传达与沟通互动	多元合作 计算机 互联网	What if?（Klosterman，1999） UrbanSim（Waddell，2002，2019） Community-Viz（Kwartler，Bernard，2001）
智能化，2018年至今	通过智能化方法优化传统的规划方法，实现以空间规律为导向的规划	大数据 人工智能 移动互联网	FLUS模型（Liu等，2017） 智能创新家园推演（吴志强，2018） 城市智能模型（CIM）（吴志强等，2021）

资料来源：根据Batty（2008），LeGates等（2009），Geertman、Stillwell（2020）整理。

规划的辅助技术60年来的发展表明，规划理论与实践的需求决定了技术在规划中的定位与作用，而技术的优化提升不断推动规划的辅助技术的发展。随着我国空间规划从城乡走向国土空间、规划本体多元化趋势的加强及空间客体对象要素的丰富，颠覆性技术也将不断赋能空间规划本身，提升其感知与决策辅助能力。

2.2.2 信息技术赋能规划回归人本

工业革命后，前所未有的城市扩张与复杂性增加带来了抽象城市并进行规划的必要性（Batty，2019）。抽象过程对空间本身过度简化，导致规划对空间的复杂性认知和规划本身的人本关注丧失，而新一代以信息为内核的技术正不断推动着规划从"鸟瞰"向人本视角回归。新型基础设施、移动通信设备及其产生的海量数据能够让规划在更加高精度与高频的视角下理解与人活动相关的空间中各类要素的分布特征与关键影响因子，从而更加贴近人生活的真实尺度。同时，直接生成自使用者本身的众集（crowd-sourcing）数据也在推动规划研究与实践从人的真实使用视角提出切实的建议，实现在复杂理性基础上的"人看"规划。

2.2.3 信息技术赋能规划提升理性

从现代规划诞生伊始，其理性范式便是学界长期探索的重要方向，技术辅助规划的历次探索也体现了其理性内核，但其目标往往在当时的技术能力所及之外。在信息技术迅速提升的背景下，规划的辅助技术对空间的关注在尺度、精度及频度上得到了多维提升，许多经典的模型与工具在新技术的支持下得到提升，并通过人工智能赋能带来大量新思想、新技术与新方法。这些来自规划及相关学科的研究与实践的不断探索正在逐步推动空间规划进一步提升理性。未来，复杂科学及多类别新技术的导入将逐步提升对规划理性范式的认知，特别是在人工智能的支持下，多源数据驱动的规划研究与实践将能够从简单地探索关联的基础上，进一步理解更高层次的因果与干预逻辑。

2.3 空间、技术与规划的提升螺旋
The Ascending Spiral of Space, Technology and Planning

技术的发展呈现出对空间与规划的双向发力态势，每一次技术迭代都带来了空间客体与规划主体的变革，技术、空间与规划三者呈现出螺旋迭代、不断上升的发展态势（图2.2）。

（1）技术发展推动空间本体与认知方式变革。自第一次工业革命以来，技术发展与生产力和生产方式变革相辅相成，推动空间使用模式的变化，前所未有地提升了城镇化水平，并确立了城市作为经济发展的重要推动力。在认知方式上，早期对空间的关注集中于其物理特征。随着社会经济的发展，这一关注逐步从单一的物理特征走向内部多元主体，空间的社会维度得到了深入探索。而今天，随着信息技术的发展，城镇化即将迈入物理、人类社会及信息的三元空间。

（2）空间变革提出新的规划需求与对象扩展。空间与规划之间的主客体关系将推动技术的影响进一步拓展到规划领域，进一步带来规划变革。随着对空间的认知从单一的物理维度走向社会、信息的多元空间，规划理论从最早的"城市美化"出发，逐步从简单的工艺走向综合了工程、地理、政治等多维度知识的多元复杂体系。同时，随着文明发展，空间规划的对象从城市空间走向城乡空间，并进一步向包含"山水林田湖草"的空间全要素迈进（吴志强，2020），在未来还将走向跨区域甚至跨国的规划。

（3）技术导入推动规划的能动性增强与范式转型。随着其发展的信息化特征不断加强，空间与规划的主客体关系也将推动技术的影响进一步拓展到规划维度，技术的发展将推动规划充分回应理论与对象的复杂性。从最早期对规划科学性的空想式探索开始，规划辅助技术经历了模型与工具的呈现形式从简单的决策辅助走向了对规划全过程的支持。在人工智能全面赋能的未来，规划将实现依据空间规律的智能化。作为三元体系的环节，规划提升将逐步回应空间面临的挑战，从而实现螺旋的闭环提升，并进一步带来空间优化及对技术迭代发展的反馈。

在这一过程中，最重要的变化来自规划导向范式的变革。作为人类梦想集中体现的理想导向规划范式，在工业革命带来的大量城市与乡村"病症"的背景下，转为解决问题的规划导向范式。伴随着技术能力和理论知识体系的丰富，人们正在逐步展开从挖掘空间规律出发的规律导向的空间规划范式（吴志强，2018a），并前所未有地接近实现空间规划的理性范式。

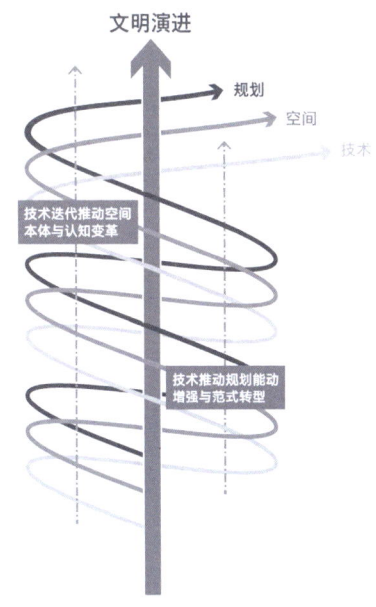

图2.2 空间、规划与技术的螺旋提升模型

在未来，颠覆性技术的涌现还将进一步推动螺旋的迭代提升，带来更大程度上的空间形态与规划范式变革。新基建作为其中的代表，直接作用于城市空间，将极大程度地改变城市的空间形态与治理模式。在思考空间规划的转型前景与未来发展的同时，未来的空间形态、组织形式及对应的规划策略将产生巨大的变革。这需要规划学界与实践工作的持续思考、探索与回应。

作为空间规划的拓展，国土空间规划体系的建立代表了我国空间规划走向全要素与治理属性提升的重要阶段。技术提升将在回应规划内核需求的基础上，实现与空间规划体系前所未有的整合。在这一思考基础上，有必要指出新一代技术赋能国土空间规划的逻辑与具体路径。

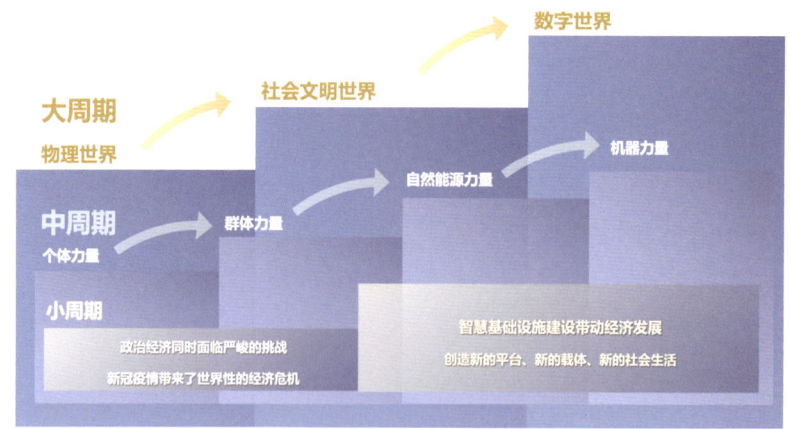

图 2.3 技术迭代大周期

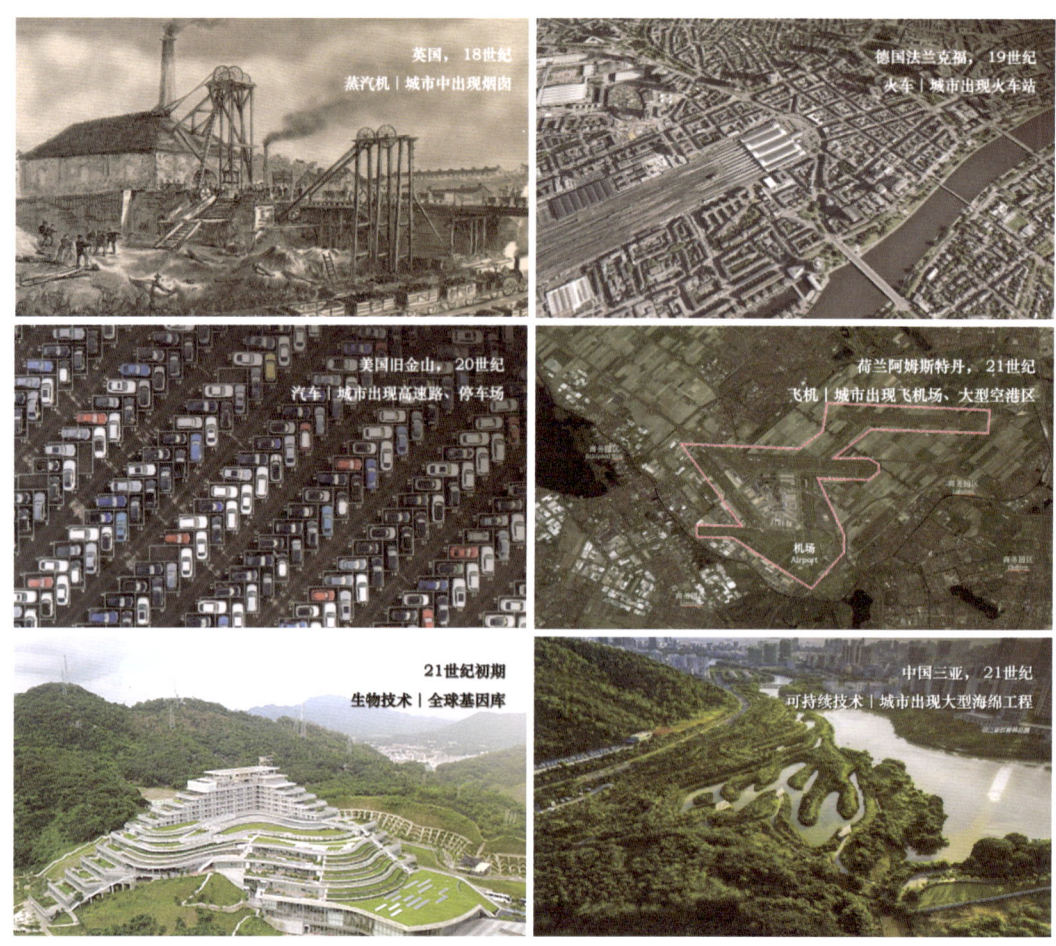

图 2.4 技术变革对应新城市空间类型

2.4 新一代技术赋能空间规划扩展
The New Generation Technology Empowering Spatial Planning

2.4.1 新一代技术赋能空间规划走向智能化

在快速城镇化进程和空间复杂性特征的背景下，科学性成为规划研究与实践的长期追求。从模型辅助规划科学合理与价值中立决策开始，到信息化支持工具通过推动传达以提升规划的合作沟通维度，信息技术辅助规划已经历了模型化与信息化两个重要发展阶段。在这一过程中，空间规划见证了辅助技术能动性的不断提升，以及规划研究实践在技术迭代过程中产生的融合与突破。

技术的长期发展过程中，其能力的可行性往往成为制约辅助工具推广的重要因素。面对这些问题，新一代技术的发展实现了全方位突破。一方面，集成电路的发展、云端，以及分布式计算的趋势带来了算力的大幅度提升（潘云鹤，2016）。另一方面，伴随着大型数据集出现，人工智能的数据驱动（data-driven）特征被不断加强，并进一步赋能要素间的精准关联与网络化决策，加速规划的智能化发展进程（吴志强，2018b）。

在新一代技术的介入下，空间规划体系将得到全面的智化，呈现出多层级、多类型、全流程的特征。技术能力提升为不同层级的规划带来了不同的可能性，基于移动设备的海量数据显著地提升了空间感知的频度，而来自使用者本身的数据则能回归人本视角。不仅如此，算力的提升还将带来尺度、精度和频度的整体提升。在多学科智慧导入的背景下，不同类型的规划以空间规划作为基底聚合，将更大程度地实现空间规划的智能化。而空间规划的智能技术介入也将不仅集中于规划编制阶段，还将实现"感知—评价—规划—监督"的全生命周期介入，实现技术手段与空间规划体系的全面融合机制。

2.4.2 规划客体走向空间全要素

国土空间规划作为我国"各类开发保护活动的基本依据"，是对我国原有空间规划体系的扩展，本质特征来自对象要素的增量化。在城乡规划体系下，城乡及区域空间的规模、性质、群落、要素流动、生态平衡、创新动力、功能形态、民众感知、治理效能等九项要素的关联及融合是规划关注的核心。伴随着治理能力现代化、"人和自然生命共同体"的发展模式与思路转型，自然要素被逐步纳入空间规划体系中，进一步包含了"山水林田湖草海岛"等要素。上述两类共同成为人类生存和文明发展的关键支撑。

面向对象要素的进一步扩展，数字化生态体系的构建与完善将成为新一代技术赋能国土空间规划的重要维度之一。规划视角下，智能技术正逐步从制度和应用两个维度介入到国土空间规划的过程中，国土空间信息化成为规划机制架构转型的核心，各项明确的技术规范和以"一张图"为代表的成果要求也指出了大量技术方法的引用场景。在空间维度，原有基础设施的智能化及新型基础设施的突破也将带来大量新数据的涌现（吴志强等，2021），进一步形成"空间—

规划"的二元数字化生态构建，在认知其复杂性的基础上实现要素种类的全覆盖。

技术赋能空间规划不是对体制机制转型的被动回应，而是来自规划系统化进程的需求转型，处于长期的演进过程中。正如国土空间并非空间规划的终结，必将走向跨国、跨区域的规划，数字化进程必将回应其需求转型。以欧洲国家为例，随着智慧城市和数字化治理进程，各国正逐步探索开展跨国合作"数字化规划"与"规划数据"的方式。正如过去对技术迭代与规划影响的展望，新一代技术与空间规划之间的耦合关系讨论需要回到空间规划的核心导向，即人与自然生存空间的和谐、代际间的和谐及不同要素间的和谐，在农业文明与工业文明的基础上实现生态文明体系的构建。

2.4.3 以数明律，以律定城，以流定形，形流相生：空间规划的范式转型

作为一项智力性活动，在数据赋能的驱动下，空间规划本体还将得到进一步扩展。与过去通过辅助方法转型及支持工具导入带来的变化不同，随着数字化成为人类活动的重要维度，新一轮技术革命将实现规划本身的范式转型。

在智能化方法的支撑下，数据与规划之间不再是简单的增强关系。一方面，通过数据的挖掘分析，能够揭示空间背后的发展规律，并实现依照数律的智能规划，即"以律定城，以流定形"。另一方面，未来大量的规划成果本身通过数字化能够成为智能化学习的数据原料，推动规划以自我学习的形式不断优化，数据、智能与规划将成为网络化的三元体系（图2.5）。

大数据、人工智能等新技术的赋能与规划的发展转型紧密相关。从城市规划、城乡规划走向国土空间规划，不仅代表了实现可持续发展和生态文明的目标，也代表了空间规划从愿景导向走向规律导向的重要范式转型。技术赋能空间规划的路径不仅以回应可持续发展需求这一近期愿景为导向，而是进一步从"尊重、适应城市发展规律"的思想出发，进一步构建科学的国家现代空间治理体系，在"以数明律"的基础上，结合数律与目标和问题导向，实现规划范式转型，走向"形流相生"的未来三元空间。

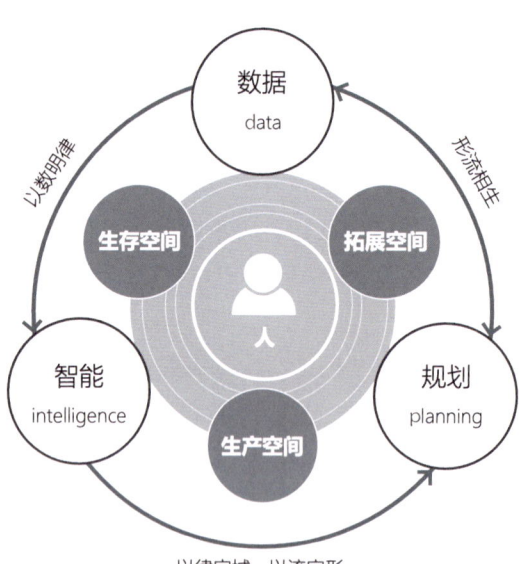

图 2.5　数据、规划、智能三者的闭环互动模式

2.5 规律导向：迈向空间规划的新高度
Law-orientation: New Stage of Spatial Planning

空间规划长期承载着人民情感与人类梦想。1516年，托马斯·莫尔的乌托邦（Utopia）首次将人类理想社会落实到空间模式，以及空想社会主义对理想社会空间模式的探索，体现了空间智能安排对人类理想的探索。作为空间规划的拓展，国土空间规划不应该放弃空间承载情怀和理想的职能。我们将这类规划思想方法称为"理想导向的空间规划范式"。

现代社会诞生后，空间面临着生产生活方式改变带来的大规模重组与变革，城镇化的规模和速度为人类发展历史前所未见。在这一背景下，大量的空间问题诞生：在城镇中被称为"城市病"，在农村中也存在着对应的"农村病"。因此，19世纪90年代诞生的现代城市规划往往以某一特定空间的痛点为出发点，我们将其称为"问题导向的空间规划范式"。

作为现代国家治理的工具，空间规划不再是单纯的梦想体现和停留在纸面上的解决方案，而是作为日常空间决策、管理的操作依据。因此，现代空间规划需要具有行政管理可实施的导向。与前两种范式相比，这一导向更趋现代治理理性，我们把这种范式称为"实施导向的空间规划范式"（图2.6）。

如果要让未来的国土空间规划确立以上三层空间规划范式，就需要在三层范式的基础上确立起学术逻辑，并建立国土空间规划更高的理性范式，必须建立"规律导向的空间规划范式"。伴随着新一代技术的导入，通过智能方法挖掘规律，并基于规律实现空间诊断、推演与场景营造，将成为未来空间规划的关键发展方向。

"规律导向的空间规划范式"强调：空间规划本身并不是完全按人的意志决定的。在大量个体的、个性的、独立的空间决策背后，有不以人的意志为转移的空间规律。这种规律决定了空间决策的生命力，而违背规律的空间决策往往走向失败。因此，按照规律导向来完成空间规划的范式提升，才能在理想导向、问题导向和实施导向基础上，最终回归国土空间规划更本质的学科理性，走向新的历史高度。

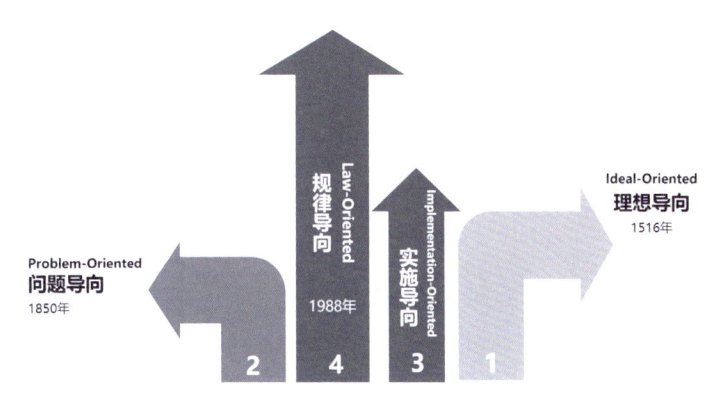

图2.6 空间规划范式的四类导向

参考文献

[1] BATTY M. Inventing Future Cities[M]. Cambridge: MIT Press, 2019.
[2] Hall P. Cities of tomorrow: An Intellectual History of Urban Planning and Design since 1880[M]. 4th ed. New Jersey: Wiley-Blackwell, 2014.
[3] PAN Y. Heading toward Artificial Intelligence 2.0[J]. Engineering, 2016, 2(4): 409-413.
[4] RUSSELL S, NORVIG P. Artificial Intelligence: A Modern Approach[M]. 3rd ed. Upper Saddle River: Pearson, 2010.
[5] 吴志强, 等. 论新型基础设施建设的迭代规律[J]. 城市规划, 2021, 45(3): 9-14.
[6] 吴志强. 国土空间规划的五个哲学问题[J]. 城市规划学刊, 2020(6): 7-10.
[7] 吴志强. 论新时代城市规划及其生态理性内核[J]. 城市规划学刊, 2018(3): 19-23.
[8] 吴志强. 人工智能辅助城市规划[J]. 时代建筑, 2018(1): 6-11.

第三章 治理的要素
CHAPTER 3
KEY ELEMENTS OF GOVERNANCE

城市发展政策制定中，最直观且最容易量化的指标就是"规模"。但除了规模以外，城市治理的关键要素还包括产业结构、空间结构、交通网络、历史文化、民众生活，以及在城市群中的作用等。

1. 九项关键要素

研究团队在2018年完成了全球13 810个城市识别，2021年推进到13 861个城市建成区的识别，由此绘制出全球第一张"万城全图"并总结出城市形态分布规律和城市比较的九大方面：

（1）城市规模：人口、用地。

（2）城市性质：产业、动力。

（3）群落地位：城市在群落中的作用和地位。

（4）国际化程度：国际经济、文化、政府机构数量、跨国交通流量。

（5）生态平衡：碳平衡、水平衡、能源平衡。

（6）创新能力：城市创新力指数（urban innovation index，UII），六大关键要素。

（7）功能拓扑：城市运行的内耗强度，动力与周边辐射的关系。导入AI识别，发现动力对周边带动是有相对明确的辐射范围的。

（8）幸福指数：获得感、幸福感、安全感。

（9）治理能力：城市健康发展、运行效率等前八项评价指标的综合。

2. 两项根本性要素

（1）灾难：地震、水灾、火灾、爆炸。

（2）能源：化石能源、粮食。

3.1 规模要素
Scale Elements

3.1.1 规模政策的演进历程

新中国成立后，不同时期提出过不同的城市规模引导策略。"三五""四五"时期，由于粮食供给困难，控制大城市规模、合理发展小城市。进入"十五"时期，政策转向大中小城市协调发展。进入经济全球化时代，城市的功能发生了根本性变化，"十一五""十二五"时期提出以城市群发展为主体。

3.1.2 城市规模与全球竞争

城市规模与城市创新能力呈正相关。民族之间的创新竞争就是以大都市为主体，当城市达到一定规模后所能爆发出的创造力代表了国家崛起的创新力。

20世纪90年代被提出的"global city"观点，鲜明地指出全球经济一体化条件下，城市控制了创新要素、资本要素、市场要素、制造要素。一个民族没有global city，在全球就没有地位。

在全球化竞争背景下，城市的竞争已经不再是单个城市的竞争。2002年提出的"global region"概念，表明全球城市群落是决定未来全球竞争的核心主体。

当前，以京津冀、长三角、粤港澳、成渝城市群和长江经济带为代表的中国城市群落迅速崛起，可以预判中国崛起具有良好的基础。

3.1.3 城市规模"合理"三大要义

"合理规模"的"合理"是关键，而"理"体现在以下三方面：

（1）合乎天理，即人民的幸福。

（2）合乎地理，即城市所在区位的水、食物、能源（太阳能、风能、生物能）、碳中和的持续发展。

（3）合乎治理，即城市规模与城市治理能力水平相匹配。

一个城市的治理能力如果只能治理10万人口，一旦达到11万人口就会陷入混乱。一个城市的治理能力如果达到2 000万人口的水平，即使集聚1 900万人口，依旧井然有序。

3.1.4 城市规模与文明进程

从4 000年城市文明发展史来看，规模最大的城市就是人类文明峰值所在地。

规模最大且能有序运行的城市，就是当下全球最高文明的创造者。

几千年来，全球文明的巅峰在各大城市不断转移，先后为巴比伦（2000BC）、西安（200BC）、罗马（AD100）、伊斯坦布尔（AD500）、西安（AD750）、北京（AD1500）、伦敦（AD1900）、东京（AD2010）。

城市以相互竞争抢夺创造文明的能力。处于规模极值，不败落或不被替代，意味着处在文明的巅峰。

3.2 空间要素
Spatial Elements

对城市空间要素可以归纳为五种：道路、边界、区域、节点和标志物。

3.2.1 道路

道路是机动车道、步行道、长途干线、隧道或是铁路线，是人们意象中的主导元素。人们在道路上移动的同时观察着城市，其他的环境元素也沿着道路展开布局，因此与之密切相关。

3.2.2 边界

边界是线性要素，它是两个部分的边界线，是连续过程中的线形中断，比如海岸、铁路线的分割，开发用地的边界、围墙等。这些边界可能是栅栏，或多或少地可以互相渗透，同时将区域之间区分开来；也可能是接缝，沿线的两个区域相互关联，衔接在一起。这些边界元素虽然不像道路那般重要，但对许多人来说它在组织特征中具有重要作用，比如一个城市在水边或是城墙边的轮廓线。

3.2.3 区域

区域是城市内的二维平面，观察者从心理上有"进入"其中的感觉，具有某些共同的能够被识别的特征。这些特征通常从内部可以确认，从外部也能看到并可以用来作为参照。在一定程度上，大多数人都是使用区域来组织自己的城市意象，不同之处在于他们是将道路还是区域放在主导地位，这一点与特定的城市有关。

3.2.4 节点

节点是在城市中观察者能够由此进入的具有战略意义的点，是人们往来行程的集中焦点。它们首先是连接点，交通线路中的休息站，道路的交叉或汇聚点，从一种结构向另一种结构的转换处，也可能只是简单的聚集点，比如街角的集散地或是一个围合的广场。某些集中节点成为一个区域的中心和缩影，其影响由此向外辐射，它们因此成为区域的象征。当然许多节点具有连接和集中两种特征，节点与道路的概念相互关联，因为典型的连接就是指道路的汇聚和行程中的事件。节点同样也与区域的概念相关，因为典型的核心是区域的集中焦点。无论如何，在每个意象中几乎都能找到一些节点，有时甚至会成为占主导地位的特征。

3.2.5 标志物

标志物是另一类型的点状参照物，观察者只是位于其外部，而并未进入其中。标志物通常是一个定义简单的有形物体，比如建筑、标志或山峦，即在许多可能元素中挑选出一个突出元素。它们可能位于城里，在一定距离内代表一个不变的方向，这也就是它所有的实用意义，比如孤塔、金色穹顶或高山。某些地域性的，只能在有限的范围、特定的道路上才能看到，比如那些数不清的标牌、商店的立面、树木，甚至是门把手之类的城市细部，只要它们是观察者意象的组成部分，就可以被称作标志物。

3.3 人才要素
Talent Elements

任何一个国家发展的第一资源都是来自"人—青年人—受过高等教育的青年人—具有创新创意的青年人—能创业的青年人"五个层级（图3.1）。有持续的人来，才能带来可持续的发展。青年人来，才会带来蓬勃的生气。受过高等教育的青年人来，才会带来基于知识层面的朝气。具有创意的青年人来，才能从无到有创造多元奇迹。最终，创业的人来，才能带来资金、就业岗位。

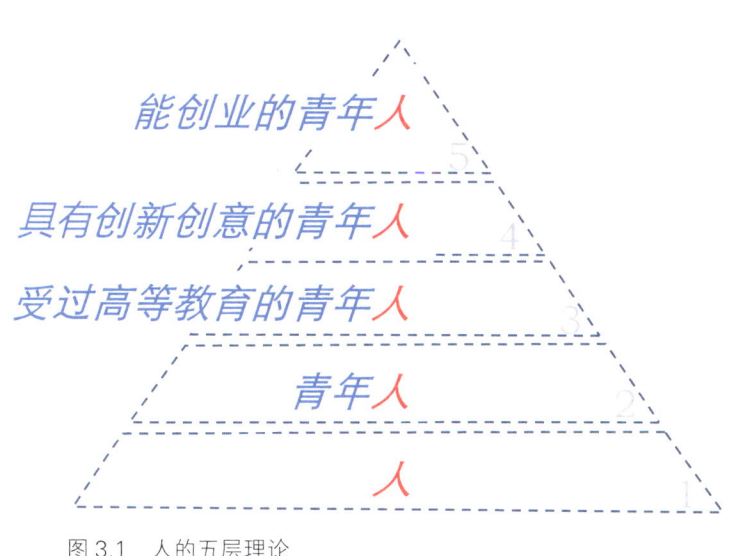

图 3.1　人的五层理论

人才集聚因素

（1）依据经济发展规律，生产要素的聚散重组都是为了以最小的投入创造最大的收益。人才流动是为了获得比原来地区更高的经济收入，获得比原地更多的发挥个人才能的条件和机会。

（2）精神因素主要指影响人才流动的非经济因素，城市舒适的住房、便捷的交通、完善服务机构等都很好地满足人才衣食住行等基本需求。良好的自然环境能带给人才很好的生活氛围，使人才在工作之余感到身心愉悦。

（3）不同的社会、制度环境对人才集聚也存在一定的影响。一个鼓励资源自由流动的政策必将带来人才经常的流动，相反，一个限制资源流动、依据计划配置资源的制度则阻碍人才的流动。

3.4 创新要素
Innovation Elements

创新力是城市高质量发展的关键动力，对城市创新力的科学评价对推动和加快城市创新力的提升、优化创新资源配置能力具有十分重要的意义。

基于创新发展的规律，以全国 133 个城市为研究样本，将 2009—2019 年的创新相关指标作为数据集，建构城市创新力指数，并通过机器学习算法建构创新力预测模型，挖掘出影响创新力发展的六大关键要素，即 K6（图 3.2）：万人创业小企业数、文化休闲服务设施密度、万人普通高校在校生数、人均 GDP、国际直接投资占 GDP 比（FDI/GDP）、研发占 GDP 比（R&D/GDP）。

图 3.2　创新关键要素 K6 识别

"和板理论"

将城市能力比作桶能装水的能力，每个桶都有自身的短板。用长板补短板，针对一个桶的短板，用其他桶的同样号码板的长板去补，即用一个城市多余的长板去补其他城市的短板。

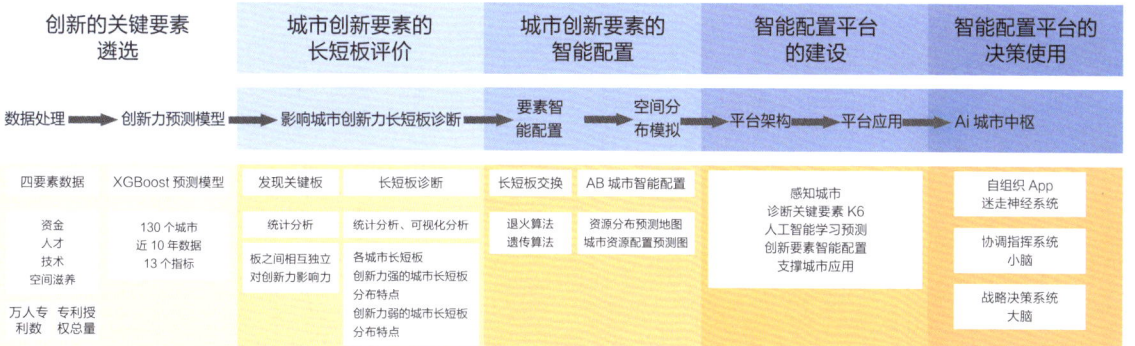

图 3.3　创新要素总体技术路径

基于"和板理论"的6大突破方向

突破点1：建构创新力预测模型遴选创新关键要素K6。

突破点2：挖掘创新关键要素K6驱动规律。

突破点3：诊断长三角各城市创新长短板。

突破点4：城市长板巡查匹配其他城市短板，完成城市创新要素的智能配置。

突破点5：建构O2O创新要素智能配置平台。

突破点6：全面依托上海和国际高端人才，辐射带动长三角城市建构国际科创群落永久论坛会址。搭建全球科创集群的路演平台，由此使得上海成为全球创新的大脑。

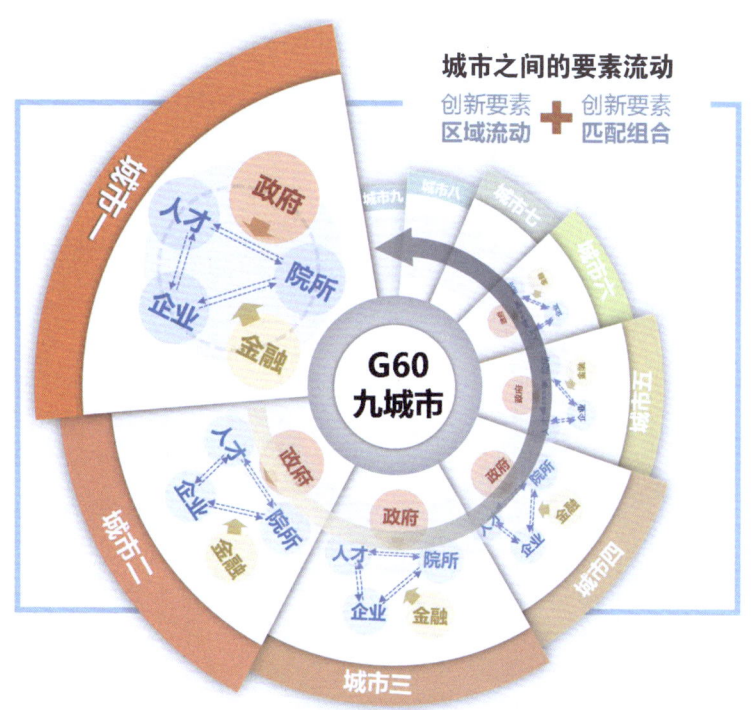

图 3.4　基于"和板理论"的G60科创廊道九城市科创要素人工智能配置

智能篇
Part II
INTELLIGENCE

第四章 城市空间数字体系的建构逻辑
CHAPTER 4
THE CONSTRUCTION LOGIC OF CITY
SPATIAL DEGITAL SYESTEMS

世界进入了三元架构：物质空间、社会空间和数字空间。物质空间包含自然生态空间，如海洋、山体、林地、水系等，和人工创造空间，如道路、桥梁、城乡、农田等。社会空间包括生产空间、生活空间、文明交往、社会组织。数字空间成为今天反映物质空间和社会空间现象及其本质规律的重要特征空间，有无数字空间治理将成为城市治理的时代分界门槛。

4.1 城市治理大数据库架构的难点
The Crucial Points in Structuring Big Data for Urban Governance

4.1.1 城市数字治理

城市数据管理静态化和壁垒化特征显著。在数字化城市管理过程中，存在一种普遍的"孤岛思维"，即不同的职能部门在进行数字化转型过程中往往划定有限的范围，缺乏部门之间的沟通协作。其主要表现形式为（杨凯，2015）：

（1）为解决经济社会难题，亟须交换、融合、共享的各类数据和信息，在社会中依据类别、行业、部门、地域被孤立和隔离。

（2）同一空间对象各类数据和属性信息割裂，即同一时空对象所属的各类数据和信息之间天然的关联性和耦合性被割裂和遗忘。

（3）政府数据开放和政务信息共享程度受限，信息资源开发利用水平不高，其根源既有大数据处理方面的技术障碍，也有公共权力部门化、部门权力利益化、部门利益合法化带来的体制弊端。

4.1.2 城市数据获取

城市数据虽然无时无刻不在产生，但当人们需要使用时往往感觉到数据不足。这种现象可能由以下几方面原因造成：

（1）数据供需不匹配，现有数据来源不能适应工作需求。

（2）现有数据的价值没有得到充分开发，或是现有数据类型不能满足新的需求。

（3）数据价值的提炼过程对技术的要求越来越高，需要投入大量资源。

4.1.3 城市数据清洗

城市数据的生成、流转、演化过程中容易形成大量冗余，需要进行清洗过滤。这些冗余主要来自：

（1）数据源监督筛选力度不足。

（2）数据质量低，导致其后续无法从中有效提取有价值的信息。

（3）数据价值密度低，未经提炼加工的原始数据占用大量存储空间。

4.1.4 城市数据储存分布及快速调用

城市数据来源广泛，应用多元。城市治理过程中所需要的对城市问题的快速发掘、精准研判和有效反馈无一不依赖着对城市数字的高效组织和运用。为此，建立科学合理、弹性灵活的大数据库架构既是数字化建设重点，更是难点。此类架构设计不仅需要考虑到对城市治理环节的有效覆盖，还要兼顾治理措施的高效运用。这对系统的开发集成效率、安全可靠性能都提出了很高的要求。

4.2 地方治理数据的表达及分析
Analysis and Presentation of Local Governance Data

4.2.1 城市智能治理的核心要素识别

城市数字空间的核心要素由建筑、道路、水系、绿地和地形构成。这五类要素可以勾勒出所有城市的基本空间信息底板，是未来城市数字空间建设不可或缺的关键要素（图4.1～图4.4）。

4.2.2 数据治理表达及分析

城市数字空间治理需要打破传统行政边界思维限制，拓展多尺度融合的城市三维数字模型建构体系。当前，城市区域发展联动密切，城市治理在空间上不能仅限于局部，需要宏观—中观—微观动态进行。以上海市嘉定区为例，地方发展与邻近区域联动密不可分。建立嘉定—昆山—太仓的城市区域联动三维模型，打破了传统以行政区划为边界的治理思维方式局限，不断加深城市空间动态认知，为后续长期持续搭接空间治理手段和空间治理工具奠定基础，促进城市治理方式的良性可持续发展（图4.5～图4.7）。

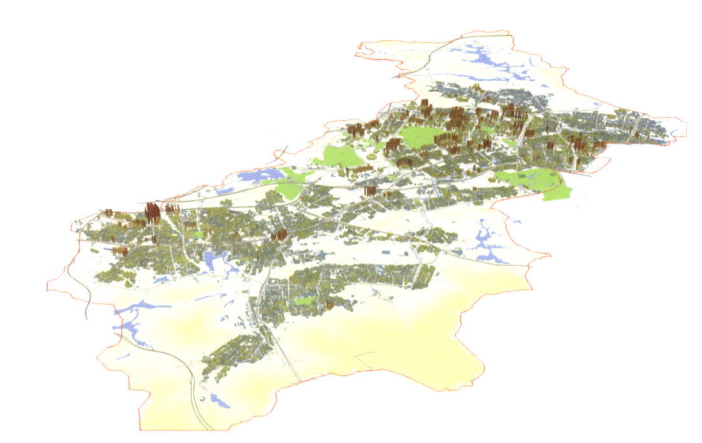

图4.1　深圳湾东智芯五类要素建构示意图

图4.2　上海市浦东新区五类要素建构示意图

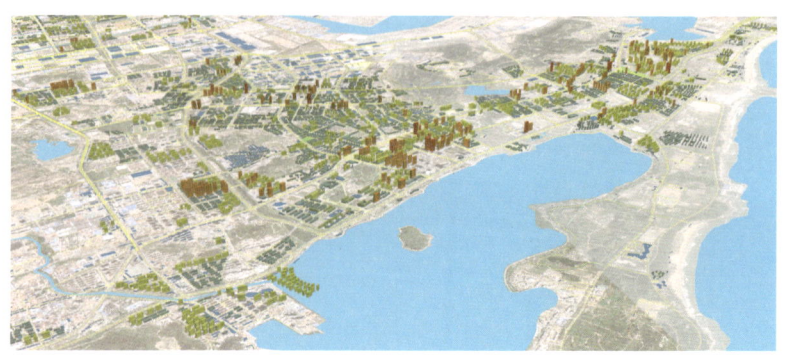

图4.3　青岛市西海岸新区五类要素建构示意图

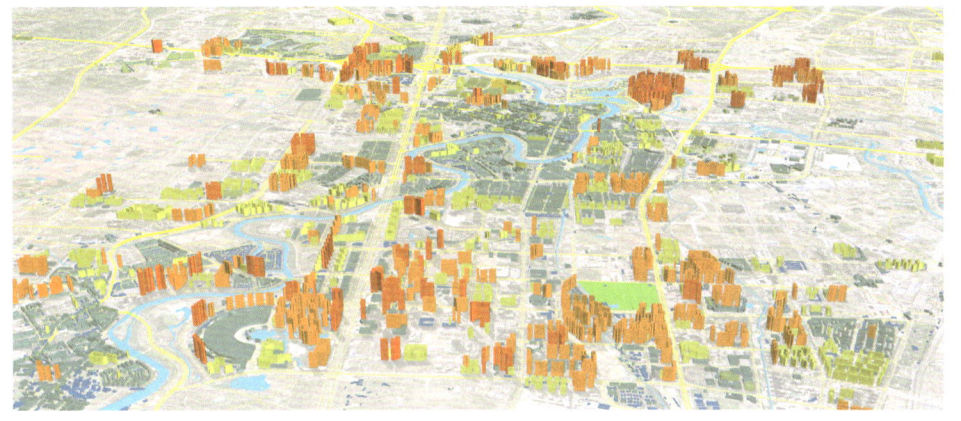

图 4.4　成都市天府新区五类要素建构示意图

图 4.5　嘉昆太地区三维模型（宏观尺度）

图 4.6　嘉定老城区三维模型（中观尺度）

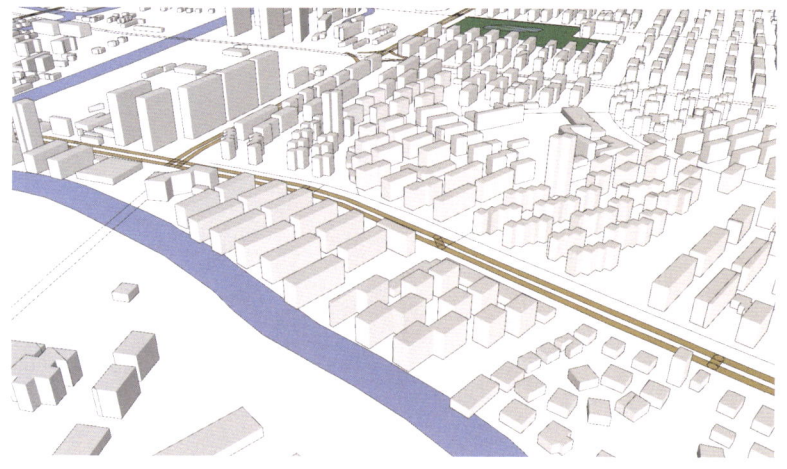

图 4.7 嘉定老城局部三维模型（微观尺度）

4.2.3 城市生长分析工具

1. 城市二维空间生长分析

以上海市嘉定区及其周边为例，从 2005 年开始，该区域内建成区快速扩张，耕地面积快速下降（图 4.8、图 4.9）。

2. 城市三维空间生长分析

以苏锡常地区为例，将城市空间关键要素类进行三维建模，可以直观地显示出城市在水系、地形等空间条件下产生的生长发育脉络（图 4.10、图 4.11）。

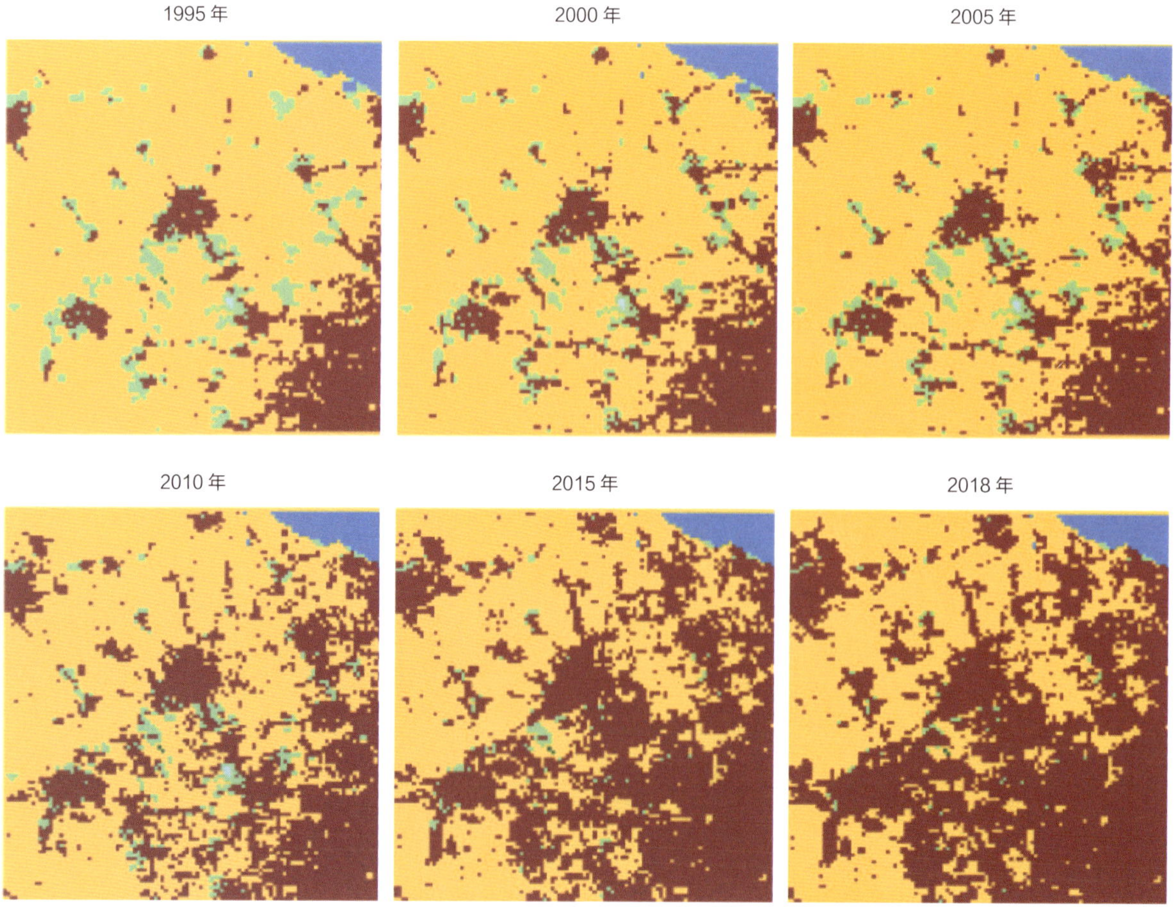

图 4.8 上海市嘉定区及其周边建成区发展示意图

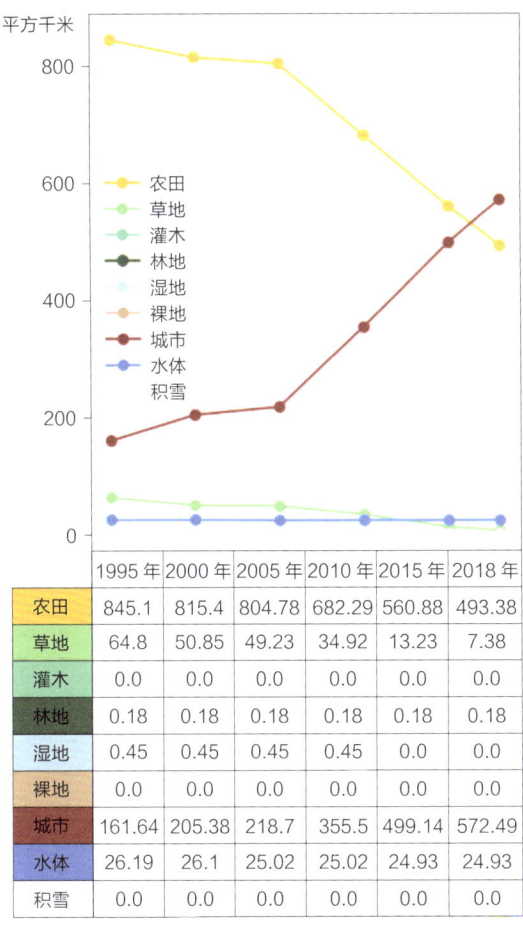

图 4.9 2018 年上海市嘉定区及其周边多种土地覆盖类型占比

图 4.10 苏锡常地区三维模型（宏观尺度）

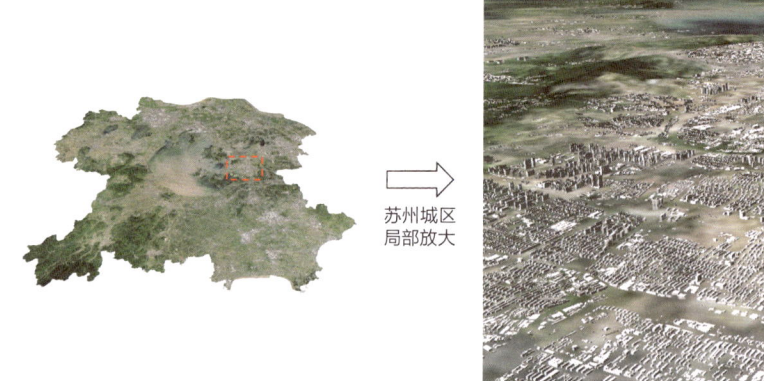

图 4.11　苏州城区局部三维模型（中观尺度）

4.3 城市治理能力的时空指标体系
The Spatiotemporal Index System of Urban Governance Performance

结合城市智能治理的核心目的及要求，提出"感－数－算－明－用"的五环数字体系建构逻辑（图 4.12）。

"感"，即空间感知。城市的智慧化建设通过底层的泛在网感知、识别、采集现实世界中的数据，从而促使海量数据的形成。泛在网络、感知设备、边缘计算等持续优化中的技术手段，协助从底层构建起具有自组织特征的、类似于迷走神经系统的数字空间始端基础。多元化的空间信息生成方式，扩展着人类与物理空间的交互模式。在此过程中，空间规划的感知更加透彻。

"数"，即数字管理。大数据作为连续性的海量数据集合，需要具备一定智能技术手段进行捕捉、管理和处理，从而形成具备更强洞察力、决策力、流程优化能力的信息资产。随着城乡信息化建设和国土空间规划数字化建设的持续深入，显著增长的数据量和愈加多元的数据来源为空间规划提供了更为丰富的定量分析依据。数字管理成为不可或缺的重要工作环节，需充分融合多领域学科优势。

"算"，即计算学习，涉及算法和算力。如果将数据比作

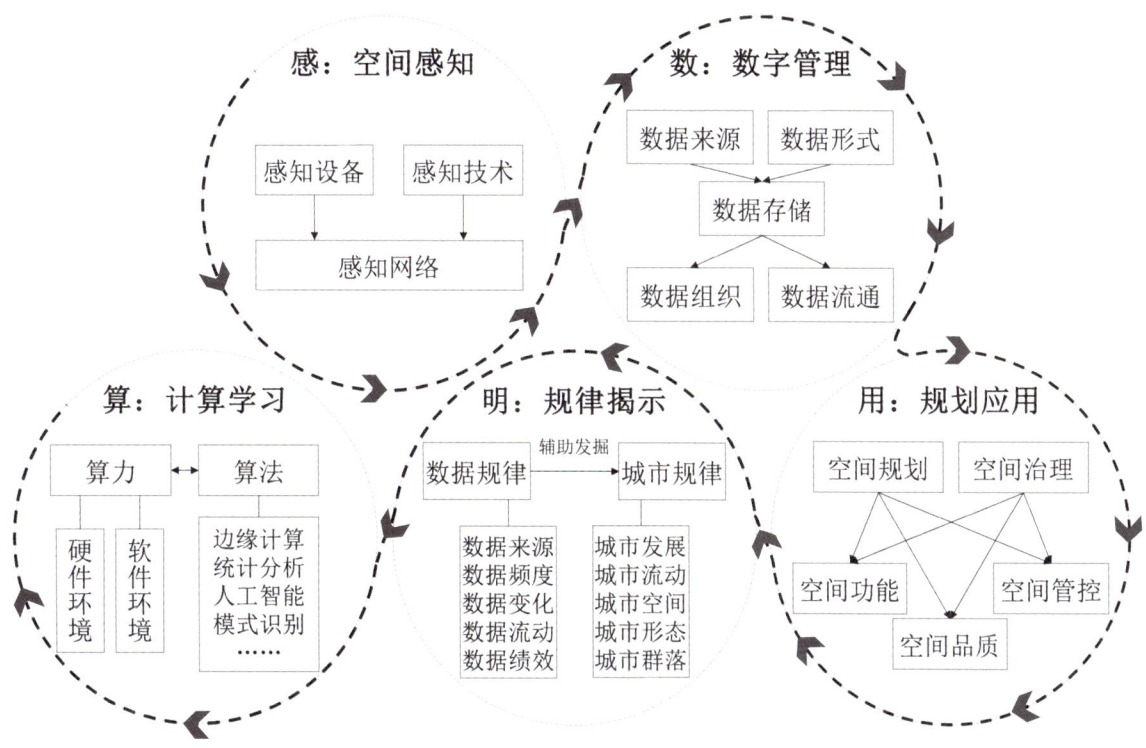

图 4.12 城市空间数字体系"五环"建构逻辑

实现智能化的"燃料",那么以机器学习、人工智能等为典型代表的算法体系则相当于动力"引擎",彼此协同配合,从而在交通、医疗、教育、娱乐、公共安全等领域产生丰富的延伸应用。在这些场景中,人工智能结合边缘计算实现感知能力增强、资源调配优化等一系列突破性进展。

"明",即规律揭示,也是空间规划数字体系建构的核心目的。相比传统城市数据无法解决的"不见民心,不见流动,不见动态,不见理性,不见关系,不见文脉"的技术理性缺憾,空间规划数字体系需要在运用信息化技术实现空间发展动态大数据感知汇集和空间发展状态分析诊断的基础上,对空间发展过程进行人工智能规律识别,快速实现"见民心,见流动,见动态,见理性,见关系,见文脉"的城市研究效果(吴志强、李欣,2016),为空间规划提供科学可靠的决策建议,支撑城乡理性发展。

"用",即规划应用。将"感知－数据－算法－规律"这一思想路径形成的客观认识应用于城乡研究和城乡建设。城市规划从需求侧转向供给侧的改革,意味着在城乡规划的方法论上,应当充分尊重城市发展规律,识别并遵循城市发展的内在动力,看清空间发展的趋势(吴志强、甘惟,2018)。空间规划数字体系建设的最终落脚点在于帮助实现更加科学合理的空间规划方案,以及制定有效的、可持续的空间治理策略。

4.4 数据库架构技术发展代际演进
Intergenerational Evolution of Database Structure Technology

4.4.1 数据库技术主要分类

1. 关系型数据库

关系型数据库指采用关系模型来组织数据的数据库。

关系模型指的是二维表格模型，而一个关系型数据库就是由二维表及其之间的联系所组成的一个数据组织（大鱼，2017）。

关系型数据库的优点如下：

（1）容易理解。二维表结构在人们平时工作中使用十分普遍，并且易于绘制。

（2）使用方便。通用的SQL语言使得操作关系型数据库变得非常方便。

（3）易于维护。丰富的完整性（实体完整性、参照完整性和用户定义的完整性）大大降低了数据冗余和数据不一致的概率（吴崇浩、邢洁，2015）。

当前信息技术飞速发展，数据处理不仅面临越来越多的数量，而且需要应对更高的数据质量要求，数据库所管理的数据已经发生了根本的变化（王继中，2004）。这种变化给数据库技术带来了巨大挑战，数据库管理的对象已不再仅限于文本数据等简单的数据类型，而需要描述和保存大量多媒体非结构化的复杂数据，以及数据间的关系（洪宏杰，2005）。采用二维表结构的数据库，已经无法保存大量的多媒体非结构化复杂数据，以及各类数据之间的关系。关系型数据库亟待突破。

信息技术平台的选择常常是建立或重新建立应用系统时的关键问题（洪宏杰，2005），而数据库正是其中需要做出选择的关键平台（王继中，2004）。关系型数据库管理系统曾经是技术主流并占据主导地位，但这种传统的数据库管理系统由于其二维数据模型而具有固有的约束和局限性，难以适应当今瞬息万变的业务需求和新技术的发展。

关系型数据库管理系统本身固有的局限性，表现在以下三个方面：

（1）数据模型方面的限制。关系数据库中常用的二维表数据模型无法有效处理通常存在于大多数事务处理应用程序中的多维数据。必然的结果是，以复杂的方式，交互表的数量大大增加，无法正确提供模拟真实数据关系的模型。由于关系型数据库中使用的数据模型较多，也会导致存储空间的大量增加和大量的冗余，导致系统响应性能持续下降。此外，在实际数据中，有许多类型的关系数据库无法得到很好的处理。

（2）数据库性能方面的限制。为报表等静态应用程序设计的关系数据库管理系统没有经过优化过程以实现高效的事务处理，结果往往是一些关系数据库产品在处理Web和GUI事务时无法达到预期的结果。除非在硬件上投入更多，但依然不会从根本上解决问题。

关系型数据库二维表数据模型可以处理大多数事务处理应用中典型的多维数据，但结果往往是建立和使用大量数据表，并且仍然很难建立一个可以模拟现实世界的数据模型。而当数据要作为报表输出时，需要将大量已经分散定义的二维数据表进行反向连接，然后使用索引等技术将这些表依次连接起来，以便找到所有必需的信息。但是这样势必会影响应用系统的响应速度。

（3）扩展弹性方面的限制。关系数据库技术在有效支持应用程序和数据的复杂性方面的能力有限。原本基于关系数据库的标准化设计方法对于复杂数据库事务处理系统的设计和性能优化无能为力。此外，高昂的开发和维护成本也是企业难以承受的。此外，关系数据库恢复策略，如复合索引和并发锁定技术，也将导致其使用的复杂性和局限性。

当今十大主流的关系型数据库技术为Oracle、Microsoft SQL Server、MySQL、Postgre SQL、DB2、Microsoft Access、SQLite、Teradata、MariaDB（MySQL的一个分支）、SAP。

2.非关系型数据库

非关系型数据库指非关系型、分布式数据存储系统，一般不保证符合ACID原则。非关系型数据库以键值对存储，结构不固定。每个元组可以有不同的字段。每个元组可以根据需要添加键值对。它不限于固定结构，可以在上面减少一点时间和空间。

非关系型数据库具有以下优点。

（1）用户可以根据自己的需要添加字段。为了获取用户的不同信息，与关系型数据库需要对多个表进行相关查询不同，只需要根据标识符检索到对应的值即可完成请求。

（2）适用于SNS（social networking services）中，如facebook、微博。系统的升级和功能的增加往往会导致数据结构发生巨大变化。这对关系型数据库来说是难以管理的，需要新的数据库类型进行存储。由于不可能使用结构化数据存储来满足所有新的需求，因此严格来说，非关系型数据库不是一个数据库，而是一组结构化数据存储方法。

非关系型数据库是针对某些特定的应用程序需求而出现的，因此此类应用程序具有极高的性能。根据结构方式和用途，主要分为以下几类：

（1）面向高性能并发读写的key-value数据库。key-value数据库的主要特点是具有极高的并发读写性能。key-value数据库是一种以键值对存储数据的一种数据库，类似Java中的map。可以将整个数据库理解为一个大的map，每个键都会对应一个唯一的值。

主流代表为Redis、Amazon DynamoDB、Memcached、Microsoft Azure Cosmos DB和Hazelcast。

（2）面向海量数据访问的文档数据库。这类数据库的主要特点是在海量的数据中可以快速地查询数据。文档存储通常使用内部表示法，可以直接在应用程序中处理，主要是JSON。JSON文档也可以作为纯文本存储在键值存储或关系数据库系统中。

主流代表为MongoDB、Amazon DynamoDB、Couchbase、Microsoft Azure Cosmos DB和CouchDB。

（3）面向搜索数据内容的搜索引擎。搜索引擎是专门用于搜索数据内容的NoSQL数据库管理系统。其主要是用于对海量数据进行近实时的处理和分析，可用于机器学习和数据挖掘。

主流代表为Elasticsearch、Splunk、Solr、MarkLogic和Sphinx。

（4）面向可扩展性的分布式数据库。这类数据库具有很强的可拓展性。普通关系型数据库以行为为单位存储数据，有利于以行为为单位进行读取和处理，如获取特定条件的数据。因此，关系数据库也称为面向行的数据库。相比之下，面向列的数据库以列为单位存储数据，擅长以列为单位读取数据（侯宇，2014）。

这类数据库想解决的问题是传统数据库存在可扩展性上的缺陷。这类数据库可以适应数据量的增加及数据结构的变化（周渊斐，2015），将数据存储在记录中，能够容纳大量动态列。由于列名和记录键不是固定的，并且由于记录可能有数十亿列，因此可扩展性存储可以看作二维键值存储。

主流代表为Cassandra、HBase、Microsoft Azure

Cosmos DB、Datastax Enterprise 和 Accumulo。

4.4.2 数据库技术主要演进阶段

从数据库发展历程来看，数据库技术的演变可划分为如下几个阶段。

1. 以技术为中心

在 20 世纪 70 年代，数据库实施解决方案侧重于提供对信息技术的在线访问，实现处理效率和尽可能使用最便宜的计算机设备。在当时，可以针对特殊硬件平台进行优化的未打开的数据库是用户一开始可以做出的唯一选择。

2. 以用户为中心

20 世纪 80 年代，随着计算机硬件价格的下降和个人计算机的逐渐普及，用户的信息需求急剧增加，应用软件开发和生产的效率成为成功的关键因素。具有简单易懂的二维数据模型的关系型数据库管理系统成为生成大量满足用户查询和满足那些需求的报表的基础，并被广泛采用。

3. 以网络为中心

20 世纪 90 年代初期以后，大量的图形用户界面被应用系统广泛采用，互联网迅速发展。应用系统的体系结构已经从 C/S 结构转移到以 Web 应用程序为主的处理阶段。

随着经济走向全球化，现代企业要想在竞争中取得成功，其业务活动与日益复杂的交易应用密切相关。企业层面的运营活动涉及大量数据的收集和使用。将更多用户连接到应用系统的更多功能的机会越多，获得的竞争优势就越大。

旧的关系型数据库系统本身的局限性，使其难以适应建立快速、以网络为中心的企业级事务处理应用和核心技术的需求。新的关系数据库可以提供以网络为中心的环境所需的性能和可扩展性、互操作性和安全性。

4.4.3 当前国际主流数据库技术

DB-Engines 网站（https://db-engines.com/）根据数据库管理系统的受欢迎程度对其进行排名，实时统计了 300 余种数据库的排名指数（排名更新至 2021 年 7 月）。

根据排名，当前全球受欢迎程度最高的前十项主流数据库技术依次为 Oracle、MySQL、Microsoft SQL Server、PostgreSQL、MongoDB、Redis、IBM Db2、Elasticsearch、SQLite、Cassandra（图4.13、图4.14）。

附：DB-Engines Ranking 分数的计算方法

DB-Engines Ranking 是一个数据库管理系统列表，根据它们当前的流行程度进行排名。具体通过使用以下参数来衡量系统的受欢迎程度。

(1) 数据库相关网站数量，当前通过 google、bing、yandex 搜索引擎统计。
(2) 公众关注度，通过 Google trends 计算。
(3) 技术讨论活跃度，通过 Stack Overflow、DBA Stack Exchange 问答及用户统计。
(4) 招聘职位，通过 Indeed、Simply Hired 统计。
(5) 专业档案，通过 LinkedIn、Upwork 统计。
(6) 社交网络信息，通过 Twitter 统计。

网站通过对各个参数进行标准化和平均来计算系统的流行度值。这些数学变换以某种方式进行，以便保留各个系统的距离。这意味着，当系统 A 在 DB-Engines Ranking 中的值是系统 B 的 2 倍时，按各个评估标准进行平均，它的受欢迎程度是系统 B 的 2 倍。

为了消除数据源本身数量变化带来的影响，流行度得分始终是一个相对值，应该只与其他系统进行比较来解释。

DB-Engines 排名不衡量系统的安装数量，或它们在 IT 系统中的使用。可以预期，由 DB-Engines 排名（如在讨论或工作机会中）衡量的系统受欢迎程度的增加在某个时间因素之前相应地广泛使用该系统。因此，DB-Engines 排名可以作为早期指标。

Rank Jul 2021	Rank Jun 2021	Rank Jul 2020	DBMS	Database Model	Score Jul 2021	Score Jun 2021	Score Jul 2020
1.	1.	1.	Oracle	Relational, Multi-model	1262.66	-8.28	-77.59
2.	2.	2.	MySQL	Relational, Multi-model	1228.38	+0.52	-40.13
3.	3.	3.	Microsoft SQL Server	Relational, Multi-model	981.95	-9.12	-77.77
4.	4.	4.	PostgreSQL	Relational, Multi-model	577.15	+8.64	+50.15
5.	5.	5.	MongoDB	Document, Multi-model	496.16	+7.95	+52.68
6.	↑7.	↑8.	Redis	Key-value, Multi-model	168.31	+3.06	+18.26
7.	↓6.	↓6.	IBM Db2	Relational, Multi-model	165.15	-1.88	+1.99
8.	8.	↓7.	Elasticsearch	Search engine, Multi-model	155.76	+1.05	+4.17
9.	9.	9.	SQLite	Relational	130.20	-0.33	+2.75
10.	↑11.	10.	Cassandra	Wide column	114.00	-0.11	-7.08
11.	↓10.	11.	Microsoft Access	Relational	113.45	-1.49	-3.09
12.	12.	12.	MariaDB	Relational, Multi-model	97.98	+1.19	+6.86
13.	13.	13.	Splunk	Search engine	90.05	-0.22	+1.78
14.	14.	14.	Hive	Relational	82.68	+2.98	+6.25
15.	15.	↑18.	Microsoft Azure SQL Database	Relational, Multi-model	75.22	+0.43	+22.59
16.	16.	16.	Amazon DynamoDB	Multi-model	75.20	+1.43	+10.62
17.	17.	↓15.	Teradata	Relational, Multi-model	68.95	-0.39	-7.02
18.	18.	↑22.	Neo4j	Graph	57.16	+1.41	+8.24
19.	19.	↑20.	SAP HANA	Relational, Multi-model	53.81	-0.29	+2.48
20.	20.	↓19.	Solr	Search engine, Multi-model	51.79	-0.30	+0.15
21.	21.	21.	FileMaker	Relational	50.29	+1.16	+0.84
22.	22.	↓17.	SAP Adaptive Server	Relational, Multi-model	47.66	-1.33	-6.22
23.	23.	23.	HBase	Wide column	44.07	+0.55	-4.59
24.	24.	↑25.	Google BigQuery	Relational	41.26	+1.64	+11.61
25.	↑26.	↑101.	Snowflake	Relational	40.04	+5.29	+37.31
26.	↓25.	↓24.	Microsoft Azure Cosmos DB	Multi-model	36.70	+0.23	+6.30
27.	27.		PostGIS	Spatial DBMS, Multi-model	31.52	+0.75	
28.	↑29.	↑30.	InfluxDB	Time Series, Multi-model	29.24	+0.60	+7.38
29.	↓28.	↓26.	Couchbase	Document, Multi-model	28.46	-0.61	-0.25
30.	30.	↓27.	Memcached	Key-value	25.34	+0.16	-0.50
31.	31.	↑32.	Firebird	Relational	25.10	+0.80	+5.57
32.	32.	↓29.	Amazon Redshift	Relational	23.53	-0.11	+1.12

图 4.13　DB-Engines 网站 2021 年 7 月全球最受欢迎数据库排名

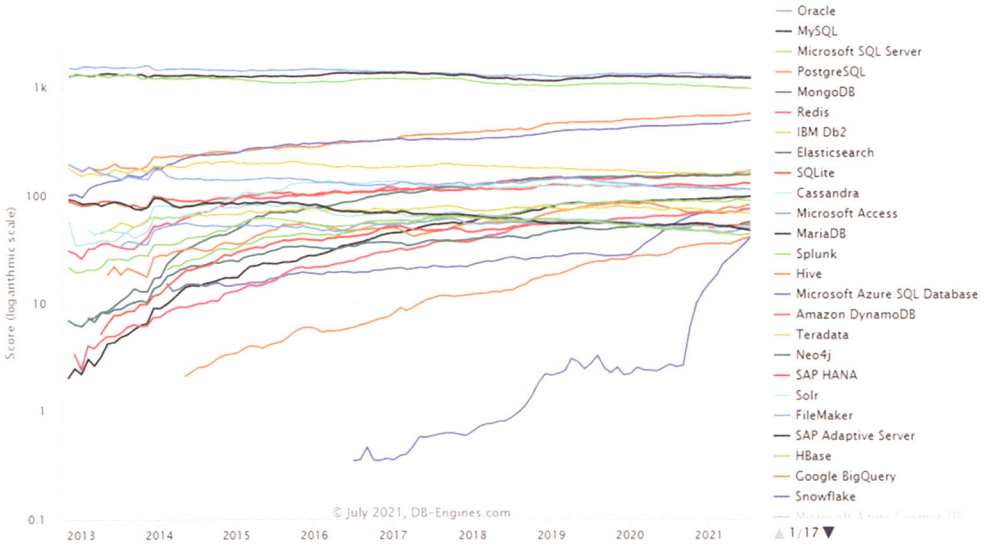

图 4.14　DB-Engines 网站全球最受欢迎数据库排名趋势变化

4.5 城市治理智能支撑平台的 CBDB 架构
The Structure of City Big Data Bank (CBDB) for Intelligent Urban Governance

为建设城市治理导向的智能平台，依据上述五层架构逻辑，需要设计与建构作为智能平台底层支撑的城市大数据库 CBDB。数据库的各个模块技术设施如图 4.15 所示。

（1）数据存储与管理。

① 基础信息：关系型存储（Postgres、MySQL）。

② 规划成果、空间模型：对象存储（MinIO）。

③ 实时监测数据：时序存储（InfluxDB）。

④ 其他各类新型数据：ArcGIS、分布式文件系统（HDFS）等。

（2）数据运算。

① 查询引擎，如 Elastic Search、Grafana。

② 离线计算，如 Spark。

③ 流式计算，如 Spark Streaming。

④ 模型引擎，如 Pytorch。

（3）数据应用。

① 数据开放 API。

② 计算模型 API。

为了高效管理和维护应

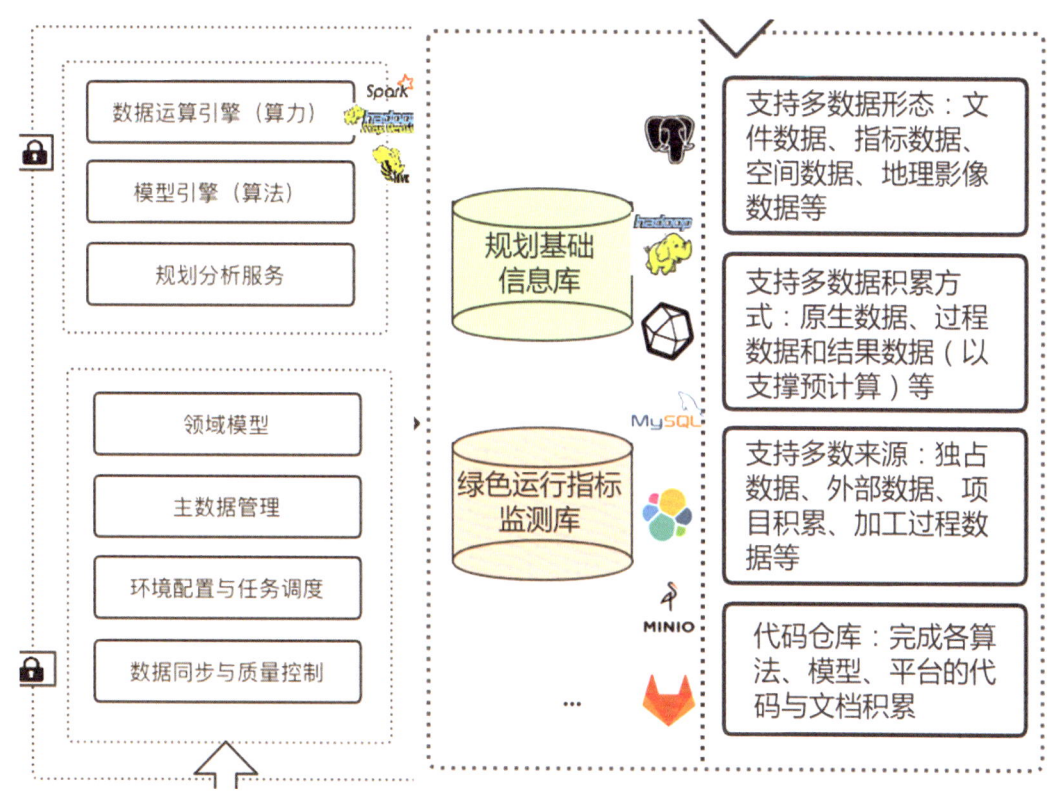

图 4.15　数据库设施选型与搭建

用，基于 Docker[1] 实例，采用容器化部署策略，实现不同应用独立使用和维护（图 4.16、图 4.17）。

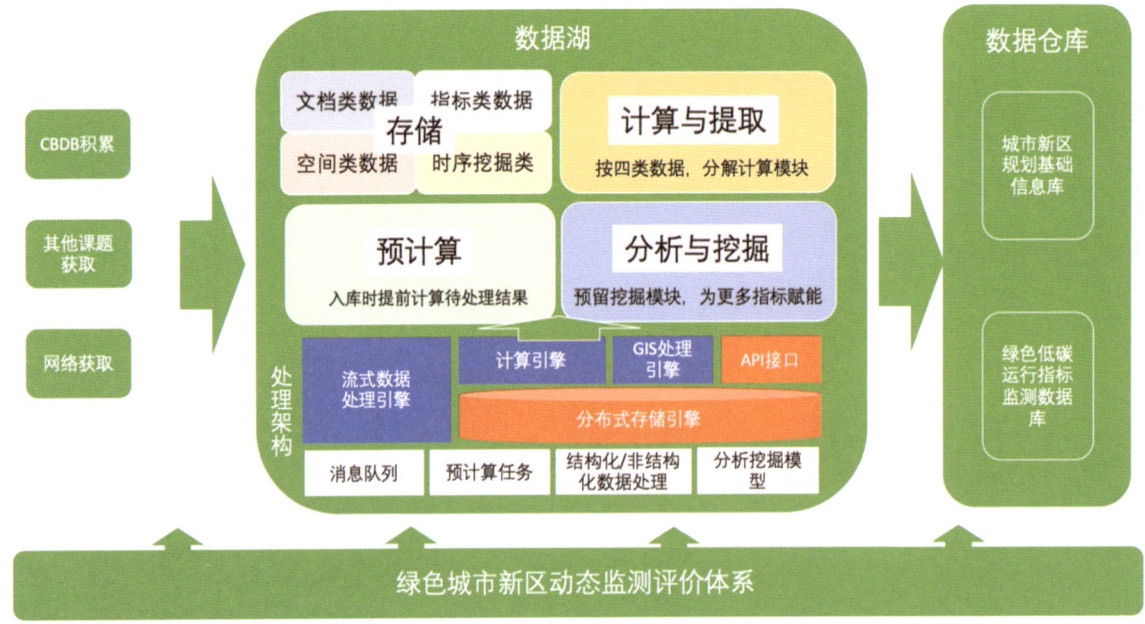

图 4.16　数据湖与数据仓库架构

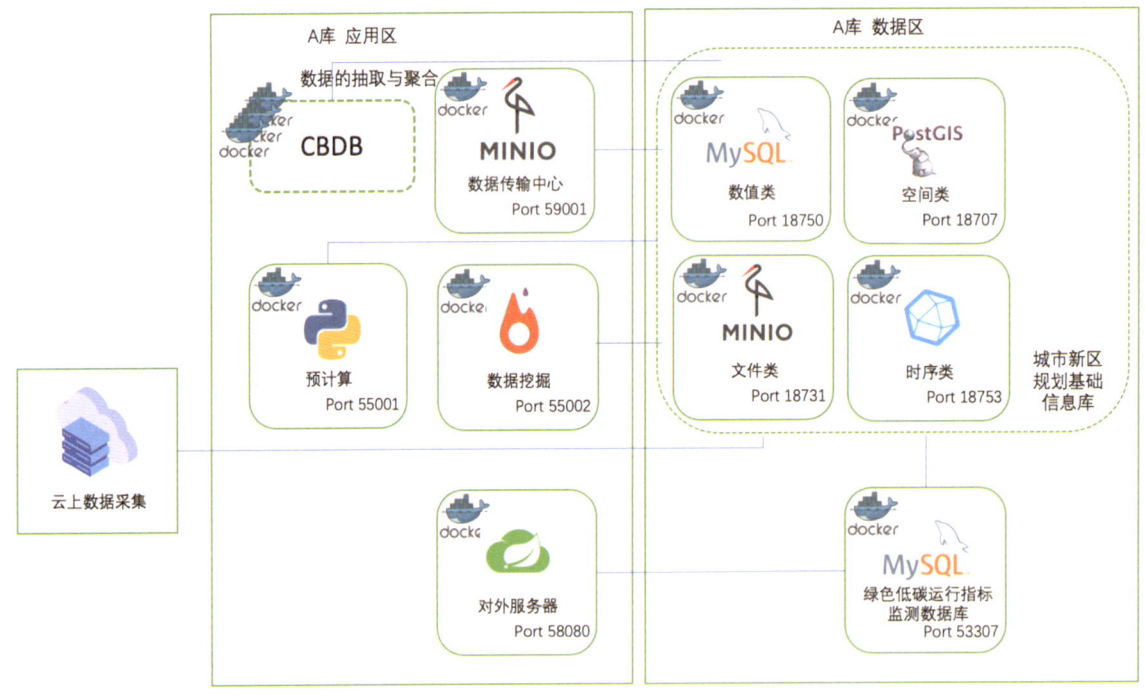

图 4.17　容器化数据仓库与数据湖部署实例

---

[1] Docker 是一个开源的应用容器引擎，让开发者可以打包他们的应用以及依赖包到一个可移植的镜像中，然后发布到任何流行的 Linux 或 Windows 机器上，也可以实现虚拟化。容器完全使用沙箱机制，相互之间不会有任何接口。

4.6 城市治理的大数据设施支撑
Big Data Facilities to Support Intelligent Governance

大数据的存储主要依赖于多类型的数据库技术，而其使用计算过程中的物理空间阻隔问题则驱动着云计算和大数据中心的发展。具体来说，建立数据库需要依托一定的物理设备载体——服务器是固定位置的，现实中不可能随意移动。而大数据的需求端、应用端则是千变万化的，在全球的任意角落，并且产生或消失皆具有不确定性。云计算和大数据中心既是这类问题所催生的相关技术发展趋势，分别对应于数据的连接和数据的统一管理。

4.6.1 云化发展趋势

云计算（cloud computing），是一种基于互联网的计算方式。通过这种方式，共享的软硬件资源和信息可以按需求提供给计算机各种终端和其他设备，使用服务商提供的电脑基建作计算和资源。

当今信息化智能化技术渗透于各行各业，云计算的应用场景无处不在。这种过去主要依赖于本地设备设施计算处理的场景逐步被云计算所介入乃至替代的过程可以概括为一种"云化"的过程。颇具权威性的国际科技咨询公司Gartner总结认为，当今云支持大多数新技术颠覆，包括可组合业务，其显著优势在于高度的弹性、可扩展性、灵活性和速度。混合、多云和边缘环境正在增长，并为新的分布式云模型奠定了基础。此外，5G R16和R17等无线通信新进展将推动云技术的应用达到更广泛、更深入的水平，诸如增强的移动银行体验和医疗保健转型等应用场景也将出现。

4.6.2 数据中心建设趋势

数据中心是建筑物、建筑物内的专用空间或一组建筑物，用于容纳计算机系统和相关的组件，例如电信和存储系统。由于IT运营对业务连续性至关重要，因此它通常包括电源、数据通信连接、环境控制（例如空调、灭火）和各种安全设备等基础设施。大型数据中心使用的电力巨大，可以达到小城镇工业规模的水平。在现代有IT核心业务需求的组织来说，确保核心数据资源和信息组织的安全性和高效性是一切工作的基础和安全底线。数据中心既是保障此类需求的成熟建设形式，并且随着全社会对于大数据的需求越发庞大，数据中心的规模和数量也在不断上升。

2020年底，中国信息通信研究院和开放数据中心委员会（ODCC）联合发布了《数据中心白皮书（2020年）》。根据白皮书内容，我国的数据中心布局为需求导向，三大城镇群——京津冀、长三角、珠三角发展水平居全国领先。研究结果表明，我国互联网从业人员数量与数据中心在空间分布上高度一致，影响全国数据中心空间布局态势的根本因素是"信息发展水平"及其伴随产生的数据使用需求。

参考文献

[1] 杨凯.《促进大数据发展行动纲要》印发，大数据迎接产业化布局和战略抉择[J]. 华东科技，2015（10）：24-26.
[2] 吴志强，李欣. 城市规划设计的永续理性[J]. 南方建筑，2016（5）：4-9.
[3] 吴志强，甘惟. 转型时期的城市智能规划技术实践[J]. 城市建筑，2018（3）：26-29.
[4] 大鱼. 数据库和区块链的异同[J]. 金卡工程，2017（4）：61-62.
[5] 吴崇浩，邢洁. 信息网站数据库技术研究[J]. 冶金信息导刊，2015（3）：52-55.
[6] 王继中. 数据库出现分水岭[J]. 中国计算机用户，2004（45）：52.
[7] 洪宏杰. 电信大客户合同管理系统的研究[D]. 北京：北京邮电大学，2005.
[8] 侯宇. 思锐车联网数据处理系统的设计与实现[D]. 重庆：重庆大学，2014.
[9] 周渊斐. 分布式业务运营支撑关键技术的研究与实现[D]. 北京：中国科学院大学，2015.

第五章　城市治理问题及其诊断支撑

CHAPTER 5
PROBLEMS AND THEIR DIAGNOSIS
IN URBAN GOVERNANCE

5.1 城市治理问题及其哲学本质
Problems in Urban Governance and Their Philosophical Essence

随着中国城镇化进程的高速发展，城市治理问题不断涌现，推进城市治理体系和治理能力现代化日趋迫切。中国城市的发展及其治理面临着诸多挑战，具体表现为：生态失衡、人口众多与资源浪费、城市历史文化遗产的毁灭和城市特色的消失、能源消耗、人居环境恶化、城市灾害频繁（吴良镛，2004）。同时，我国城市发展及其治理的问题还包含：宜居土地和水资源稀缺，人地矛盾尖锐；候鸟式农民工规模巨大，流向分布失调；能源存量结构失衡，建筑能耗增长过快；机动化与城市化同步发生，城市蔓延趋势明显；城镇化推动力失调，环境污染排放失控；自然和历史文化遗产遭到破坏，城市风貌雷同；城乡居民收入差距日益扩大，社会冲突增加；城市之间恶性竞争加剧等（仇保兴，2006）。《国家新型城镇化规划（2014—2020）》对我国所面临的城市病问题做了相应的描述，主要包括城市空间无序开发问题、城市人口过度集聚问题、交通拥堵问题、公共安全问题、环境污染问题、管理效率问题、公共服务供给问题和人居环境问题等。中国城市规划设计研究院对改革开放以来中国城市建设情况进行了全面总结与解析，并重点针对多年来中国城市快速建设中所面临的城市治理问题进行了总结：城市空间发展呈现低质量失衡；资源环境生态矛盾性和复杂性凸显；城市基础设施数量与质量整体滞后；城市建筑存在供需与价值的双向失衡；城市交通供需不平衡且品质欠缺；城市安全隐患众多且应对能力薄弱（中国城市规划设计研究院，2019）。总体而言，在疾风暴雨式的城市高速发展中，由于缺乏科学合理的价值体系引导和相关工程学科的通力合作，城市建设产生了一系列严重的"城市病"，对中国可持续发展造成巨大威胁。当今中国城市建设中出现的问题可概括为九大方面：城市交通严重拥堵、空气污染雾霾严重、城市内涝积水成灾、资源能源消耗过度、城市生态严重破坏、安全保障系统不力、基础设施脆弱短命、城市运行效率低下、城市文化传承缺失（中国工程院，2019）。

基于改革开放40年来的25 581篇中国城乡规划相关文献及151 930个学术词汇，采用科学知识图谱方法，精准捕捉中国城乡规划知识网络演进的基本规律与特征，总结出城市治理面临十个维度的挑战：区域协同、经济产业、资源集约、道路交通、生态环境、城市空间、城市安全、历史文化、社会生活、城市健康（吴志强、刘晓畅，2018）（图5.1）。

今天世界上的城市面临诸多复杂问题，以中华生态理性思考复杂的城市问题，其哲学本质可以归结为三个层面：失和、失合、失续（吴志强，2019）。

"失和"，即对外不和谐。具体体现在：东部和西部城市发展不和谐，南方和北方地区城市发展不和谐，城市地区与乡村地区发展不和谐，城市与自然发展不和谐（吴志强，2019）。

"失合"，即内部不协调。具体体现在：城市空间发展不合、城市资源环境与城市发展

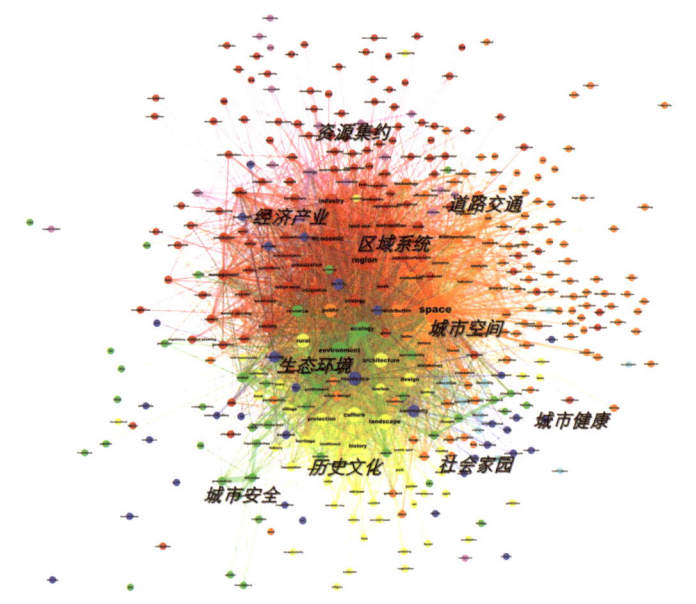

图 5.1　城市治理所面临的十大挑战

不合、城市工程建设与城市发展不合、城市交通与城市发展不合等城市内部各系统、要素之间的不协调（吴志强，2019）。

"失续"，即时间维度上不可续。具体体现在：城市人口急剧增长不断加剧生态环境的压力，短期发展与长远规划不可续；当代人的生存与发展透支下一代人的资源，历史传承与未来创新代际失续（吴志强，2019）。

5.2 城市诊断的思想基础
The Ideological Basis of Urban Diagnosis

5.2.1 城市规划理性思想

Peter Hall 将城市规划理论发展划分为7个阶段：现代城市规划对城市问题的研究始于"病理学地观察城市"（1890—1901），经历了美学（1901—1905）、功能（1916—1939）、幻想（1923—1936）、更新（1937—1964）、纯理论（1975—1989）等阶段后，又回到了"再从病理学地观察城市"（1980—1989）。可见，现代城市治理思想始终若隐若现地对城市问题的研究产生着影响。

人工智能技术为城市规划的工具理性开启了历史性的技术支持可能：城乡发展动态的大数据汇集感知、城乡发展状态的云计算分析、城乡发展过程的人工智能规律学习，提供移动互联的公共参与规划和建设决策。从而快速实现"见民心，见流动，见动态，见理性，见关系，见文脉"的城市研究效果，进而支撑城乡规划设计向着更加合理的方向发展（吴志强，2016）。

5.2.2 城市生命体思想

城市现代治理的思想在一定程度上隐含了把城市作为有生命的个体来看待的观点。城市作为复杂巨系统，其内部的复杂程度和运行模式与有机生命体确有许多相似之处，而把城市作为生命来看待和研究的思想经历了较长时间的发展，为城市现代治理的提出和构建提供了较为充分的支撑。

从生命特征视角来看，人们对城市的认识经历了"机械体""有机体""生命体"的变化。早在20世纪初，城市研究者们就已经提出把城市作为有机体或生命体来看待的观点。格迪斯（Geddes）作为一名生物学家，对城市进行了基于生态学的研究，并编著了《进化中的城市》一书。沙里宁（E.Saarinen）提出"有机秩序的原则，是大自然的基本规律，也应作为人类建筑所遵循的原则"，认为城市与自然界的生物体一样，都是有机的集合体，城市发展所遵循的规律也往往和自然界的规律相似，可以从生物演化规律推导而来。这一观点也是沙里宁应对城市发展所提出的"有机疏散（organic decentralization）"理论的思想基础。其后的许多城市研究者也会有意或无意地把城市与生物有机体进行类比或比较（朱勍，2007）。

20世纪中期以来，生物学在微观领域的研究发展给了宏观生命一个新的解释（吴志强，2008），其对于生命现象的解释和研究方法为城市研究领域提供了一个认识城市的新视角。许多国内外学者在这一视角下对城市进行了再认识和新研究，美国地理学者厄尔曼（Ullman）在其著作中引入了城市新陈代谢的概念，认为城市系统的运作是一个新陈代谢的过程。日本建筑师黑川纪章将现代主义总结为"机械原理"时代，将建筑和规划的新时代称为"生命原理"时代，强调代谢、循环、共生、遗传等概念。吴志强（2008）在实践观察和经验分析的基础上，尝试用生物学中的生命理论来解释城市发展、突变、更新、衰亡和进化等一些现象，对"城市具有生命特征"和"城市生

5.2.3 以数明律思想

城市诊断基本假设是城市具有正常/健康的状态，诊断就是找到偏离正常/健康状态的数值和个案，从而寻求恢复正常的途径。

"大智移云链"（即大数据、智能化、移动互联网、云计算和区块链）时代，城市规划与城市治理有了更好的工具与手段，不再囿于理想和问题导向的工作模式，更重要的是通过总结城市生命发展的规律，找到偏离正常/健康状态的具体数值，运用规律对城市未来的灾害冲击进行准确的预测和推演。以城市生命规律为导向、以智能技术为支撑的智能城市规划与城市治理研究，将引导城市走向更健康、更可持续的未来。

5.2.4 以流定形思想

对城市规划而言，城市空间和用地（即"形"）是规划控制和干预的主要对象，世界上大部分国家都有自己的城市用地分类标准和规划控制原则。相比之下，规划手段往往无法直接作用于"流"，而需要借助干预"形"来间接影响城市中的各种"流"。

根据城市规划工作中对"形-流"关系的认知和判断，可以分为两种不同的思想方法。第一种是将"形"作为城市规划的终极服务对象，将形态学、政治形象、空间序列甚至平面图案作为推敲城市形态的基础，将城市中的"流"作为城市形态的附属品。第二种方法尽管也以城市的"形"作为管理和干预的主要对象，但同时也认为相比于"形"，城市中"流"的顺利运行是规划更为深层次的目标。这种思想更多地将城市作为生命体看待，将城市中的"流"与自然界的水流、空气流等无意识的"流"加以区分，强调前者是具有特殊生命力、流动意愿和价值标准的。意愿和标准的本源则是城市中人的需求。这两种不同的思想方法分别呈现出"以形定流"和"形流互动"的特点。前者绵延千年，影响至今。后者更体现对人的重视，接近城市运行的本质，近百年来才初现，一方面是社会民主进步的产物，另一方面随着认知科学技术的发展而逐渐成熟（吴志强，2015）。

从诊断学的对象来看，"形-流"关系同样也是医学诊断的关键所在。无论是中医诊断还是西医诊断，都不仅关注人体肌肉、骨骼、皮肤等"形"要素的完整和健康，更关注人体内各种流动和循环的运行状态。"形流互动"的规划思想为城市诊断的方法和客体提供了理论指导，城市诊断的对象同样不仅仅是城市中的建筑、道路、绿化等形态要素，也包括城市中经济、交通、信息、能源等大量要素流动的通畅和健康。此外，还包括形态要素和流动要素之间的互动关系（吴志强，叶钟楠，2021）。

5.3 城市诊断的体系建构
System Construction of Urban Diagnosis

城市作为一个文明的载体，其发展不仅聚焦于物质性，更重要的是社会性、文化性、生态性。因此，在此过程中必须把控的关键要素如下：

第一，人造城市空间作为文明载体与所处自然环境之间的关系。

第二，城市作为复杂生命体，存在着不同系统之间的不同要素匹配关系，不同诊断领域之间的关联需要更多复杂科学导入，对系统之间的要素进行关联与突破。

第三，城市作为一个生生不息、可持续发展的个体，需要在城市诊断过程中埋伏动态的视野。如果没有时间相位动态的导入，就单个要素诊断，就不能区分其偏离正常值的自修复现象和偏离正常值的不能自修复现象。

5.3.1 城市诊断的理论体系

城市作为生命体，具有以下四大治理能力：

（1）城市安全生存治理能力（Survival Power，SP）。城市安全生存治理能力主要指用于防御灾害、保障城市安全底线的能力，具体包括城市灾难预警、城市灾难应急、城市灾后恢复等治理能力。

（2）城市高效运营治理能力（Operation Power，OP）。城市高效运营治理能力主要指为城市居民提供无障碍的流动、高效的经济与社会交往的能力。

（3）城市幸福创新治理能力（Innovation Power，IP）。城市幸福创新治理能力主要指能够激发城市居民在知识、技术、产业、文化和文明制度方面的创新能力，并在多维的创新中得到社会尊重、个性的解放与群落的幸福。

（4）城市群落协作治理能力（Cooperation Power，CP）。城市群落协作治理能力，即一个城市与周边群落城市之间的协同治理能力，通过群落的协同完成城市个体的安全、有序、高效和幸福创新。最终形成 CIOS 城市诊断的理论体系（图 5.2）（吴志强，2020）。

5.3.2 城市诊断的技术体系

城市作为生命体，具有不同的生命系统。基于城市治理问题的不同类型，可将诊断体系分为 72 项不同的诊断子项，分别落于 9 个领域，即区域、生态、产业、动力、社会、文化、流动、空间、安全健康，形成城市诊断的技术体系（图 5.2）。

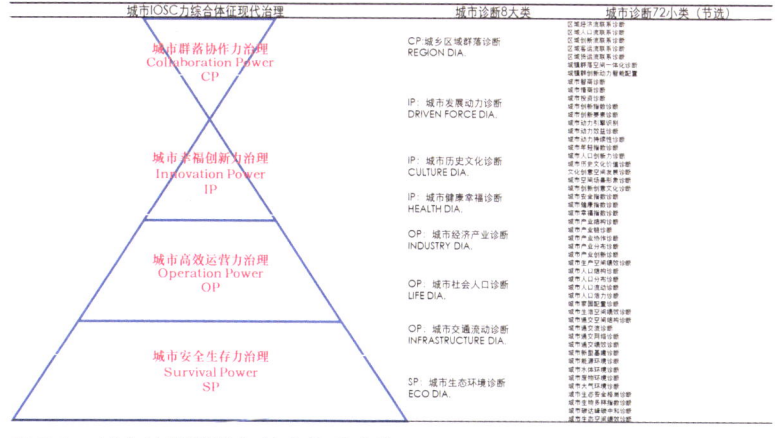

图 5.2　城市诊断理论与技术体系建构

5.4 区域诊断
Regional Diagnosis

区域诊断即综合利用机器学习、可视化分析、空间计量模型等技术手段，构建区域创新网络、信息联系网络、产业经济网络、交通联系网络，诊断分析城市在区域群落中的网络结构与搭接问题。

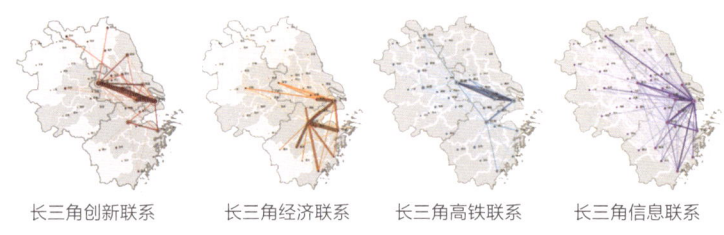

长三角创新联系　　长三角经济联系　　长三角高铁联系　　长三角信息联系

5.4.1 城市级区域网络

以诊断长三角三省一市为例，分别从创新、经济、高铁、信息等方面综合分析区域中城市协同网络的特征，并对网络进行组团划分，辨析城镇群落网络的结构与格局，诊断各城市在城镇群落中的等级地位，为城市未来的发展提供战略引导（图5.3）。

对不同类型的联系网络进行对比分析，能够更加明确各类网络的特征。通过考察目标城市在不同网络中的测度，明确目标城市在城市群落中的地位，及其在各类网络中的优势及有待提升的方面（图5.4）。

5.4.2 区县级区域网络

在城市级别网络分析的基础上，进一步可分析目标城市的各区县在其所在省内与其他区县的外联格局，进一步明确目标城市各区县的外联强度、主联方向、未来战略。以浙江省为例，浙江省的城市可分为杭州都市圈、宁波都市圈、温州都市圈、金华都市圈。其中，

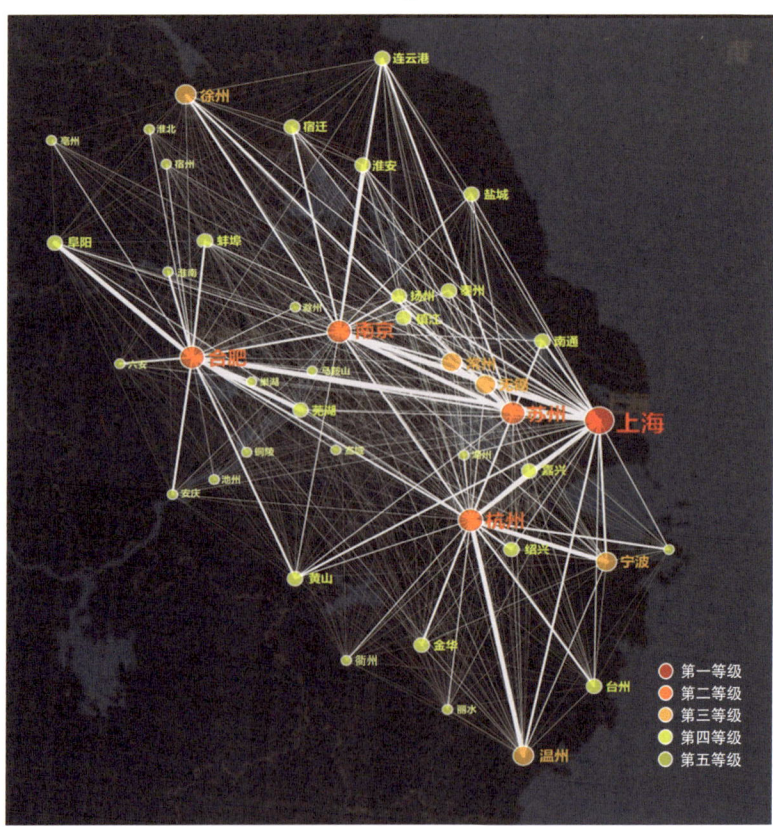

图5.3　长三角城镇群城市级网络建构

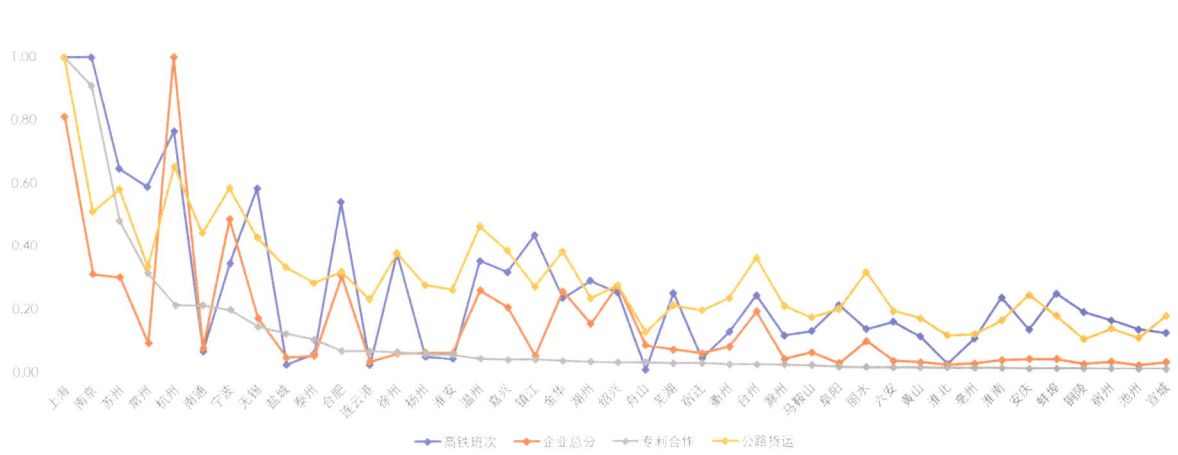

图 5.4　长三角城镇群中各个城市不同类型网络的测度排行

杭州都市圈由杭州、绍兴、嘉兴、湖州组成，核心为杭州。宁波都市圈由宁波、舟山组成，核心为宁波。温州都市圈由温州、台州组成，核心为温州。金华都市圈由金华、衢州、丽水组成，核心为金华与义乌（图 5.5）。

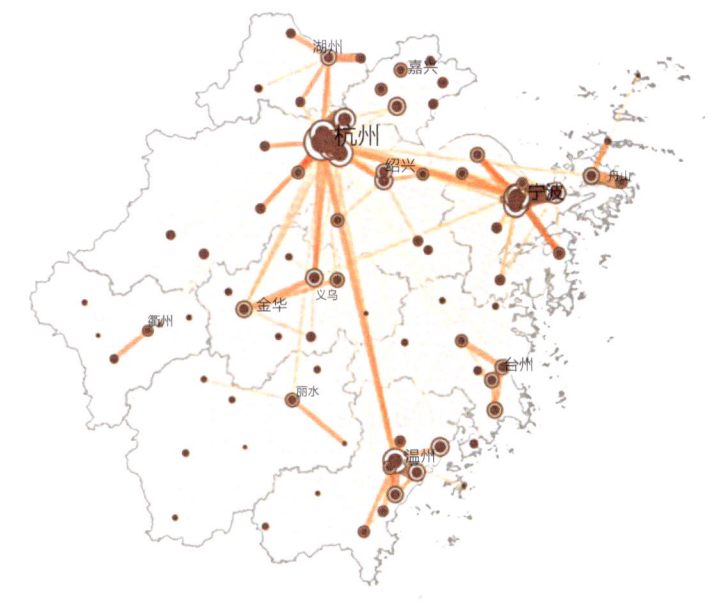

图 5.5　浙江省区县级别城市联系网络

5.5 生态诊断
Ecological Diagnosis

在城镇化的高速进程中出现了土地的过度开发利用、生态环境斑块的大量侵占，从而导致生物多样性减少、生境斑块破碎化、生态环境不稳定等诸多问题。因此，生态网络的构建对城市生态系统服务功能的可持续发展具有重大意义（刘一丁、何政伟、陈俊华、谢川等，2020）。生态诊断包含城市能环境诊断、城市水环境诊断、城市碳中和诊断、城市大气环境诊断、城市生物多样性诊断、城市生态格局与生态适宜性评价。通过大数据与人工智能赋能生态诊断，寻求能、水、物、气、地、生等城市生态流动要素的特征与规律，为科学的生态治理提供建设性意见。本节就几种具体对象的诊断进行说明。

5.5.1 城市风环境诊断

风环境诊断是大气环境诊断的一种，主要将缓解热岛效应、改善风环境、提高人体舒适度作为出发点，进行城市大规模范围内的风环境模拟，最终找到潜在风廊、堵点和湍流点的城市生态诊断。保持良好的城市风环境，一方面可以有效驱散城市污染、缓解城市热岛效应；另一方面可对植物的播种、动物的散热等起到正向作用。

以青岛西海岸新区为例，根据历年气象数据找到主导风向（年度、季节），确定模拟时间段（一般为冬季和夏季的午后），爬取历史逐日数据，找到契合主导风向并且污染严重或气温极高的日期，获取气象指标，利用建筑模型建立合适的网格系统，输入相应气象指标，进行风模拟。最终，提取风廊（一般为30m高空）、寻找阻点与湍流点，并叠合城市内部污染和气温情况，分析现有风廊是否能解决其问题，从而规划潜在风廊（图5.6）。

5.5.2 城市生态格局诊断

利用遥感、人工智能算法、元胞自动机（cellular automata，简称CA）等技术，对生态格局的变化推演、建成区分布的影响因子和城乡

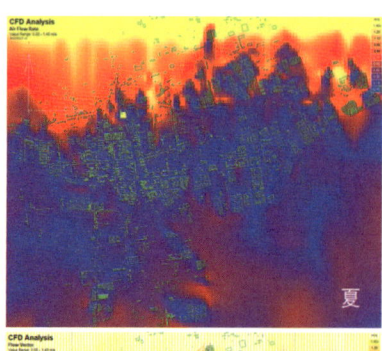

图5.6 青岛西海岸新区风环境模拟

开发边界进行诊断，为国土空间规划提供科学依据。通过学习城市历史用地变化模式，用马尔科夫链推测用地面积变化情况，元胞自动机（CA）结合人工神经网络（Artificial Neural Network, ANN）预测推演规划目标年份的土地覆盖情况。对规划区的增长情况，分析其是否符合规划目标，据此调整规划区土地驱动模式。同时，结合形态学空间格局分析（Morphological Spatial Pattern Analysis, MSPA）和最小累积阻力模型（Minimum Cumulative Resistance, MCR）模型构建区域的生态网络结构，为生态规划和治理提供科学的依据。

以台州市为例，通过机器学习台州市过去城市用地变化模式，采用马尔科夫链推测用地面积变化情况，CA结合ANN预测推演台州市2035年土地覆盖，城市生态格局将具有以下特征：

第一，由于人类活动痕迹持续扩张，台州市西北部林地边缘退化，东南区域林地破碎化，耕地间零散林地被完全侵吞。

第二，城市不透水面变化主要集中在临海市东部及市中三区。临海市东部主要向西向南发展，市中三区建成区都有东向、南向发展的势头。

第三，台州湾新区东部新增灌木/草地，新增建成区主要在西侧靠椒江区和路桥区，采用旧有的建成区分布动力来驱动发展，将不能满足规划需求（图5.7）。

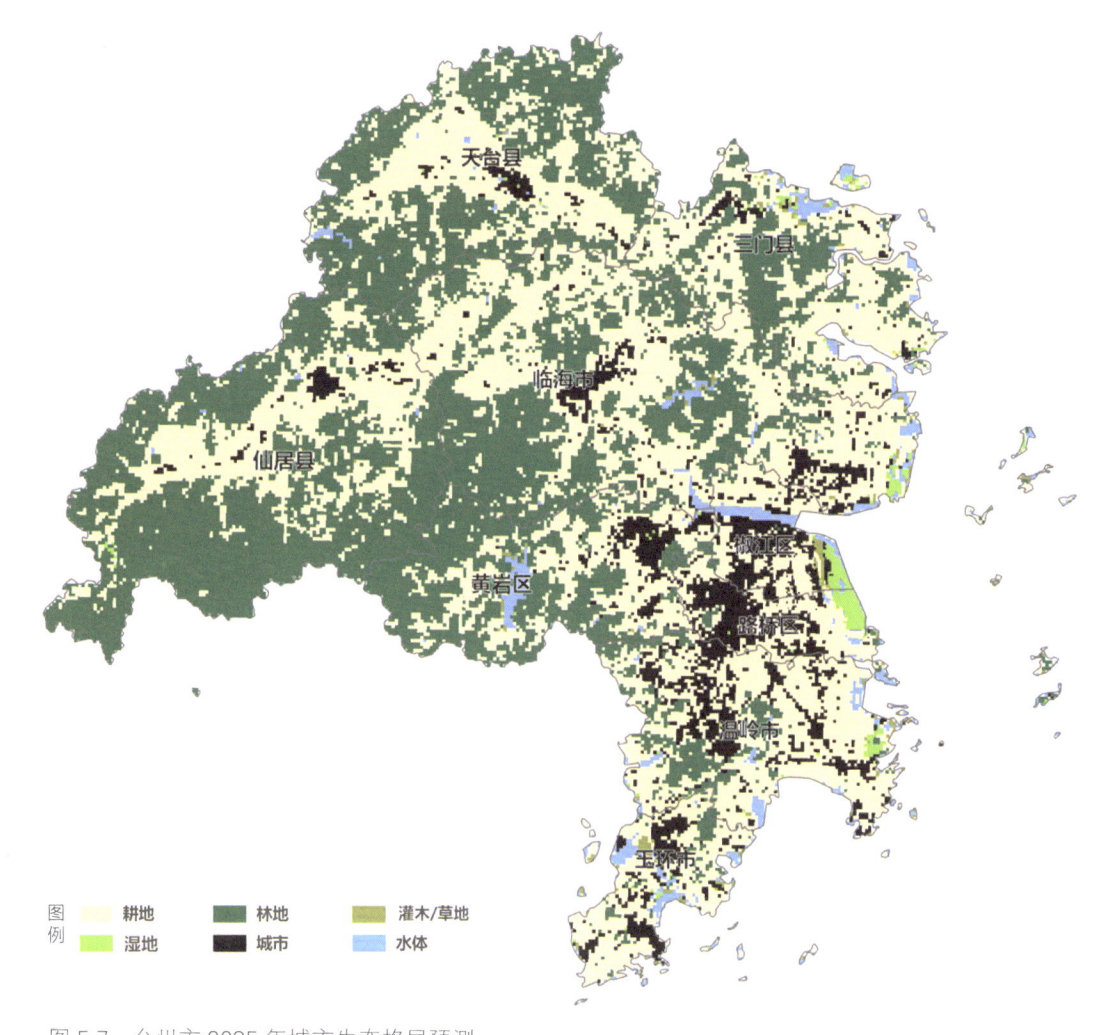

图5.7 台州市2035年城市生态格局预测

5.5.3 城市生态廊道诊断

形态学空间格局分析（MSPA）是对景观网络分析的一种新方法，即基于腐蚀、膨胀、开运算、闭运算等一系列数学形态学原理对栅格图像的空间格局进行识别、分割的一种具有结构灵活性倾向的图像分析方法（刘一丁、何政伟、陈俊华、谢川等，2020）。

首先，通过对landsat8卫星影像进行解译获取目标城市的土地使用分类栅格底图，提取林地、湿地等自然生态要素作为前景，其他作为背景。基于MSPA模型得到七类栅格数据：核心区、桥接区、环岛区、支线、边缘区、孔隙和岛状斑块。其中，核心区就是生态源地，桥接区和支线相当于生态廊道，岛状斑块相当于生态节点，由此可得到初步的景观生态网络格局（图5.8）。

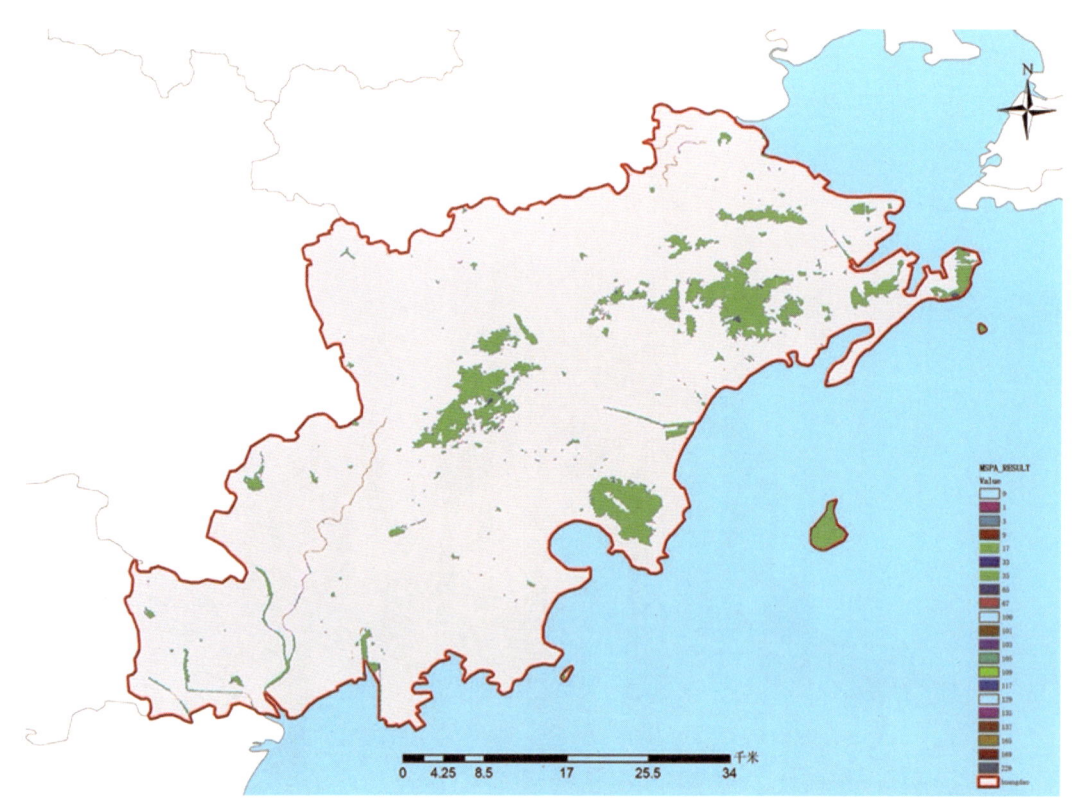

图5.8 基于MSPA方法青岛西海岸新区生态网络模拟结果

其次，依据不同土地使用类型的基础阻力值对土地分类数据进行重分类，构建生态阻力面。同时，通过夜间灯光数据对阻力值进行修正，得到最终基于土地利用数据的阻力面。再结合高程数字高程模型（Digital Elevation Model, DEM）数据和坡度分析，通过加权叠加得到最终的累积阻力面（图5.9）。

再次，在累积阻力面的基础上，基于MCR模型计算模拟出生态源地间的生态廊道。在生态源地确定和生态阻力面构建的基础上，通过Graphab软件的图谱理论基础对之前模拟的生态廊道进行优化，从可能连通性指数（Probability of Connectivity, PC）和整体连通性指数（Integral Index of Connectivity IIC）对生态源地和生态廊道的重要性进行分级，通过叠加分析形成最终的连通性评价，进而得到最终的景观生态网络图，从而确定生境斑块和生态廊道的保护优先级（图5.10）。

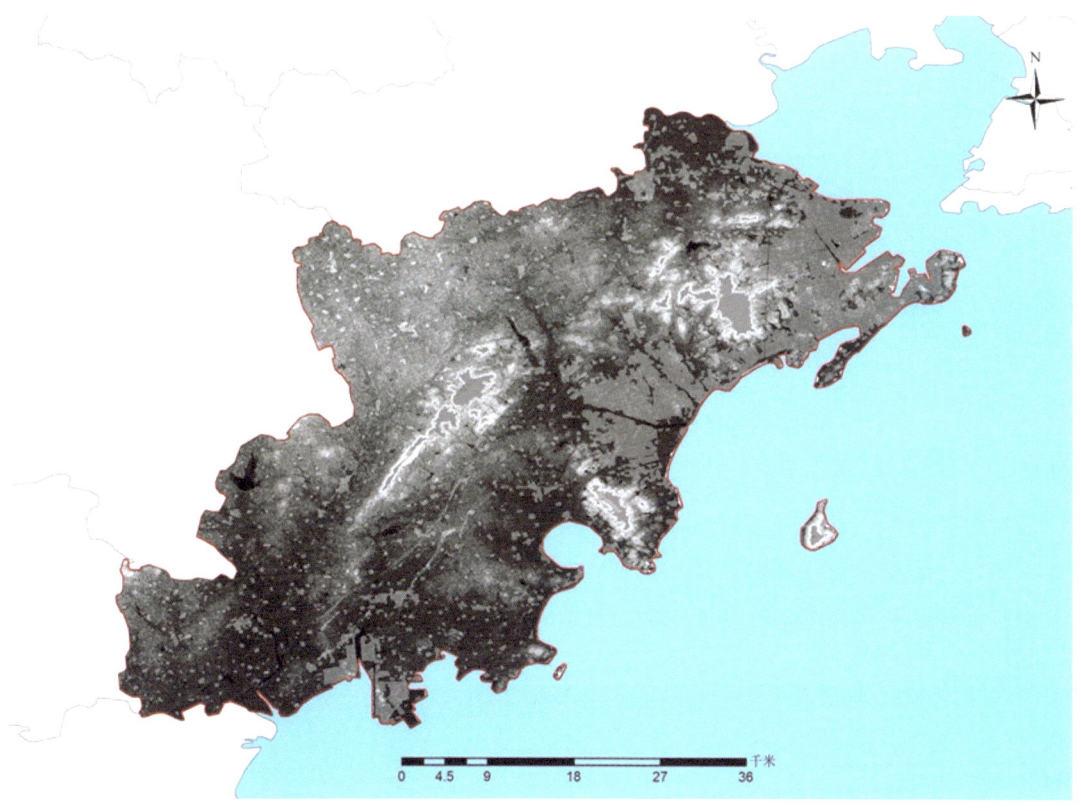

图 5.9 城市景观累积阻力面

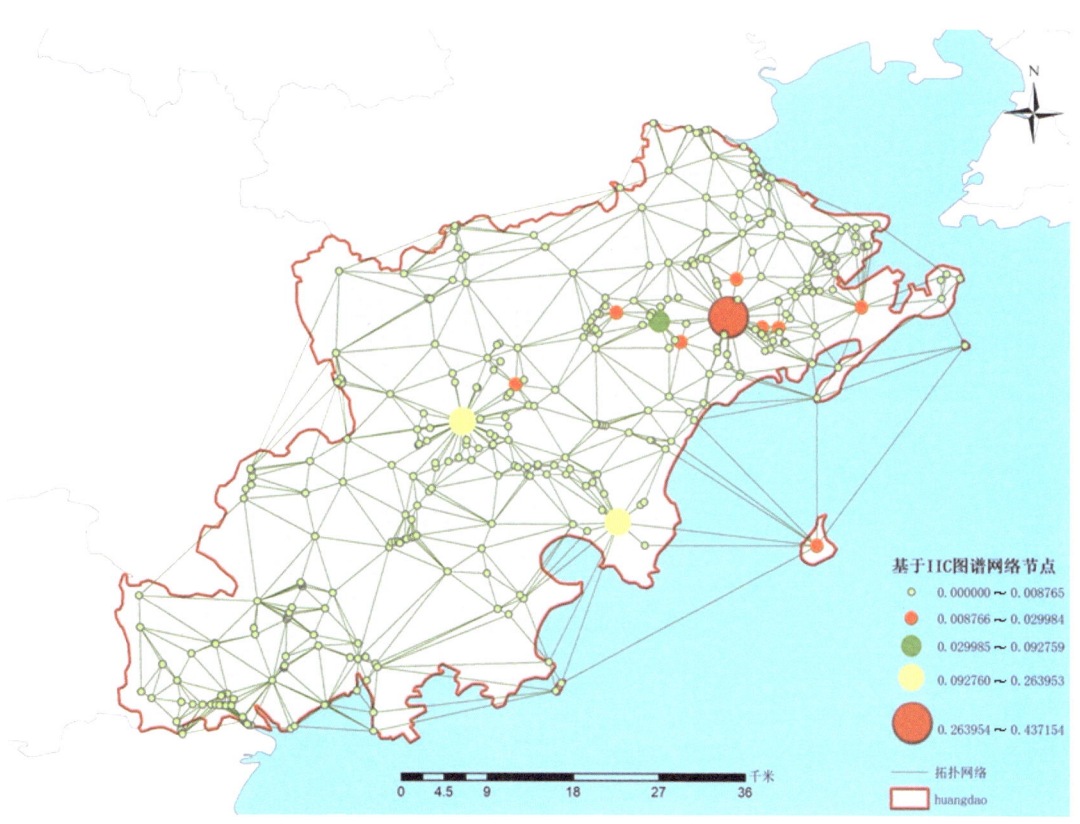

图 5.10 基于 IIC 图谱理论的生境斑块网络拓扑诊断

5.6 产业诊断
Industrial Diagnosis

5.6.1 未来产业发展趋势研判

基于逐年全球产业相关专利授权量的演进，研究发现未来呈现爆发式增长趋势的产业有：人工智能、高等装备制造、新能源环境保护技术、生物化学、电子通信等。同时发现，20世纪80年代以来，全球产业发展以6~7年的科创周期演进，2020年为新一轮科创周期的起点（图5.11）。

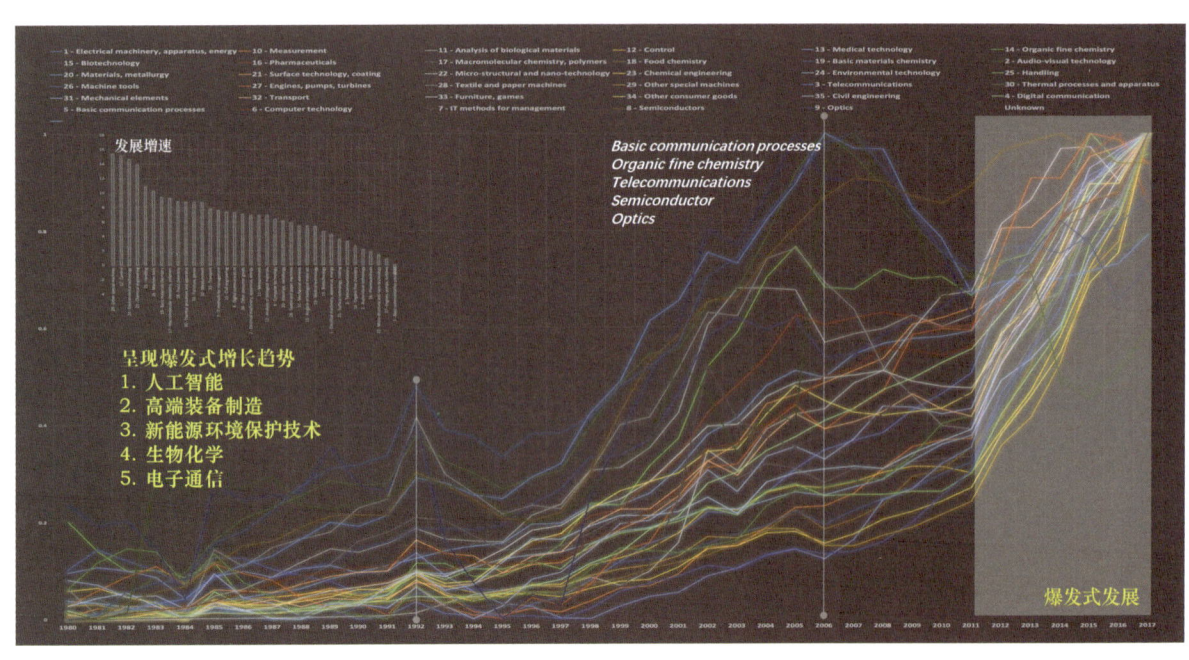

图 5.11　全球产业发展趋势

5.6.2 目标城市主导产业挖掘

通过大数据和人工智能技术建立城市及其周边区域的产业知识图谱，发掘城市的优势聚集产业及可通过区域补强产业，在精确构建分析产业图谱网络的基础上，重点围绕国家战略性新兴产业厘清关键产业节点，进行城市及其区域的产业结构优化。

以台州市为例，台州市具有明显的四大产业集群：以化学药品原料药制造为主导聚集产业的医药健康产业集群、以汽车零部件及配件制造为主导聚集产业的汽车产业集群、以泵及真空设备制造为主导聚集产业的设备制造产业集群和以模具制造为主导聚集产业的高端模具产业集群（图5.12）。

从四大主导产业集群的规模来看，集聚规模最大的为

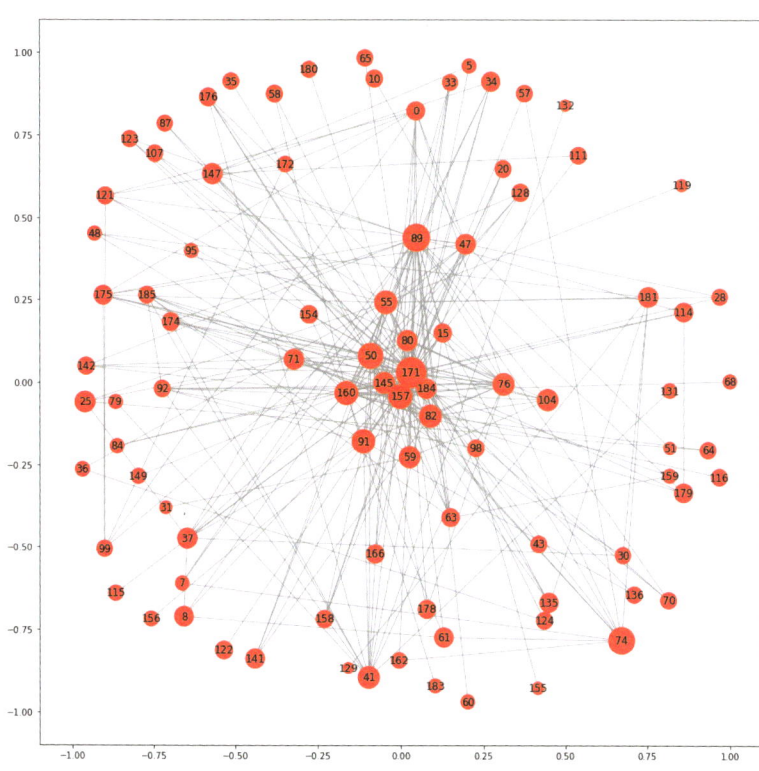

图 5.12　台州市产业知识图谱

汽车产业集群，其次为设备制造产业集群和高端模具产业集群，最后为医药健康产业集群。

台州市南部的产业集聚发展要明显好于北部，四大产业集群在台州湾新区范围内均有热点分布（图 5.13）：

医药健康产业集群主要集中在台州湾新区。

高端模具产业集群主要集中在黄岩区。

设备制造产业集群主要集中在温岭市。

汽车产业集群主要集中在玉环市与台州湾。

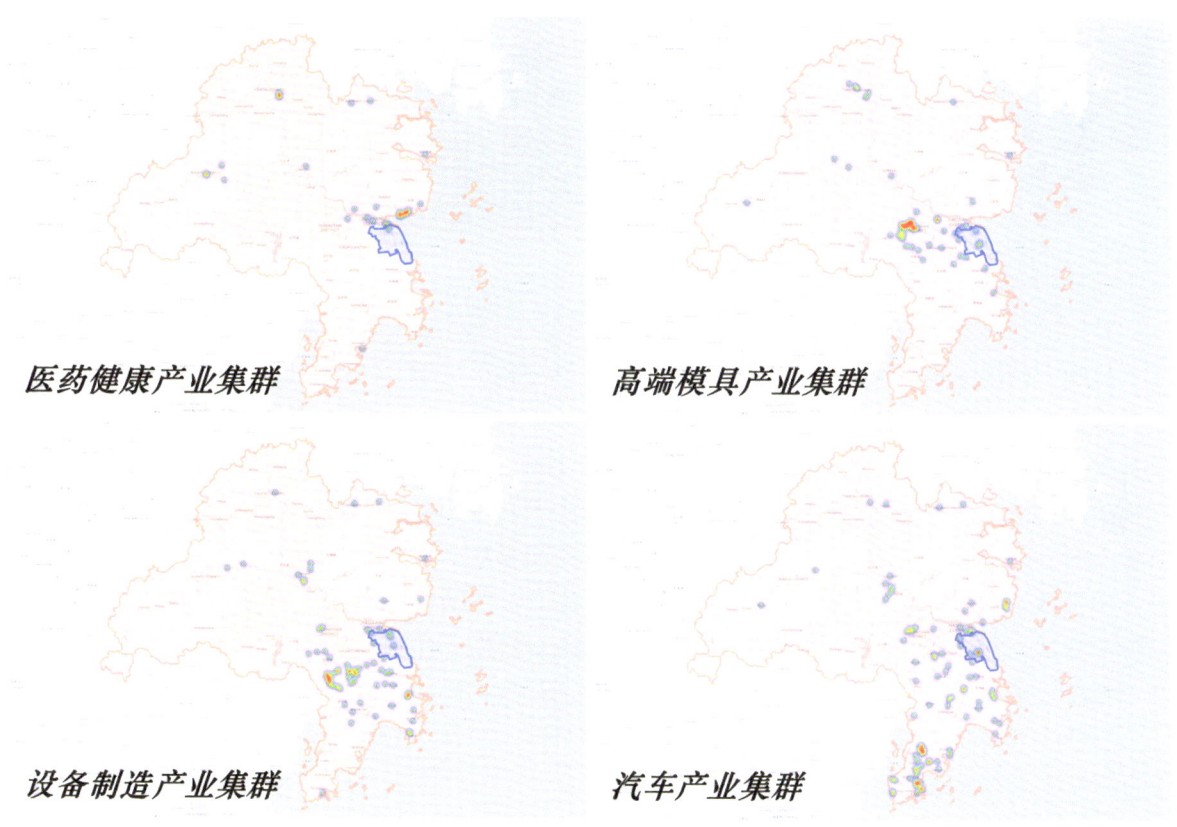

图 5.13　台州市四大主导产业空间分布

5.6.3 产业链断点识别与重点布局环节研判

基于城市大数据库（City Big Data Bank, CBDB），提取城市中不同行业企业信息及其精确落点，通过空间聚类和降维算法搜索不同行业企业的聚集区域，并结合由知识图谱构建的产业链进行分析，针对性地提出城市的产业发展和补强路径。

以台州湾新区为例，首先对台州湾新区的新能源智能网联汽车产业链进行梳理，主要围绕浙江新吉奥汽车有限公司、浙江沃得尔科技股份有限公司等搭建产业链，围绕产业链重点提升关键原材料、电池更换站等，规划布局新材料研发、变速器、汽车电子等。台州湾新区新能源智能网联汽车应重点向三电核心零部件领域、智能网联汽车及电子智能控制等工业 4.0 领域拓展（图 5.14）。

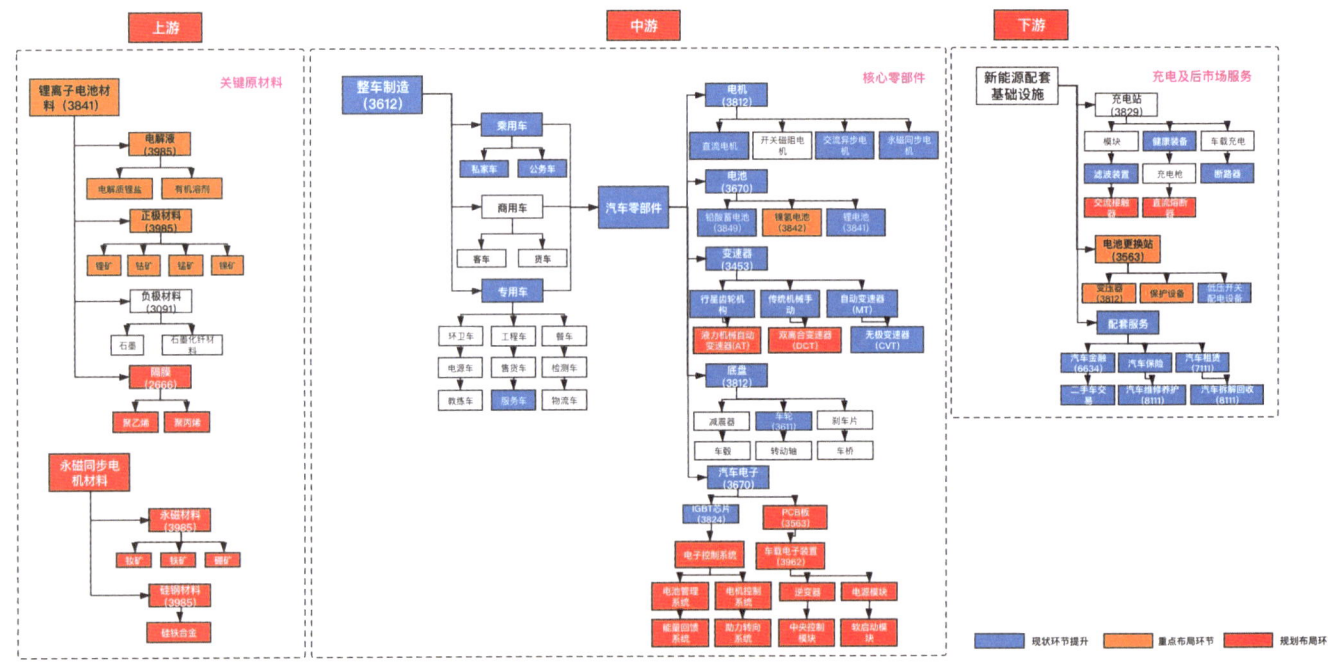

图 5.14　台州湾新区新能源智能网联汽车产业链提升

其次，对台州湾新区的航空产业链进行梳理。目前主要围绕彩虹无人机科技有限公司搭建产业链，包含无人机航空零部件、机载设备与系统、无人机技术咨询和服务等。在航空产业链，重点提升机载设备与系统，规划布局航空发动机、民用无人机领域和会展等（图 5.15）。

再次对台州湾新区的智能制造装备产业链进行梳理，从企业规模上看，以机械配件加工、变速器、LED 灯具制造企业为主，围绕产业链重点布局传感器、机器人与增材制造和智能制造服务等，规划布局云计算和大数据服务产业，引导台州湾新区传统机械向高端智能装备、智能精密系统工具、工业机器人等方向发展（图 5.16）。

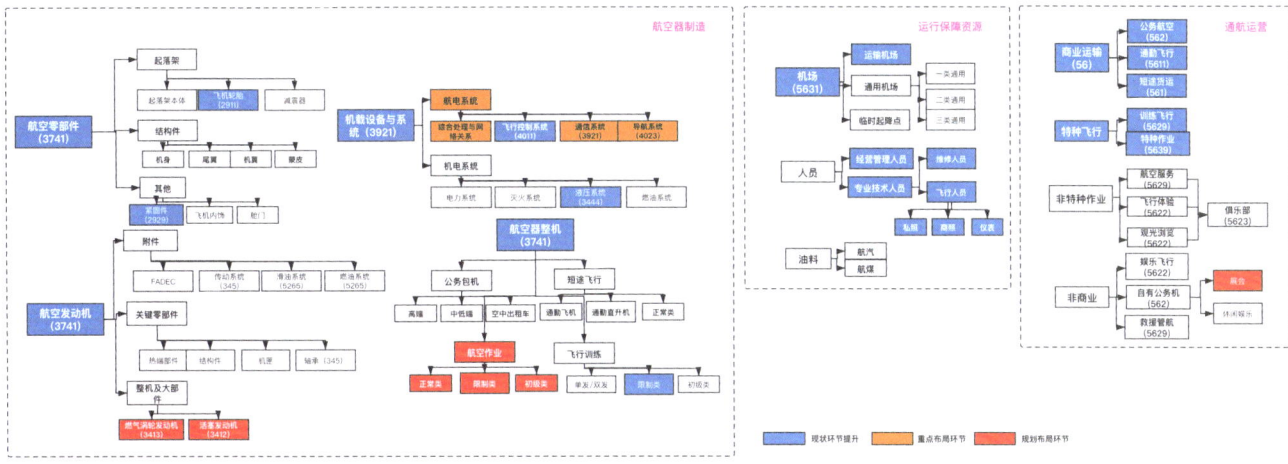

图 5.15　台州湾新区高性能大型智能无人机产业链提升

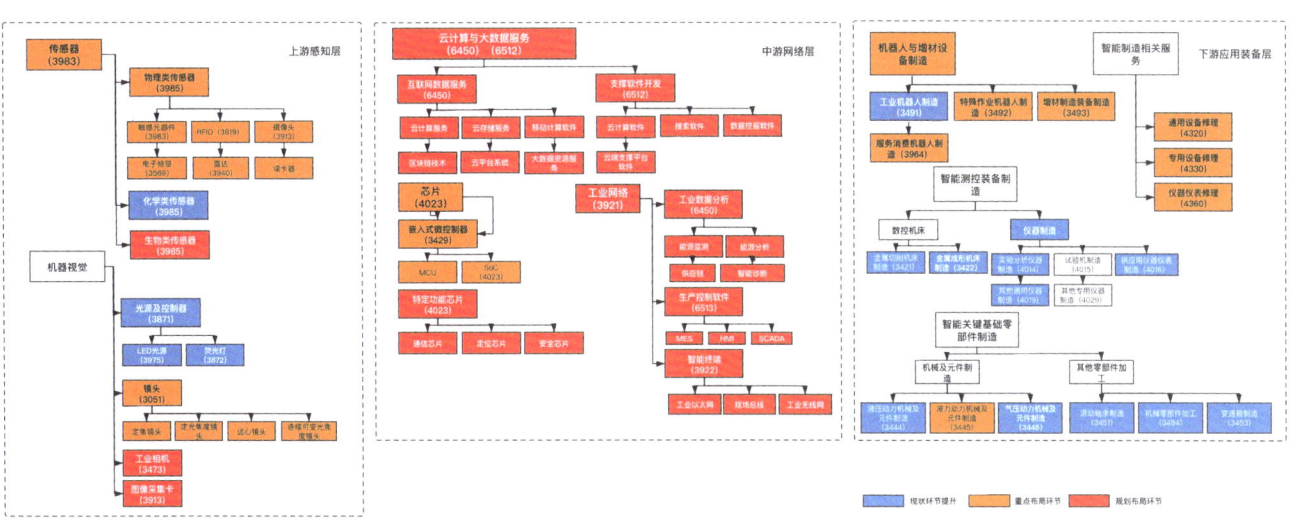

图 5.16　台州湾新区智能制造装备产业链提升

5.7 动力诊断
Dynamic Diagnosis

城市发展动力机制是城市发展的根本原因，是转变城市发展模式的基础动因，是推动城市化进程的支撑力量，是体力城镇化向智力城镇化转型的关键因素。对城市发展动力机制的研究，有助于了解和把握城市发展的根本动力，进而确保城市的可持续发展。在大数据动态采集与人工智能技术基础上，学习城市发展规律；从动力影响关键要素出发，建构城市动力发展模型；对城市发展的动力机制进行全面考察，诊断城市智商、城市投资、城市创新力、城市动力引擎、城市动力机制、城市动力效益、城市动力持续性、城市创新力与创新要素等方面，发现城市发展的问题与关键点，为城市未来可持续、高效地发展提供科学依据。

5.7.1 城市动力引擎识别

通过对目标城市区域发展潜力与资源禀赋的诊断，从影响城市发展动力的资本、劳力、土地、创新、教育、信息关键六要素，建构城市动力发展模型，识别影响城市动力发展的关键要素、动力源空间分布结构与特征（图5.17），为优化城市动力源要素及其空间的结构与分布提供思路。

5.7.2 城市动力效益评价

对标同类型城市，从城市动力关键要素的投入—产出有效性出发，跟踪目标城市近十年动力发展演变趋势，建构动力效益评价模型，对目标城市发展的动力效益进行科学评估，精准诊断影响动力发展

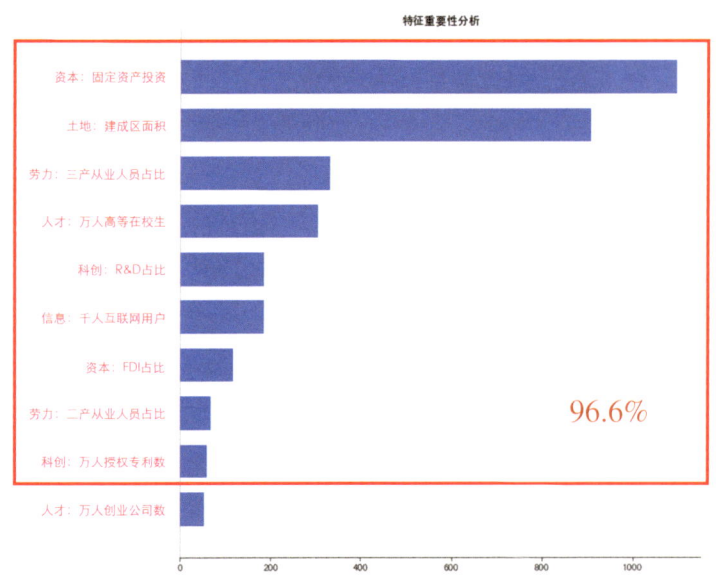

图 5.17　城市发展动力关键要素及其空间分布示例

的制约要素，为资源要素的精准、精确、高效配置提供依据（图 5.18）。

5.7.3 城市动力驱动机制

跟踪全球同类型城市的动力驱动机制演进，基于不同时期的城市发展规律，结合目标城市自身禀赋与特征，诊断目标城市动力驱动机制与同类型城市间的差异及其偏差值，探索出目标城市动力可持续性发展的路径。

以台州为例，首先，研究发现台州的高端人才动力对城市发展的贡献度较低，远低于东莞、常州、宁波、温州、芜湖等对标城市，且差距逐渐增大。近五年，台州高端人才对城市 GDP 贡献度下降至约 1%，远低于对标城市的 7.7%；台州市场资本对城市 GDP 贡献度仅为 10.9%，较低于对标城市的 15.1%；台州科技创新对城市 GDP 贡献度仅为 3.2%，远低于对标城市

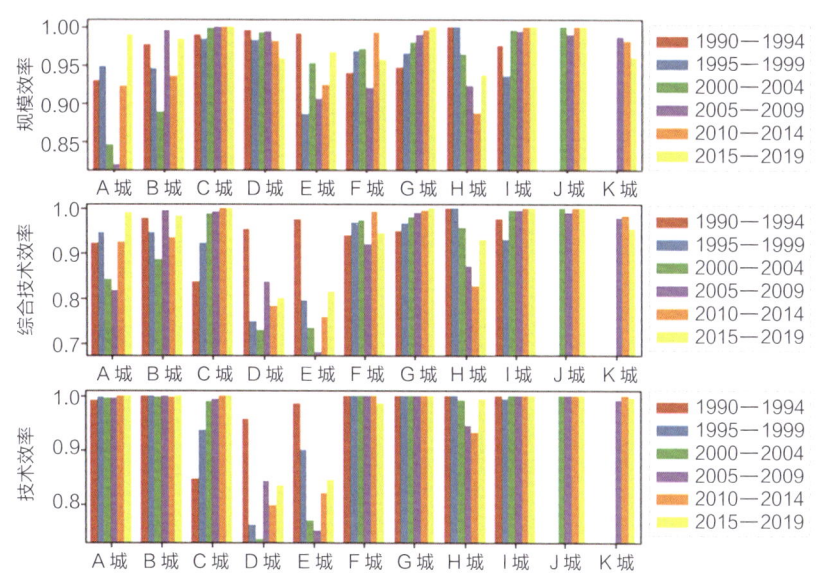

图 5.18　城市发展动力关键要素效益评价示例

的 15.6%（图 5.19）。

其次，研究发现台州的科技创新动力处于低位，对标城市的动力发展基本开始产生正向贡献，宁波、成都、杭州、常州、青岛等城市的正向贡献度较高。近五年，台州的科技创新对 GDP 的贡献度上升至 3.2%，但与对标城市的 15.6% 相比还有一定差距（图 5.20）。

再次，台州的市场资本动力对发展的贡献度持续处于低水平，而成都、青岛、杭州、宁波、温州等城市已经产生了持续的正向贡献。台州资本投资对 GDP 贡献度为 10.9%，落后于对标城市资本投资对 GDP 贡献度的 15.1%（图 5.21）。

因此，台州亟须三大动力：高端人才、市场资本、科技创新。

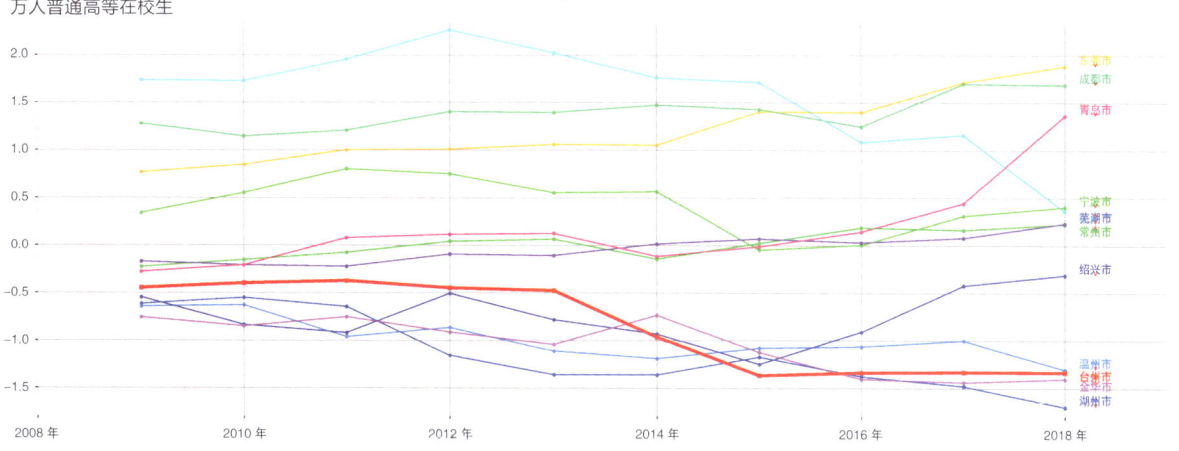

图 5.19　高端人才对于台州及其同类型城市发展驱动机制演进

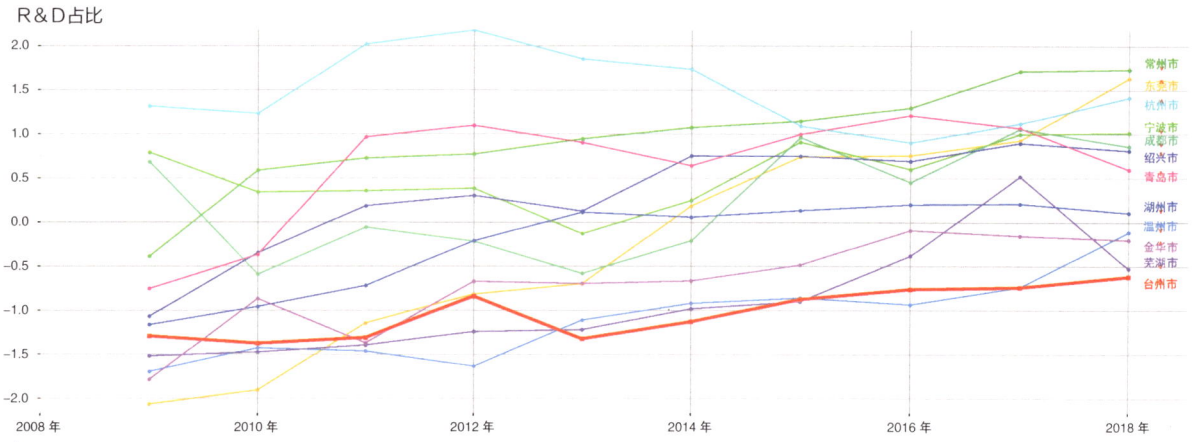

图 5.20　科技创新对于台州及其同类型城市发展驱动机制演进

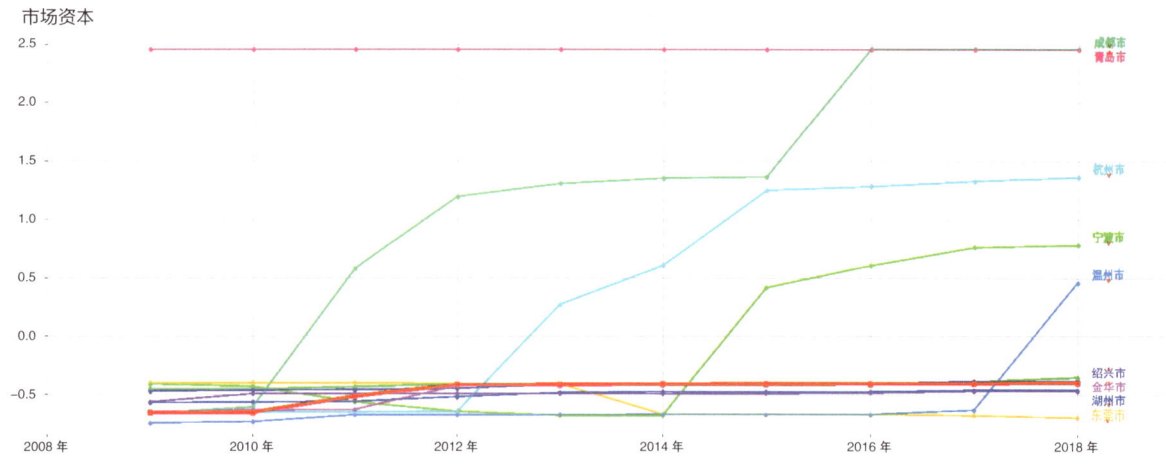

图 5.21　市场资本对于台州及其同类型城市发展驱动机制演进

5.7.4　城市创新力长短板诊断

根据 3.4 创新要素 K6 的筛选，对目标城市影响创新最为重要的 6 项指标（K6）进行归一化处理，对目标城市创新长短板进行诊断。

以河南省为例，河南省各个地级市创新长板多为 R&D/GDP、FDI/GDP 和万人创业小企业数（图 5.22）。其中，

城市	R&D / GDP	FDI/GDP	万人创业小企业数	普通高等学校在校生数	人均GDP	文化休闲服务设施	UII	短板	长板
郑州市	0.82	0.42	1	1	1	1	0.97	FDI/GDP	万人创业小企业数
开封市	0.33	0.31	0.23	0.08	0.19	0.20	0.09	普通高等学校在校生数	R&D / GDP
洛阳市	1	0.74	0.41	0.11	0.52	0.14	0.28	普通高等学校在校生数	R&D / GDP
平顶山市	0.65	0.09	0.22	0.06	0.17	0.07	0.04	普通高等学校在校生数	R&D / GDP
安阳市	0.32	0.10	0.37	0.08	0.22	0.12	0.07	普通高等学校在校生数	万人创业小企业数
濮阳市	0.22	0.40	0.09	0.01	0.21	0.07	0.01	普通高等学校在校生数	FDI/GDP
新乡市	0.93	0.49	0.41	0.15	0.18	0.13	0.44	文化休闲服务设施	R&D / GDP
焦作市	0.86	0.33	0.44	0.07	0.50	0.21	0.20	普通高等学校在校生数	R&D / GDP
许昌市	0.95	0.18	0.32	0.03	0.47	0.23	0.01	普通高等学校在校生数	R&D / GDP
漯河市	0.36	1	0.38	0.02	0.22	0.43	0.10	普通高等学校在校生数	FDI/GDP
三门峡市	0.38	0.95	0.34	0	0.52	0.02	0.01	普通高等学校在校生数	FDI/GDP
南阳市	0.29	0.024	0.65	0.07	0.07	0.02	0.06	文化休闲服务设施	万人创业小企业数
商丘市	0.27	0	0.22	0.09	0.03	0.04	0.10	FDI/GDP	R&D / GDP
信阳市	0.15	0.12	0	0.07	0.09	0	0.08	万人创业小企业数	R&D / GDP
周口市	0	0.08	0.56	0.03	0	0.02	0.01	R&D / GDP	万人创业小企业数
驻马店市	0.01	0.03	0.03	0.01	0.04	0.06	0.04	R&D / GDP	文化休闲服务设施

图 5.22　河南省各地级市长板诊断

郑州长板为万人创业小企业数、普通高等学校在校生数、人均 GDP、文化休闲服务设施，在河南省各城市中优势显著；洛阳、开封、平顶山、新乡、焦作、许昌、商丘、信阳等城市长板为 R&D/GDP；濮阳、漯河、三门峡等城市长板为 FDI/GDP；安阳、南阳、周口等城市长板为万人创业小企业数；驻马店的长板为文化休闲服务设施。

河南省各个地级市创新短板多为：普通高等学校在校生数与文化休闲服务设施（图5.23）。其中，郑州、商丘等城市短板为 FDI/GDP；新乡的短板为文化休闲服务设施；商丘的短板在 FDI/GDP；周口和驻马店的短板在 R&D/GDP；其余城市的短板都在普通高等学校在校生数。

城市	R&D / GDP	FDI/GDP	万人创业小企业数	普通高等学校在校生数	人均GDP	文化休闲服务设施	UII	短板	长板
郑州市	0.82	0.42	1	1	1	1	0.97	FDI/GDP	万人创业小企业数
开封市	0.33	0.31	0.23	0.08	0.19	0.20	0.09	普通高等学校在校生数	R&D / GDP
洛阳市	1	0.74	0.41	0.11	0.52	0.14	0.28	普通高等学校在校生数	R&D / GDP
平顶山市	0.65	0.09	0.22	0.06	0.17	0.07	0.04	普通高等学校在校生数	R&D / GDP
安阳市	0.32	0.10	0.37	0.07	0.22	0.12	0.07	普通高等学校在校生数	万人创业小企业数
濮阳市	0.22	0.40	0.09	0.01	0.21	0.07	0.01	普通高等学校在校生数	FDI/GDP
新乡市	0.93	0.49	0.41	0.15	0.18	0.13	0.44	文化休闲服务设施	R&D / GDP
焦作市	0.86	0.33	0.44	0.07	0.50	0.21	0.20	普通高等学校在校生数	R&D / GDP
许昌市	0.95	0.18	0.32	0.03	0.47	0.23	0.01	普通高等学校在校生数	R&D / GDP
漯河市	0.36	1	0.38	0.02	0.22	0.43	0.10	普通高等学校在校生数	FDI/GDP
三门峡市	0.38	0.95	0.34	0	0.52	0.02	0.01	普通高等学校在校生数	FDI/GDP
南阳市	0.29	0.024	0.65	0.07	0.07	0.02	0.06	文化休闲服务设施	万人创业小企业数
商丘市	0.27	0	0.22	0.09	0.03	0.04	0.10	FDI/GDP	R&D / GDP
信阳市	0.15	0.12	0	0.07	0.09	0	0.08	万人创业小企业数	R&D / GDP
周口市	0	0.08	0.56	0.03	0	0.02	0.04	R&D / GDP	万人创业小企业数
驻马店市	0.01	0.03	0.03	0.01	0.04	0.06	0.04	R&D / GDP	文化休闲服务设施

图 5.23 河南省各地级市短板诊断

5.7.5 城市创新要素智能配置

将城市能力比作桶能装水的能力，每一个桶都有自己的短板。针对一个桶的短板，用其他桶的同样类型板的长板去补，即用一个城市的长板去补其他城市的短板，称为城市和板理论（吴志强，2018）。城市单打独斗的时代已经过去，进入了群体协作竞争的阶段。未来，全球区域的创新力决定了国家的综合竞争力。基于和板理论的城市创新要素智能配置技术的研发有助于发现提升区域整体的创新力的路径，也有助于为区域中各城市间的取长补短寻求精准化的战略方向。

以无锡为例，基于无锡的城市创新指数最大化提升的目标，将影响创新力的 K6 要素在长三角区域内进行智能配置。研究发现：无锡应加强与上海、苏州、常州、湖州、南通、嘉兴等城市的创新联系（图5.24）。

基于无锡与环太湖城市的K6 分要素智能配置交换矩阵（图5.25），研究发现：无锡应与杭州（15 个单位的 FDI/GDP）、苏州（14 个单位的 FDI/GDP）、常州（12 个单位的 FDI/GDP）、镇江（12 个单位的 FDI/GDP）进行 FDI/GDP 的智能配置，与杭州（6 个单位的 R&D/GDP）、苏州（6 个单位的 R&D/GDP）进行 R&D/GDP 的智能配置，与上海（1 个单位的高等在校生）、苏州（1 个单位的高等在校生）、杭州（1 个单位的高等在校生）进行普通高等学校在校生数的智能配置，与湖州（5 个单位的万人创业公司）、常州（4 个单位的万人创业公司）进行万人创业小企业的智能配置，从而能够精准且高效地大幅度提升其城市创新力。

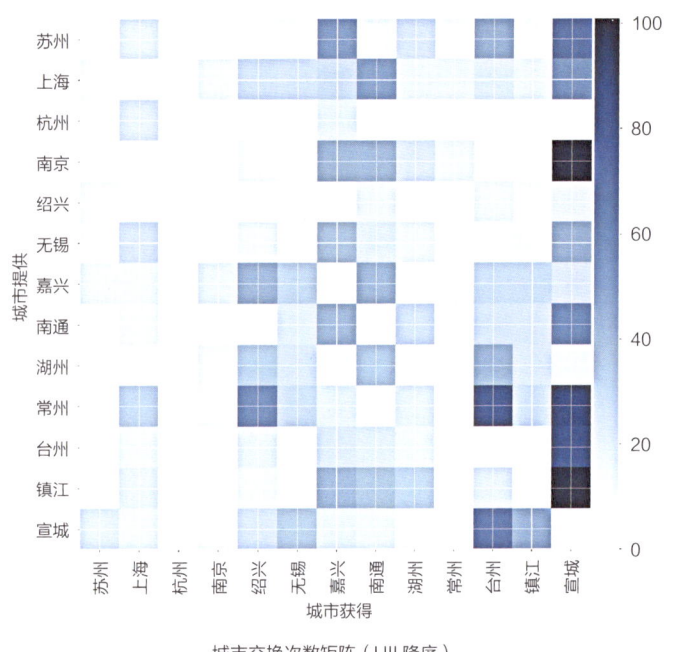
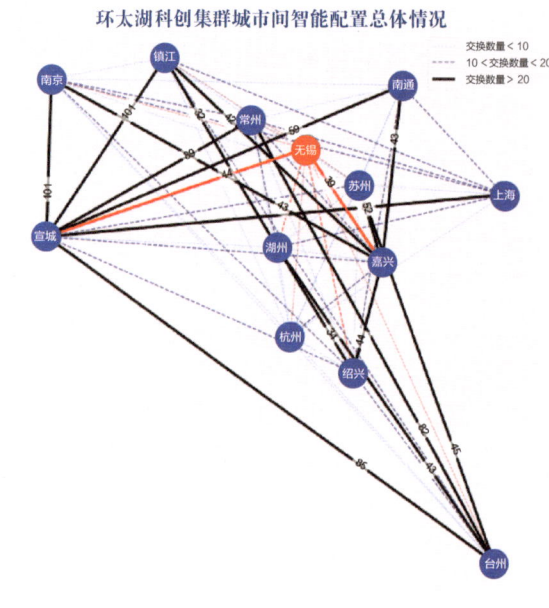

无锡与上海、苏州、常州、湖州、南通、嘉兴等共同发起环太湖城市创新战略联盟

图 5.24 以无锡城市创新指数最大化为目标的长三角 41 城 K6 智能配置交换矩阵

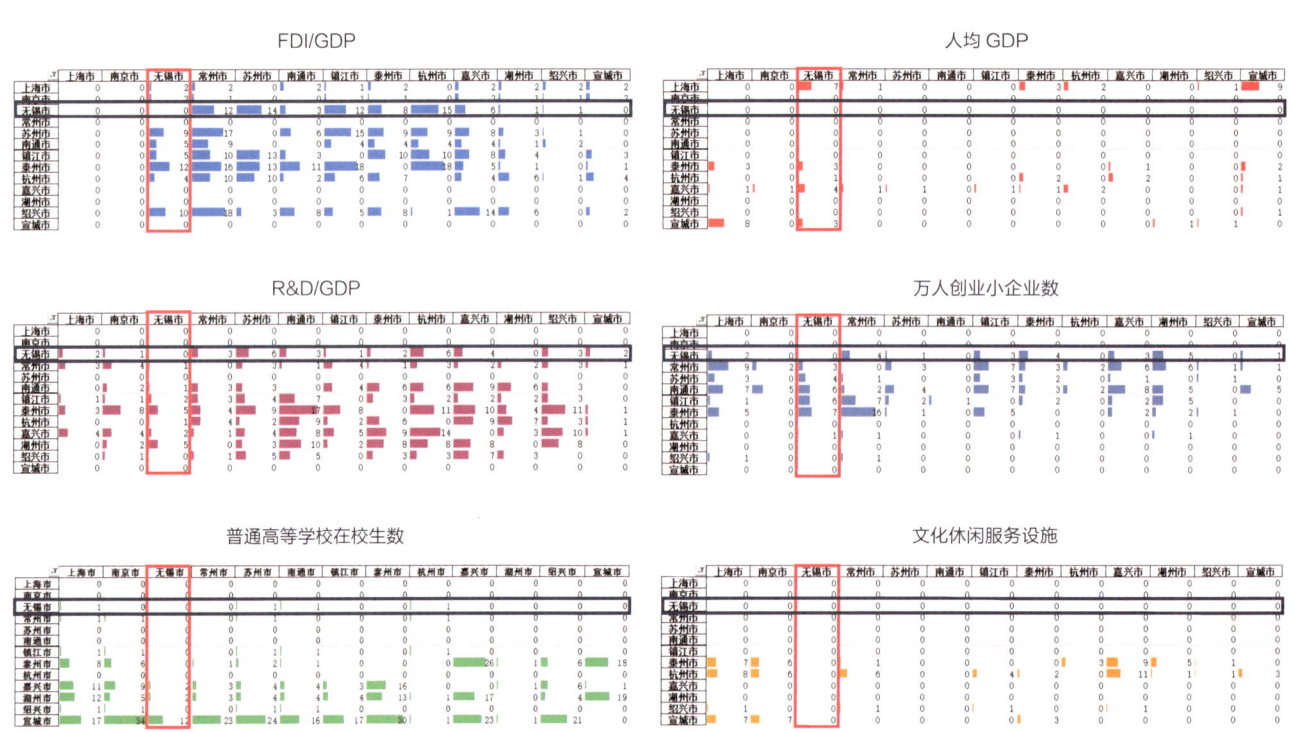

图 5.25 无锡与环太湖城市的 K6 分要素智能配置交换矩阵

5.8 社会诊断
Social Diagnosis

一个城市的社会经济发展很大程度上取决于创新力，而创新力从根本上取决于人口，包括人口规模、地理聚集程度和人口年龄结构。基于大数据采集与处理技术，利用社交媒体数据、用户生成数据、移动终端数据、智慧交通数据和多元遥感数据等，诊断分析城市的人口演变规律、人口分布特征、人口年龄结构特征；以提升创新力为目标对城市未来人口规模、人口空间分布和人口年龄结构进行科学预测；基于人口创新力驱动规律，深度剖析城市人才发展特征，诊断城市人口创新力，为城市实现科技引领的高质量发展提供思路。

5.8.1 青年人口时空分布特征诊断

基于人口分布栅格数据、近10年人口统计数据、经济数据、创新类数据（高新技术企业、专利分布等）、兴趣点（Point of Interest POI）数据等，利用机器学习建立青年人口时空分布预测模型，精准认知城市青年人口时空分布特征与规律。同时，利用空间统计模型量化评价青年人口聚集程度（图5.26）。

以浙江省省级新区为例，研究发现：在青年人口的空间分布特征方面，浙江的省级新区青年人多分布在靠近市区方向的新区边缘。其中，台州湾新区的青年人口西密东疏，青年人口主要集中在西北部椒江口附近，新区东部对青年人口的吸引力不足。在青年人的总体数量方面，近五年以来包括台州湾新区、南太湖新区和绍兴滨海新区在内的青年人口有轻微下降。其中，台州湾新区青年人口仅为22万，远低于宁波前湾新区的47万、杭州钱塘新区的35万，绍兴滨海新区的27万（图5.27）。

图 5.26　环太湖区域青年人口空间分布

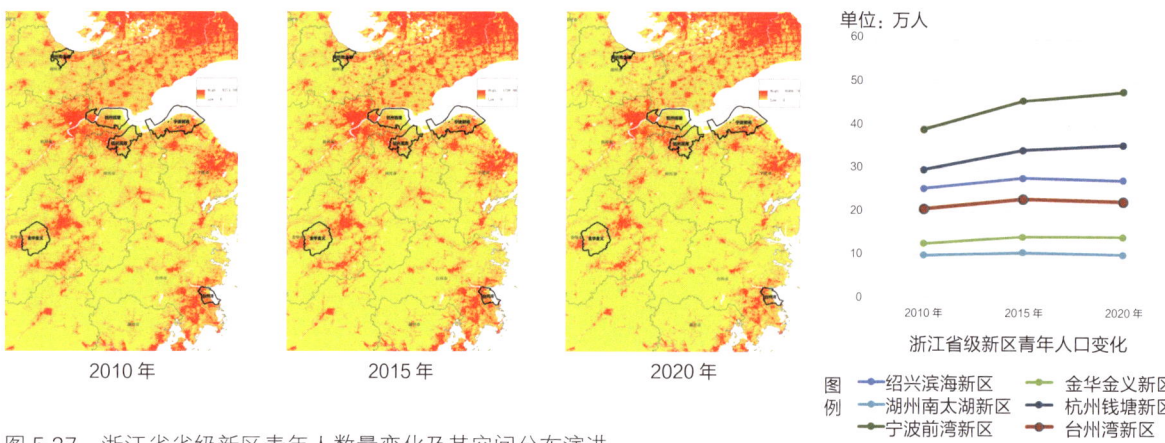

图 5.27 浙江省省级新区青年人数量变化及其空间分布演进

5.8.2 人口创新力诊断

人口创新力诊断基于人口规模和人口质量两个方面。其中，人口规模包含青年人口数量、高等在校生数量、创业青年数量；人口质量包含专利授权数量、国际论文发表数量。最终，建构人口创新力综合优势指数以衡量目标城市的人口创新力（图 5.28）。

以西海岸新区为例，西海岸新区的青年人口数量（41.2 万人）与浦东新区（212.9 万人）和滨海新区（129.5 万人）相差较大，与排名稍靠前的天府新区、江北新区、两江新区有 10 万人的差距，排行国家级新区第六位。西海岸新区在拥有受过高等教育的青年人数方面具有良好的基础，排名国家级新区第 5 位，但其近 5 年的增长率排行国家级新区末位。总体而言，西海岸人口规模优势指数较弱，人口规模提升动力不足，短板主要体现在"创新人口规模"，且青年人口至少有 50 万人缺口，高等院校至少有 20 所的缺口（图 5.29）。

5.8.3 人口创业能力诊断

采用"注册资本小于 50 万的公司数"作为衡量人口创业能力的重要指标。以西海岸新区为例，西海岸新区万人创业公司排名列新区第一（28.5 个/万人），高于两江新区、天府新区、江北新区、浦东新区、滨海新区。然而，西海岸新区的创业企业收入/GDP 位于"GDP 高，但创业企业对 GDP 的贡献度低"的相位，表明高质量创业公司对经济贡献仍亟须提升（图 5.30）。

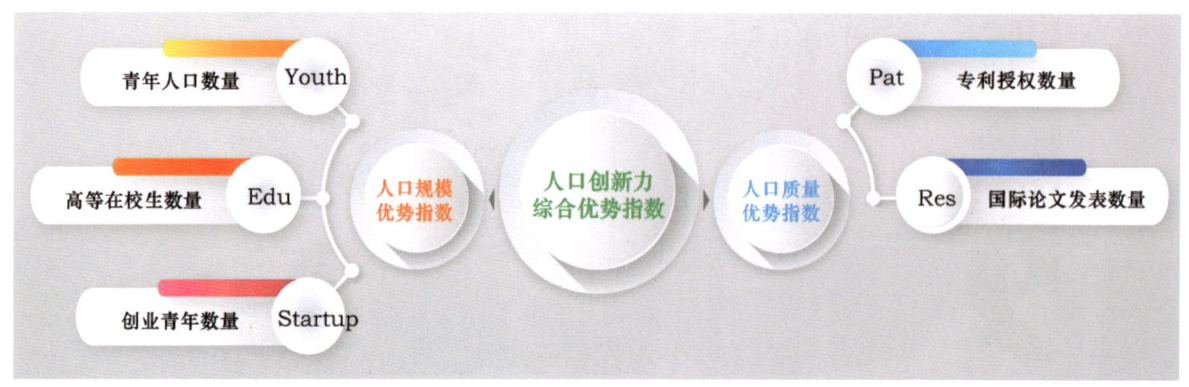

图 5.28 人口创新力综合优势指数建构

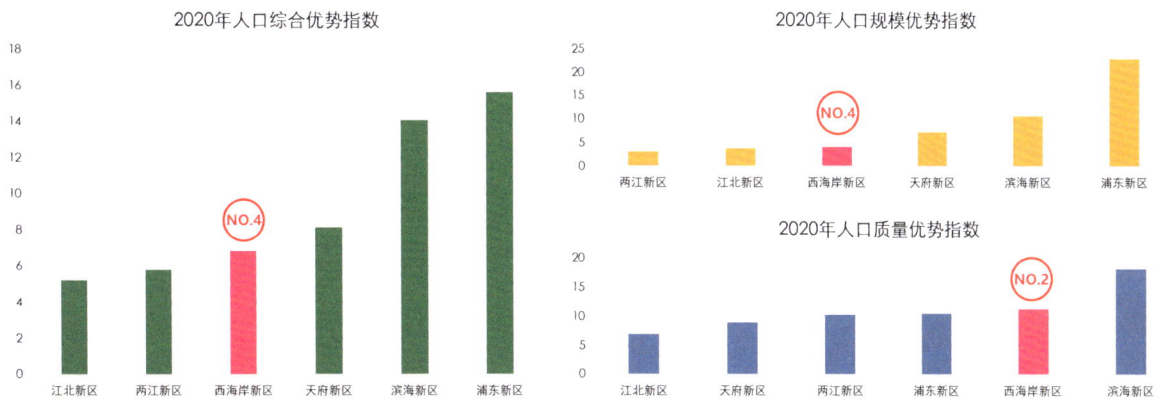

图 5.29 国家级新区人口创新力综合优势

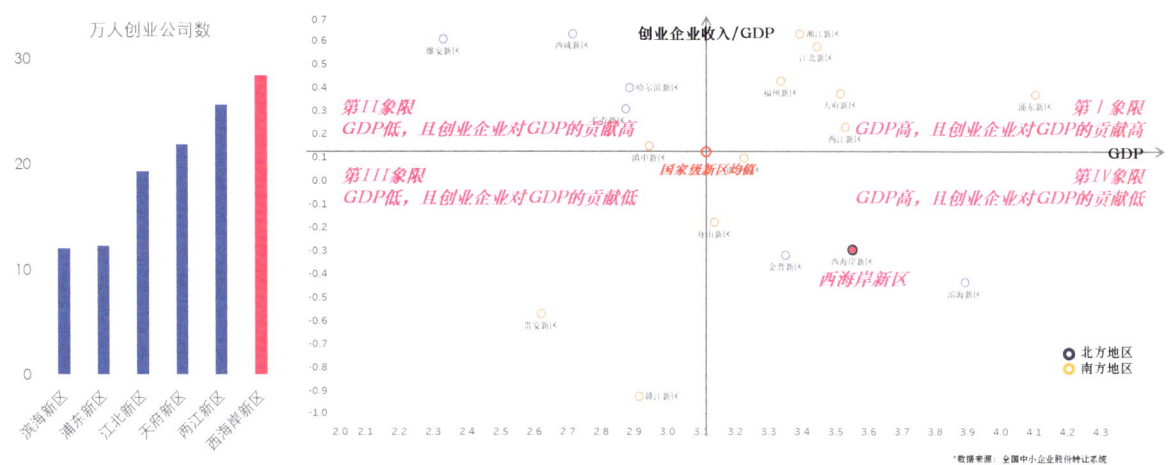

图 5.30 国家级新区人口创业能力诊断

5.9 文化诊断
Cultural Diagnosis

城市的文化脉络是研究城市文化信息、提取整个城市特色的关键要素。通过网络舆情数据的爬取明晰人民对城市文化印象的聚焦点，对比政府官方所颁布的历史文化遗产保护名录等文件，可以诊断出未被大众所认知的文化特色，从而精准激活城市的文化特色。

以台州为例，通过对微博和马蜂窝的数据获取，进行词云分析，发现网络上对台州的印象主要集中在石雕、黄岩采茶舞和济公等方面（图5.31）。对比《台州历史文化遗产保护名录》（图5.32），研究发现：台州历史文化积淀丰厚，但是对其感知不足。台州乱弹、秦汉三国文化、七月七文化、无骨花灯等传统历史文化要素仍未形成关注热点，需要更好地开发使其能为大众所熟知。

图 5.31　人民对台州历史文化要素的认知

图 5.32　《台州历史文化遗产保护名录》词云分析

5.10 流动诊断
Flow Diagnosis

流动诊断主要基于开源交通大数据，诊断城市交通流、交通网络、交通源及其有效覆盖范围，评估现有道路网络的交通绩效，科学支撑城市交通系统的现状及其方案的评价。

5.10.1 城市对外交通诊断

基于高铁班次数据，获取全国所有城市的高铁班次数量，绘制网络联系图，在特定的项目中可以用于判断目标城市目前主要对外客流通道及流量情况。结合未来新增铁路线路，研判城市未来对外交通通道的变化，及其下属各区县对外通道的影响（图5.33）。

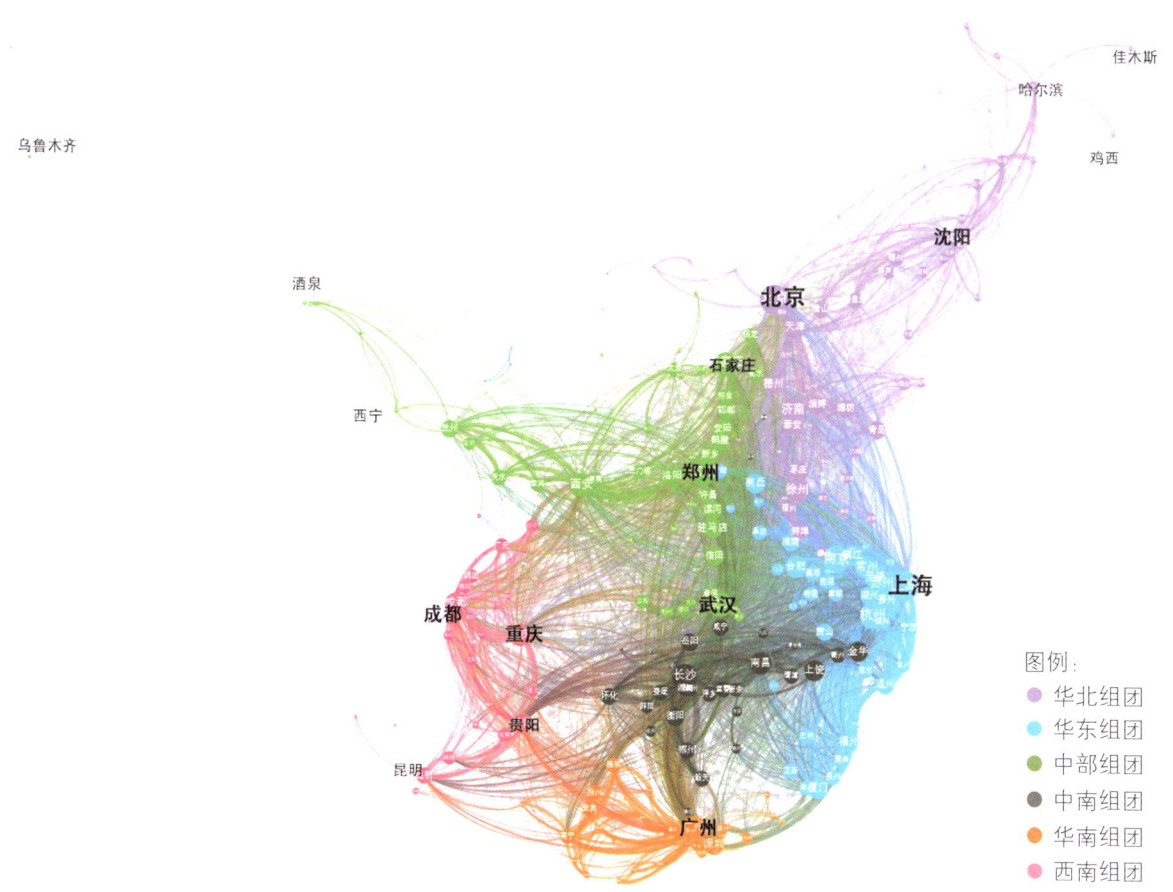

图5.33 高铁网络组团划分示意图（2020年）

5.10.2 城市交通可达性诊断

基于百度地图、高德地图路径规划数据,爬取从重要交通吸引点至市区、周边区县等腹地的驾车[图5.34(a)]、公交[图5.34(b)]和步行用时[图5.34(c)],综合绘制交通可达性分布图,以考察高铁站、机场等重要交通吸引点的可达水平,以及特殊区域(如滨海、滨河、滨水区域)的步行可达性等,为道路系统与公共交通系统优化提供指导。

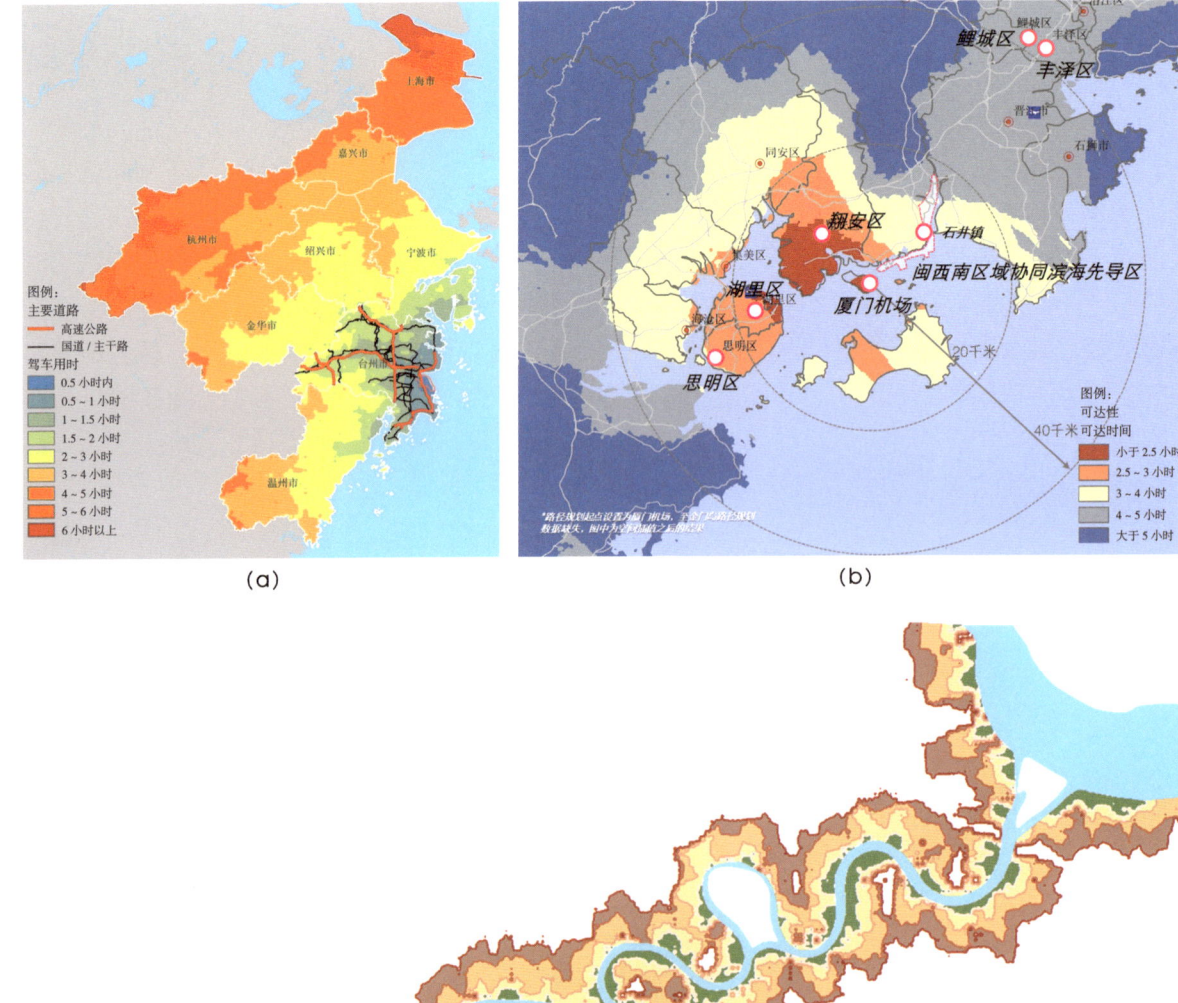

图5.34 交通可达性诊断

5.10.3 城市道路结构及其绩效诊断

基于空间句法中的"接近度",分析目标城市道路的连通度,对应当优化道路线型和可达性的部分提出参考意见。叠合空间句法中的"中间度"和交通站点、公共服务设施等,对重大基础设施现状布点的合理性做出评价。以衢州市为例,空间句法可以用于识别其断点或其他连接不畅的道路,结合道路等级精准确定需要优化的主要道路(图5.35)。

基于高德地图交通态势对目标区域的主要道路交通拥堵进行逐小时的检测,结合空间句法研究结果,对研究城市市区的异常堵点进行识别与诊断,为进一步改善道路交通情况提供参考。以常州市为例,交通绩效可用于识别不同时段拥堵和通畅的道路,有助于进一步发掘异常路段和探究异常原因(图5.36)。

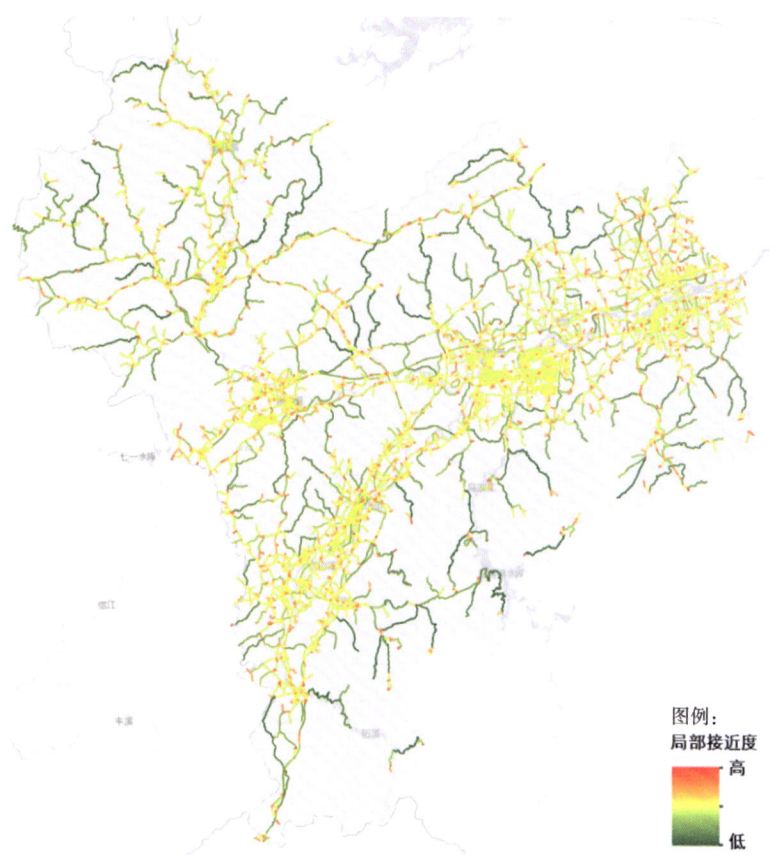

图 5.35 衢州市道路空间句法局部接近度计算结果

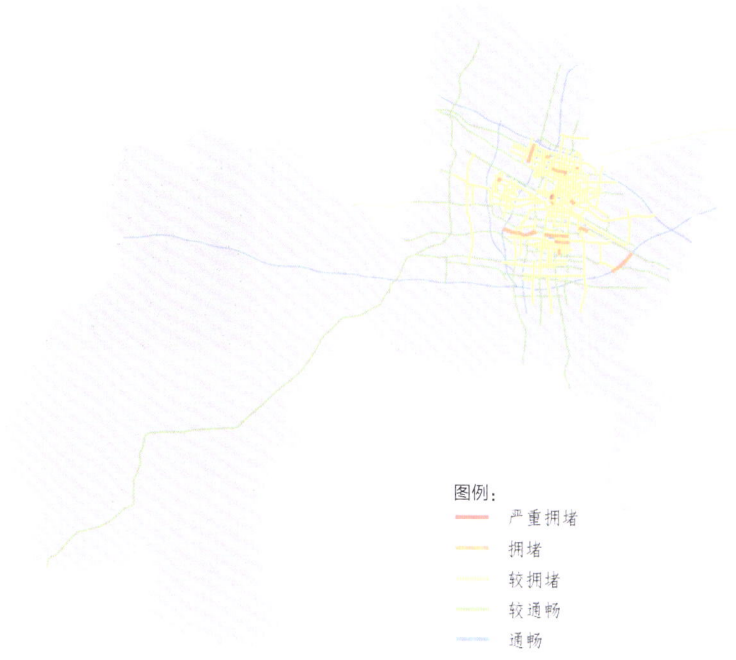

图 5.36 衢州市主要道路工作日平均交通情况

5.11 空间诊断
Spatial Diagnosis

5.11.1 城市树（City Tree）及城市发展类型诊断

通过以 30 米 ×30 米精度网格，在 40 年时间跨度内对全世界所有城市卫片的智能动态识别，首创"城市树"的概念，将全球城市的增长现状"种"在地球上。截至目前，已经完成了精确到建成区 1 平方千米以上的 13 861 个城镇和建成区的绘制。将所有已绘制完成的城镇及建成区按照增长曲线边缘进行统计（图 5.37），归纳出七大城市发展类型：萌芽型城市、佝偻型城市、成长型城市、膨胀型城市、成熟型城市、区域型城市、衰退型城市。其中，佝偻型城市，即过去 40 年内始终保持在 10 平方千米以下没有增长的城市，共计 3 601 个，约占 26%；成长型城市，即持续保持一定正常增长率的城市，共计 2 365 个，约占 17%（图 5.38）。

对这些城市的空间分布进行观察和统计，德国、英国和法国等发达国家中，60%～80% 的城镇属于成长型城市。中国、巴西和印度等发展中国家中，佝偻型城市约占 20%～30%，其中，中国的膨胀型城市和成熟型城市约占 30%。由此可见，我国的城市整体分布需要进一步调整，其中小城市的慢速、均匀、内生性增长需要更多的培植。

（a）40 年跨度卫星图

（b）30 米 ×30 米精度

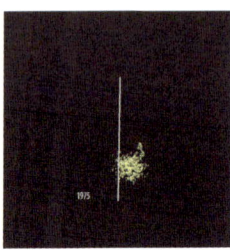
（c）快速 AI 识别

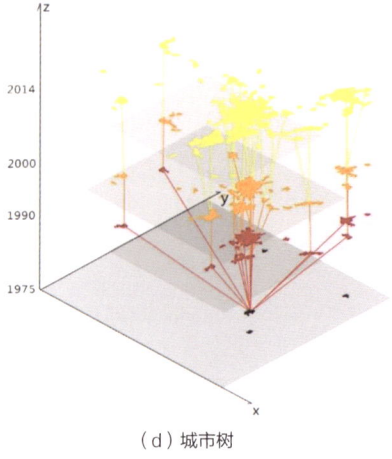
（d）城市树

图 5.37 城市树模型

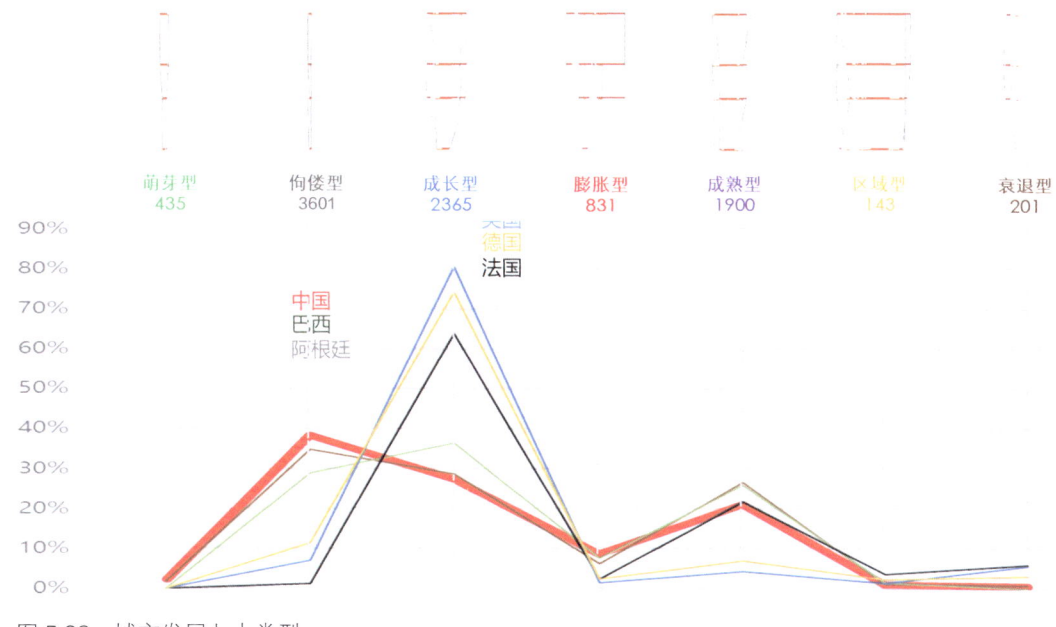

图 5.38 城市发展七大类型

5.11.2 同形城市全球挖掘

利用学习了全球 13 861 个城镇和建成区（图 5.39）发展的深度学习模型，提取城镇和建成区及其周边区域的空间形态特征，并在全球范围内寻找与其空间形态类似的城市和区域，并综合经济和社会发展数据为城市的建设发展提供参考。

以福建泉州为例（图 5.40），泉州的同形城市（图 5.41）可分为三个圈层：

内圈层：中国临沂、美国奥兰多、美国旧金山、巴西里约热内卢、日本福冈、中国上海、墨西哥墨西哥城、澳大利亚布里斯班。

中圈层：美国杰克逊维尔、以色列特拉维夫、中国温州、墨西哥提华纳、韩国蔚山、中国成都、西班牙巴塞罗那、中国厦门。

外圈层：新加坡新加坡市、美国布法罗、中国南昌、菲律宾马尼拉、印度孟买。

因此，借鉴以色列特拉维夫、美国旧金山—圣何塞、澳大利亚布里斯班等城市的成功经验，对泉州的可持续发展具有巨大战略意义。

同时，采用深度学习模型，在 13 861 个城镇的空间增长规律的大量样本学习基础上，对城镇和建成区的未来空间发展态势和重点区域进行判断，引导城市空间良性发展（图 5.42）。

图 5.39 全球 13 861 城镇和建成区万城全图

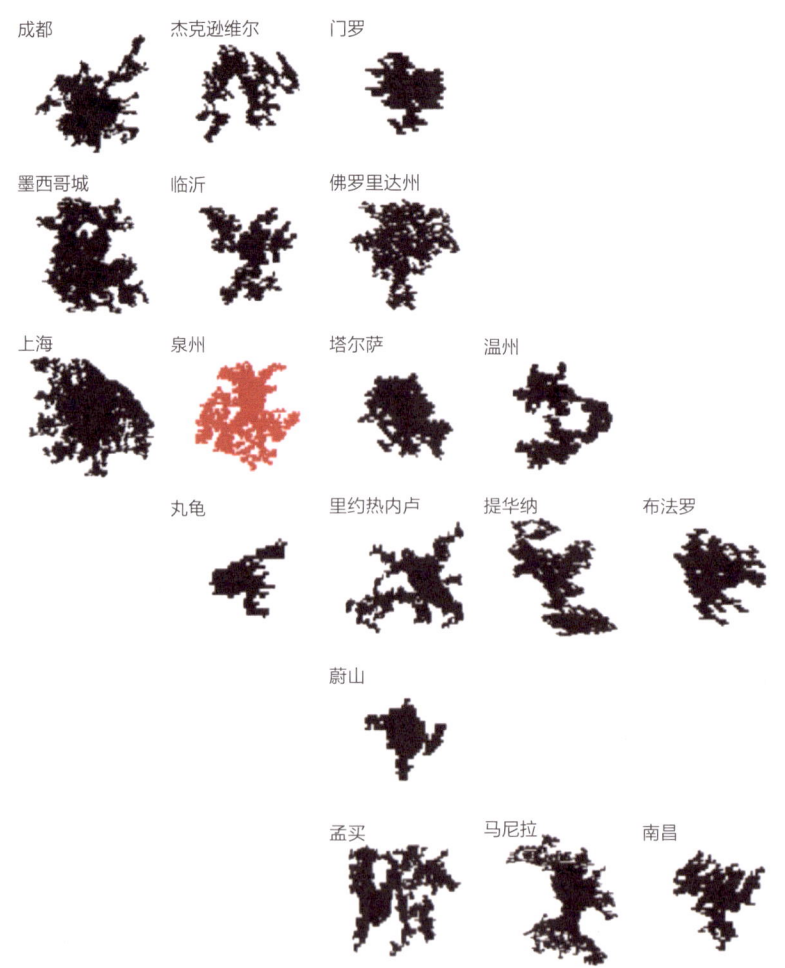

图 5.40　泉州同形城市的全球搜索

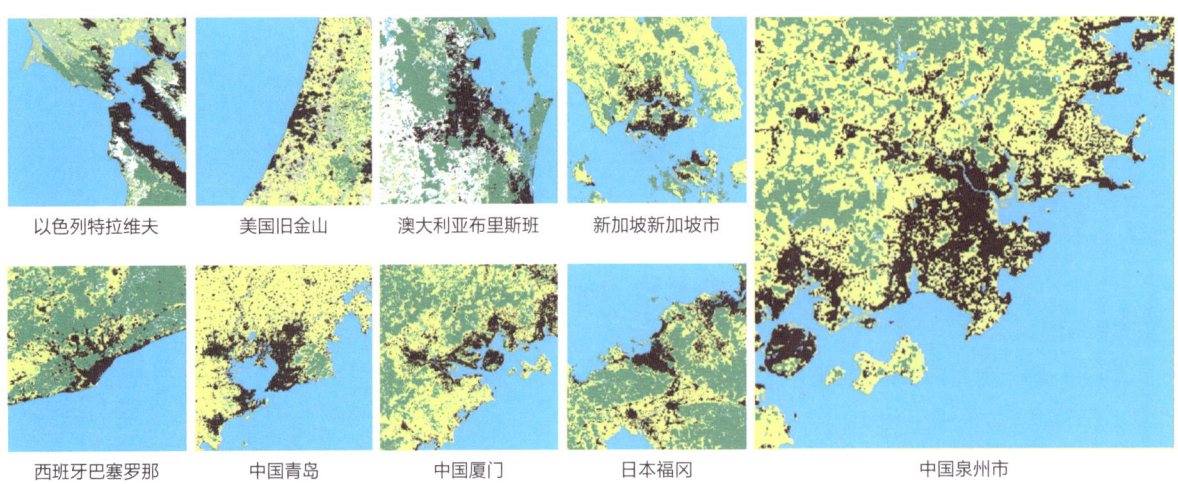

图 5.41　泉州同形城市的用地分布

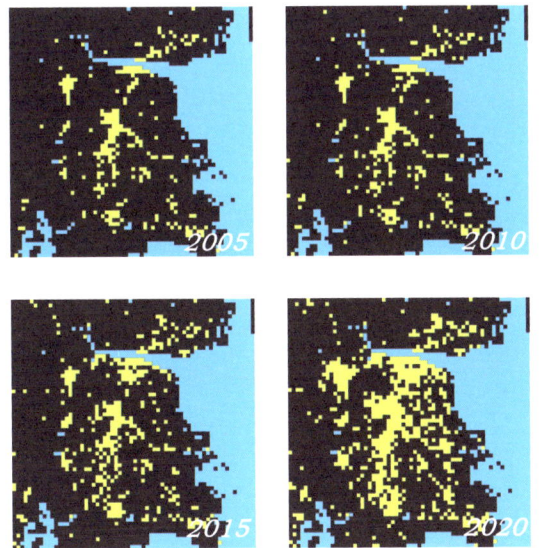

图 5.42　规律导向的城市空间增长态势预测

5.11.3　国土空间绩效诊断

国土空间使用及其治理不能仅聚焦于经济或生态，而应综合考虑这块土地与这块土地上的文明发展过程中产生的生态效益、经济效益、社会效益（图 5.43）。

以海南岛为例，利用大数据技术从生态、经济和社会等方面对城市的空间效益进行考量，综合考虑生物多样性、植物多样性、水域涵养重要性、人群活动和地均产值等要素的作用，采用机器学习算法对城市的生态效益、经济效益和社会效益进行基于空间的整合评价，为优化土地使用结构和提高集约使用效率提供参考（图 5.44）。

同时，采用人工智能技术对包括工业用地（图 5.45）、商贸用地（图 5.46）、居住用地（图 5.47）等在内的各类用地的评价指标进行遴选和权重设定，凸显评价数据自身的结构特性。然后再结合专家评分，对各类用地进行精确到图斑的量化绩效评价。

图 5.43　空间综合效益评价

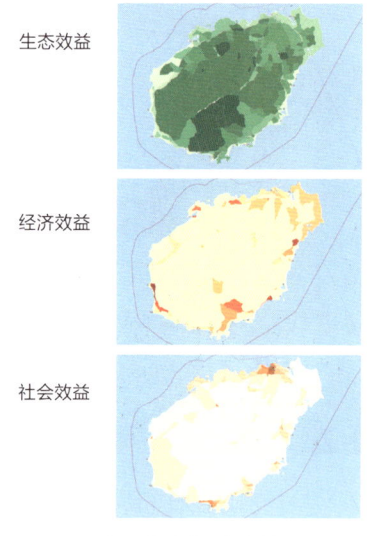

图 5.44　海南岛空间综合效益评价

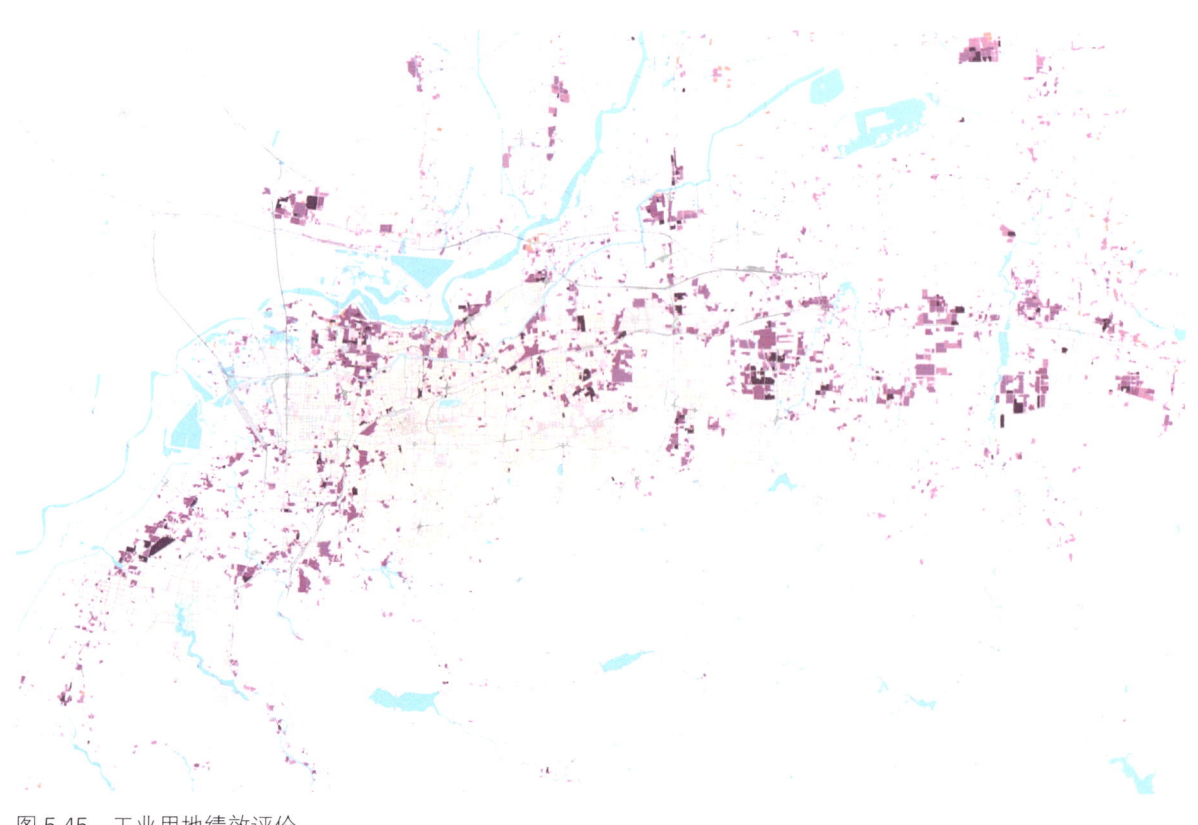

图 5.45　工业用地绩效评价

图 5.46　商贸用地绩效评价

图 5.47　居住用地绩效评价

5.11.4　城市功能配置规律挖掘

利用大数据广泛挖掘典型空间范围的城市功能配置和组合形式，遵循空间布局和配置规律，建立机器学习模型，分析适用于当地的各类城市功能布局和精准密度阈值，从而不断提高城市功能配置的精准性与科学性。

以青岛西海岸新区为例，构建机器学习模型，计算各圈层内城市十元功能设施对高新技术企业分布的重要性，筛选得到16个重要的特征，累积贡献92%（图5.48）。

其中，青岛西海岸新区的城市功能配置短板体现在：①0~1千米圈层的商业设施密度；②1~2千米圈层的产业设施密度、创新设施密度、教育设施密度；③2~3千米圈层的医疗设施密度；④3~4千米圈层的产业设施密度；⑤4~5千米圈层的产业设施密度；⑥0~5千米圈

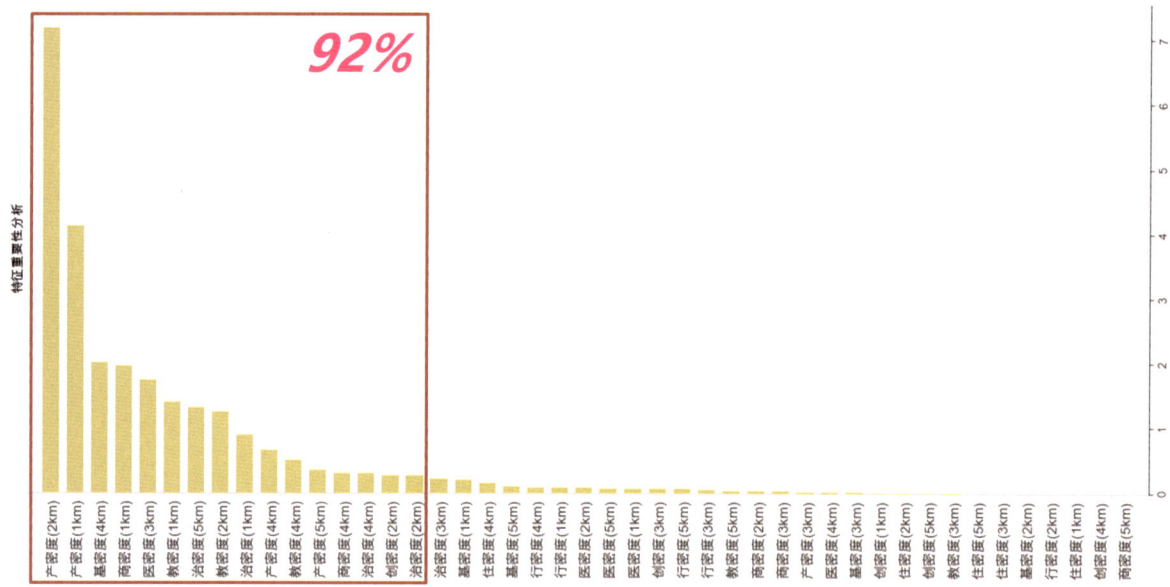

图 5.48 城市十元功能设施对高新技术企业分布的重要性

层的基础设施密度。

0~1千米范围内,西海岸新区亟须提升产业商业设施功能密度:由262提升至1424,有助于显著加强西海岸科创企业聚集引力[图5.49(a)]。

1~2千米范围内,西海岸新区亟须提升产业功能密度、创新功能密度、教育功能密度:产业的密度由32提升至564[图5.49(b)],创新的密度由0.5提升至9[图5.49(c)],教育的密度由5提升至17[图5.49(d)]。

2~3千米范围内,西海岸新区亟须提升医疗设施密度,由1.80提升至13.67,有助于显著加强西海岸企业聚集引力[图5.49(e)]。

3~4千米范围内,西海岸新区亟须提升产业密度,由12.1提升至213.3,治理设施、教育设施密度分布较合理[图5.49(f)]。

4~5千米范围内,西海岸新区亟须提升产业密度,由14.60提升至314.56[图5.49(g)]。

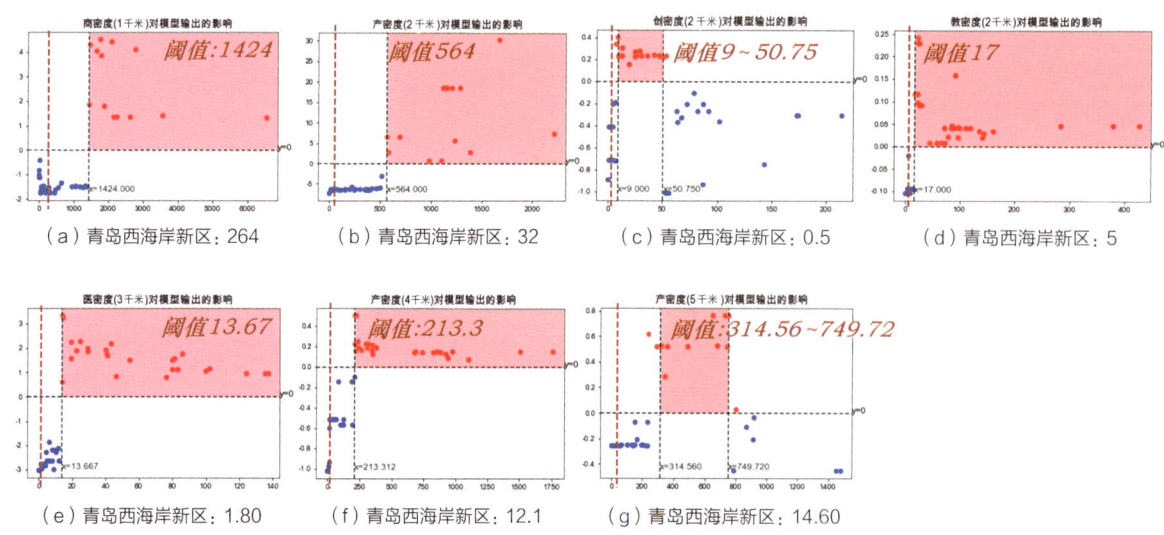

(a)青岛西海岸新区:264
(b)青岛西海岸新区:32
(c)青岛西海岸新区:0.5
(d)青岛西海岸新区:5
(e)青岛西海岸新区:1.80
(f)青岛西海岸新区:12.1
(g)青岛西海岸新区:14.60

图 5.49 城市十元功能设施对高新技术企业分布的重要性

5.12 安全健康诊断
Safe and Health Diagnosis

现代城市规划的缘起与公共健康密切相关，创造健康的人居环境、提升居民生活水平是城市规划的主要目标之一。城市规划与公共健康相关的重要环节在于建成环境（built environment）（李经纬、欧阳伟、田莉，2020）。建成环境作为城市规划建设在空间上的反映，是影响居民公共健康的重要载体，具有不容忽视的作用。健康不仅受到遗传、生活方式、社会经济等要素的影响和作用，还与建成环境有着极其密切的关系。

城市建成环境是指与自然环境相对的一种人造环境，由土地使用、空间形态、道路交通、绿地和开放空间四种要素组成的城市环境，具体包括：①土地使用，包括土地混合度、各类用地占比；②空间形态，包括空间紧凑度、空间开发强度；③道路交通，包括路网密度、人均道路面积、人均人行道面积；④绿地和开放空间，包括人均公园绿地面积、建成区绿化覆盖率、建成区绿地率等。而影响公共健康的关键指标包括城市居民预期寿命、十大疾病总体死亡人数、前三大疾病（肿瘤、循环系统、呼吸系统）死亡人数。

研究跟踪全国11个地级市（成都、北京、南京、南通、宁波、厦门、上海、苏州、天津、武汉、镇江）2005—2020年建成环境相关指标、疾病死亡人数、预期寿命数据，建构机器学习模型，实现对建成环境要素与公共健康要素之间的量化分析与预测。

5.12.1 建成环境对城市健康的影响诊断

分别建构城市建成环境与十大疾病死亡人数影响预测模型（图 5.50）、肿瘤死亡人数影响预测模型（图 5.51）、呼吸系统疾病死亡人数影响预测模型（图 5.52）。三个模型的训练与测试集表现 R^2 值均达到0.9以上。

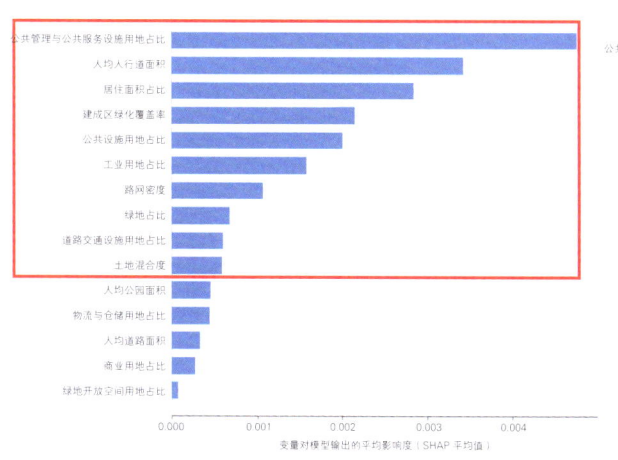 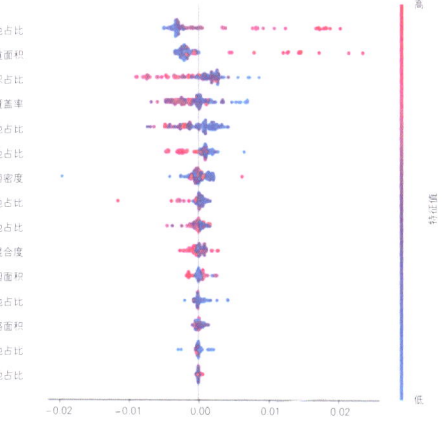

图 5.50 利用机器学习建构城市建成环境对十大疾病死亡人数影响模型

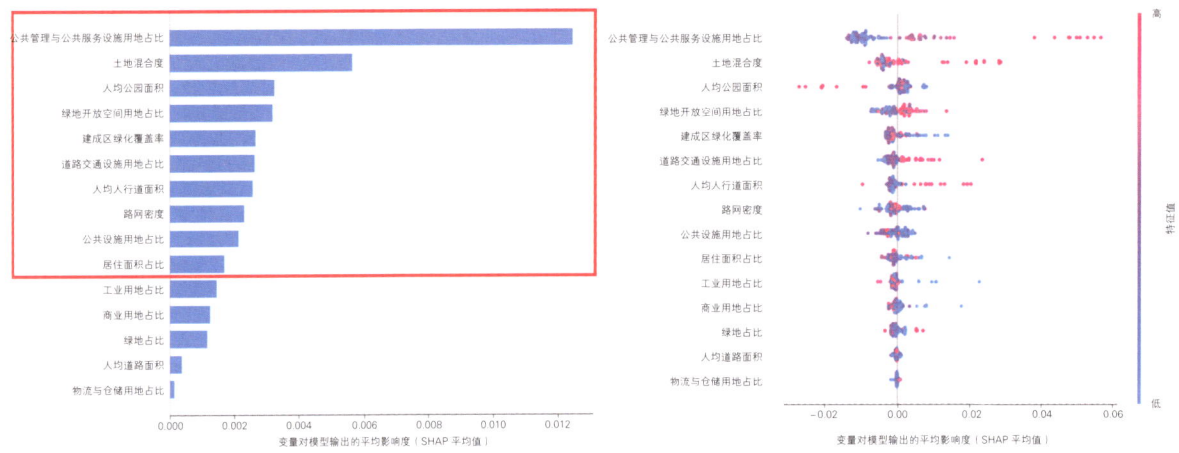

图 5.51　利用机器学习建构城市建成环境对肿瘤死亡人数影响模型

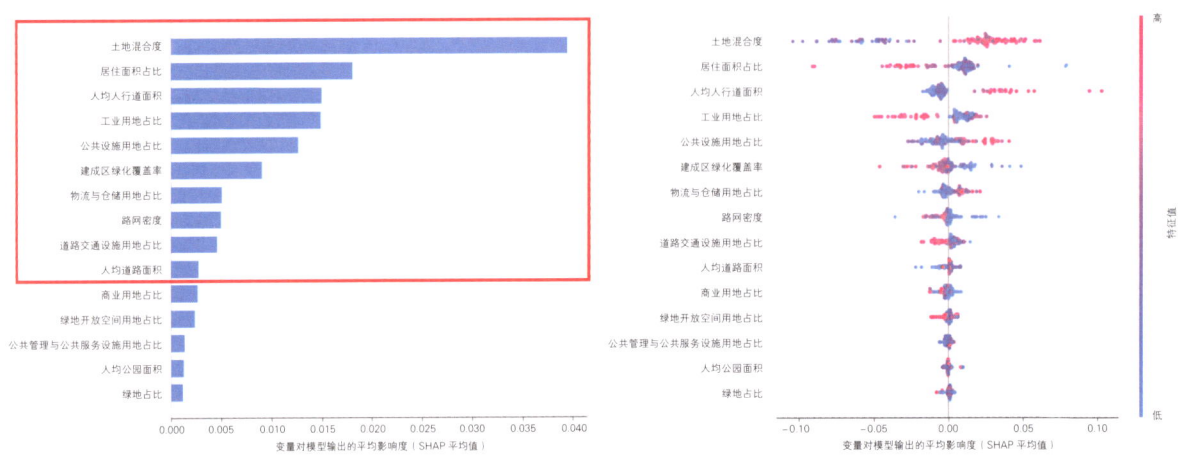

图 5.52　利用机器学习建构城市建成环境对呼吸系统疾病死亡人数影响模型

综合建成环境分别与十大疾病，尤其是肿瘤、呼吸系统疾病对应的死亡人数（每万人）建构模型的分析结果，可以得出影响城市健康的建成环境关键指标阈值，以评价各城市建成环境。

（1）公共管理与公共服务用地占比的阈值为 13.37%，即当目标城市的公共管理与公共服务用地占比高于 13.37%，将对城市健康产生正向影响。

（2）人均人行道面积的阈值为 3.43 平方米，即当目标城市的人均人行道面积高于 3.43 平方米，将对城市健康产生正向影响。

（3）土地混合度的阈值为 2.635，即当目标城市的土地混合度高于 2.635，将对城市健康产生正向影响。

（4）物流仓储用地占比的阈值为 4.2%，即当目标城市的物流仓储用地占比高于 4.2%，将对城市健康产生正向影响。

5.12.2　定容占地率对城市健康的影响诊断

定容占地率是衡量社区横向交往空间的关键指标。交往是人作为社会动物的基本需求。近邻交往是交往的最重要类型，对人的身心健康产生直接影响。社区横向空间对近邻交往影响巨大。因此，可以通过规划、设计手段影响社区横向交往空间，影响人的身心健康。

以成都为例（图 5.53），划分 1 千米 × 1 千米的网格，统计网格内的定容占地率：定容占地率 = 建筑占地率 / 建筑容积率。其中，建筑占地率 = 建筑底面积 / 1 平方千米；建筑容积率 = 建筑总面

图 5.53 成都 1 千米 ×1 千米城市网格内的定容占地率识别示意图

积 /1 平方千米。

定容占地率对社区预期寿命的影响分布符合傅里叶变换规律，呈波动衰减特征（图 5.54）。正向影响峰值分别出现在定容占地率 3%（30 层）、10%（10 层），负向影响峰值出现在定容占地率 5%（20 层）。当定容占地率超过 20%（5 层）时，即建筑层数低于 5 层时，对预期寿命均表现出正向影响。因此，定容占地率应避免 5%，即 20 层高的建筑群体；根据阈值特征，建议定容占地率在 10% 以上，即 1~10 层高的建筑群。

5.12.3 城市健康空间的分布及其特征诊断

利用大数据与机器学习建模，研究健康影响机制，通过特征映射、迁移学习实现对目标城市 1 千米 ×1 千米网格的健康空间预测。以成都为例，

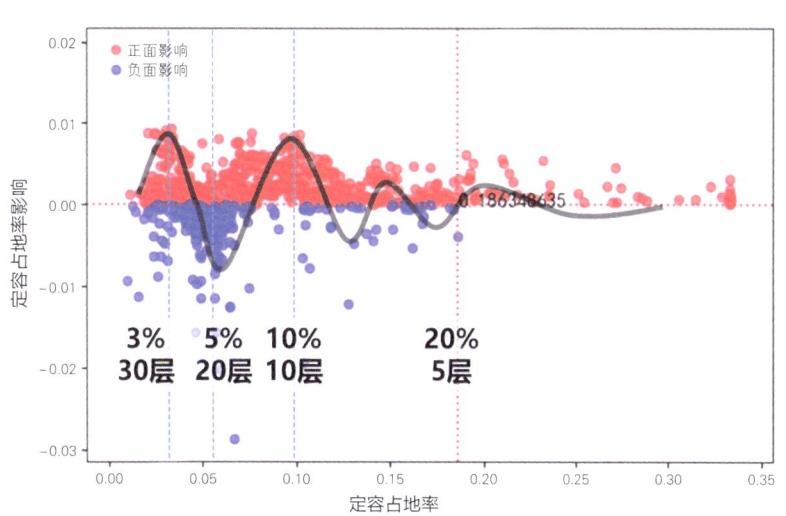

图 5.54 定容占地率对预期寿命的影响分布规律

成都主城区预期寿命空间分布特征呈中心向外呈波动衰减趋势（图 5.55）。

通过对预期寿命空间分布数据归一化后，以市中心为圆心进行每隔 15°切片（图 5.56）的分析发现：

（1）从中心出发 1~2 千米、4~6 千米段为预期寿命相对低值聚集区，说明对应圈层的预期寿命相对较低。

（2）从中心出发 7~15 千米、6~14 千米段为预期寿命相对高值聚集区，说明对应圈层的预期寿命相对较高。

因此，应改善市中心边缘处的建筑密度，离市中心 1~3 千米处应注重通风廊道的疏通，离市中心 4~6 千米处应加强医疗设施服务的配置。

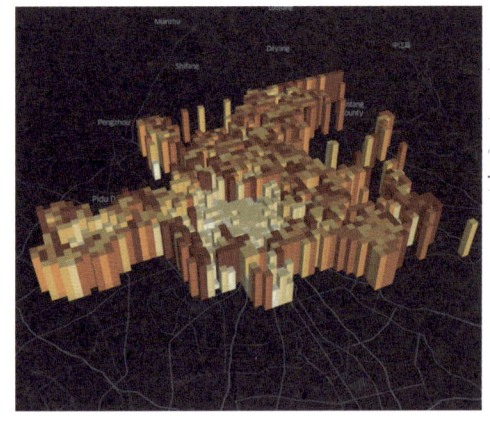

图 5.55　成都主城区预期寿命空间预测结果

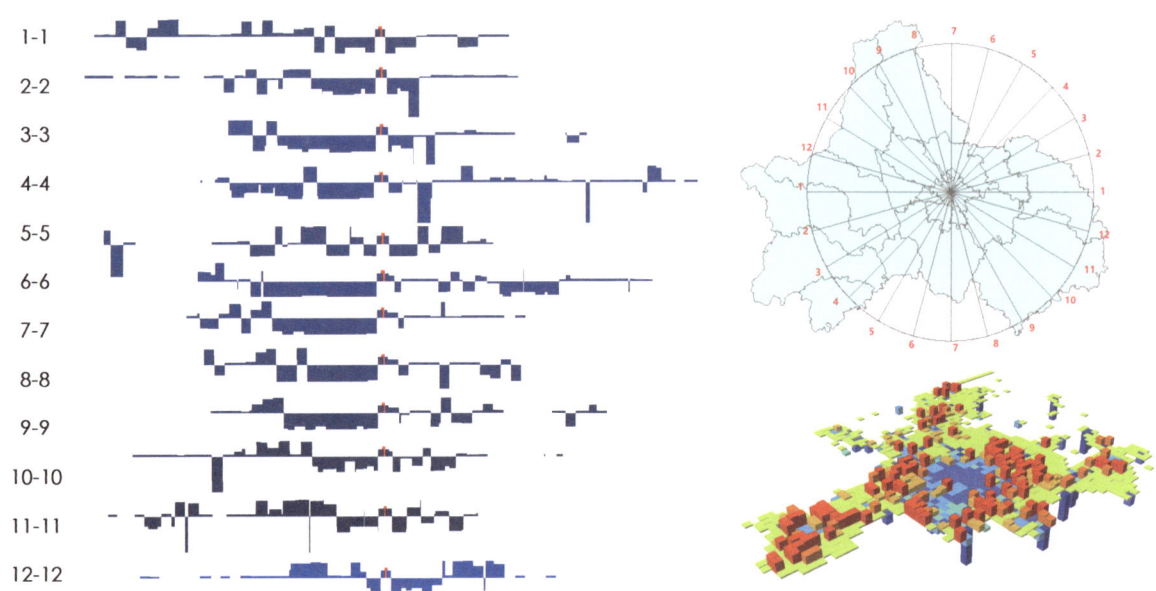

图 5.56　成都主城区 12 个切片预期寿命空间分布

5.13 小结
Chapter Summary

城市诊断学是一个古老的学科，可追溯到人类建居民点之初，其发展伴随着文明的诞生，曾主要依靠直觉和本能。在现代科学诞生后，人类一直试图找出群体的基本规律和个案的偏移，以及合理偏移的阈值，但是始终没有办法完成精准的诊断。"大智移云链"的诞生为观察、认知和剖析城市问题提供了全新的视角和方法，城市诊断的"体温计""血压计"乃至"X 线""核磁共振"已经进入实践，城市诊断学的构建和发展正迎来前所未有的优越环境。同时，"大智移云链"诞生之后，才有可能对作为人类文明载体的城市治理进行系统性、精准性、全面性、动态性诊断。本章阐述了从人工智能技术手段的导入，完成大数据技术上的规律学习，建立精准规划和精准治理的理论方法体系。

参考文献

[1] 吴良镛. 中国城市发展的科学问题 [J]. 城市发展研究，2004（1）：9-13.

[2] 仇保兴. 中国的城市化面临八个方面挑战 [EB/OL]. http://www.gov.cn/jrzg/2006-06/16/content_311759.htm，2006-06-16.

[3] 中华人民共和国中央人民政府. 中共中央 国务院印发《国家新型城镇化规划（2014—2020 年）》[EB/OL]. http://www.gov.cn/gongbao/content/2014/content_2644805.htm，2014-03-16.

[4] 中国城市建设可持续发展战略研究项目组，程泰宁. 中国城市建设可持续发展战略研究 [M]. 北京：中国建筑工业出版社，2021.

[5] 吴志强. 论新时代城市规划及其生态理性内核 [J]. 城市规划学刊，2018（3）：19-23.

[6] 吴志强，刘晓畅. 改革开放 40 年来中国城乡规划知识网络演进 [J]. 城市规划学刊，2018（5）：11-18.

[7] Graham M, Shelton T. Geography and the Future of Big Data, Big Data and the Future of Geography[J]. Dialogues in Human Geography，2013，3（3）：255-261.

[8] Batty M. Big Data, Smart Cities and City Planning[J]. Dialogues in Human Geography，2013，3（3）：274-279.

[9] 朱勍. 城市研究中生命视角的引入 [J]. 城市规划学刊，2008（2）：24-30.

[10] 吴志强，李欣. 城市规划设计的永续理性 [J]. 南方建筑，2016（5）：4-9.

[11] 吴志强. 以流定形的理性城市规划方法 [EB/OL]. http://www.planning.org.cn/report/view?id=54，2015-08-03.

[12] 吴志强. 城市规划思想方法的变革 [J]. 城市规划汇刊，1986（5）：1-7.

[13] 吴志强，杨秀，刘伟. 智力城镇化还是体力城镇化——对中国城镇化的战略思考 [J]. 城市规划学刊，2015（1）：15-23.

[14] 吴志强，于泓. 城市规划学科的发展方向 [J]. 城市规划学刊，2005（6）：2-10.

[15] 吴志强. 从首届世界规划院校大会看世界城市规划发展动态 [J]. 国外城市规划，2001（6）：1-3.

[16] 吴志强. 论进入 21 世纪时中国城市规划体系的建设 [J]. 城市规划汇刊，2000（1）：1-5，79.

[17] 吴志强. 百年现代城市规划中不变的精神和责任——纪念霍华德提出"田园城市"概念 100 周年 [J]. 城市规划，1999（1）：27-32.

[18] 吴志强. 人工智能辅助城市规划 [J]. 时代建筑，2018（1）：6-11.

[19] 刘一丁，何政伟，陈俊华，等. 基于 MSPA 与 MCR 模型的生态网络构建方法研究——以南充市为例 [J]. 西南农业学报，2021（2）：354-363.

[20] 李经纬，欧阳伟，田莉. 建成环境对公共健康影响的尺度与方法研究 [J]. 上海城市规划，2020（2）：38-43.

第六章　城市智能治理支撑平台

CHAPTER 6
CITY INTELLIGENT GOVERNANCE
SUPPORTING PLATFORMS

6.1 城市智能治理技术体系
Technical System for Urban Intelligent Governance

6.1.1 城市治理技术的体系建构

城市治理的技术体系,是指针对城市治理问题的,并且可以依靠技术来解决的两者叠合的部分。治理的核心目标是促进城市的高效、有序运行。城市治理技术的应用是通过技术手段对城市中的要素互动进行保驾护航,避免或及时排除运行过程中出现的问题。

城市治理技术体系的建构,应当从治理自身的需求出发,结合未来技术发展的趋势,提出在治理中可以技术化的内容,精准布局技术突破的方向,明确技术之间的联动关系,从而形成相互作用、协同作业的技术体系。治理中可技术化的内容,从总体架构上看,包括群智互动技术、互动支撑技术、感知技术、推演技术、集成平台技术(图6.1)。其中,群智互动技术是解决城市中人和要素沟通互动的技术,也是直接影响治理能力的技术。感知技术作为最基础的末端神经技术,是智能治理的必备条件。互动支撑技术与推演技术是针对城市治理中关键规律的挖掘,以提供更加科学的智能保障。集成平台技术是面向用户的操作系统,从而实现智能治理的人机协同。上述五项关键技术构成了城市治理技术体系的内核。

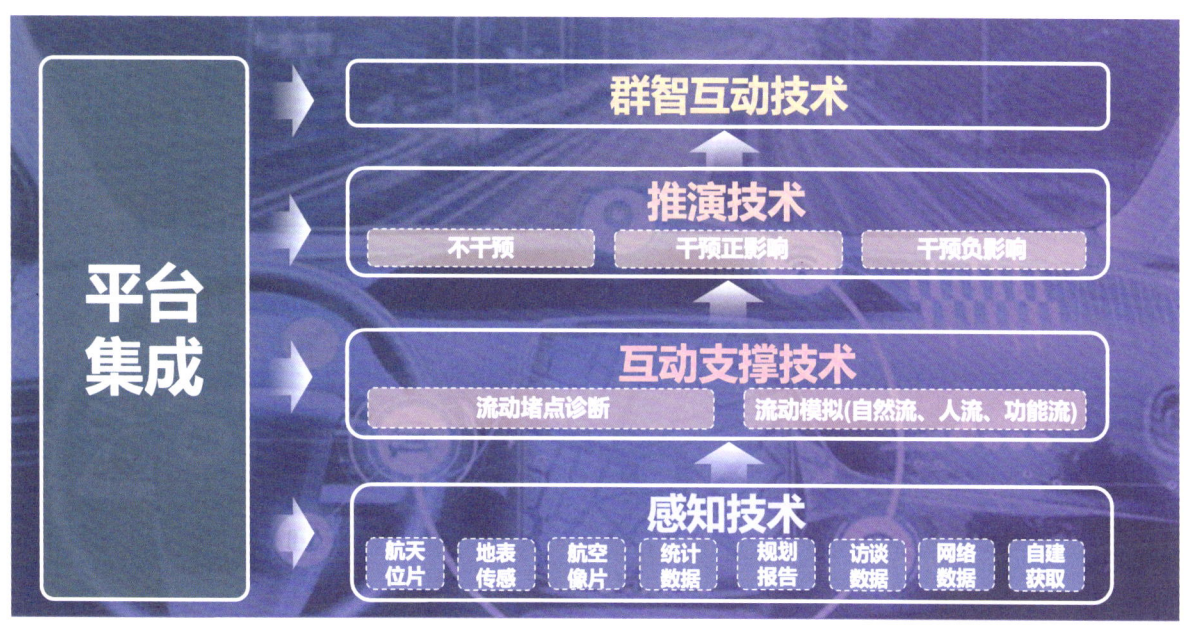

图 6.1 城市治理技术体系

6.1.2 城市治理关键技术

（1）群智互动技术。治理的主要对象一定是群落的互动关系，即要素的互动。它是城市运行中最重要的关系，因此治理技术的首要内容是促进城市中人和要素的有效沟通，即治理的群智互动技术。群智空间（Crowd Intelligence Space）是指人－机－物融合的三元智能空间，吸引、汇聚和管理大规模智能体（包括人类智能体和各种形态的机器智能体），以竞争和合作等多种自主协同方式来共同应对挑战性任务，特别是开放环境下的复杂系统决策任务。城市是一个动态复杂的生命体，信息技术发展对城市空间形态产生多重影响（甄峰，2004）。进入新时期，借助5G、新一代人工智能等信息与通信技术建构个体精细化交互的网络，运行针对复杂流动要素的精准智能模型，在物理空间基础上进一步延伸到虚拟空间（Cyber Space），实现城市要素之间的精密配置（郑志明，吕金虎，韦卫，唐绍婷，2021），是未来城市智能治理的技术内核。

（2）互动支撑技术。城市中存在大量的流动要素，如自然流、人流、功能流等，流动构成了城市互动的基础。城市治理就是关注城市在运行过程中要素的交互是否有效、通畅，因此需要配套互动支撑技术。互动支撑技术是对群智互动技术的支撑技术，具体指基于对城市生命内部流动要素的诊断、预测，发现阻碍城市互动的堵点，进而保障城市有效运行的技术。

① 自然流模拟技术。城市的自然流是城市物质空间与自然环境交互过程中产生的要素流动效应。常见的自然流包括风流、水流、能量流等，自然流与市民的生活体验密切相关。对自然流的治理直接影响城市中的物质交换，因此能够精准地捕捉自然流的特征，有助于提升城市治理的精细化水平。

例如，采用风流模拟技术，可以发现城市空间中让人感到不舒适的地区，进而完成相应的空间优化，以适应自然流动的规律。针对治理范围的地形空间进行风场模拟及评估，结合不同地区高度夏季、冬季主导风向上风速频次，可以发现在近地层的流动以及相应的气温变化，支撑城市空间自然流动的智能治理（图6.2、图6.3）。

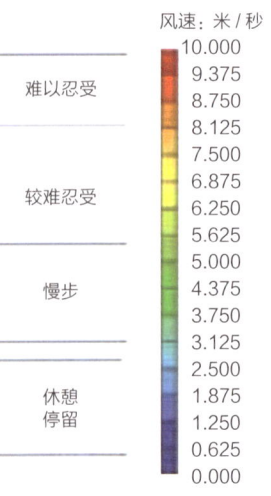

图6.2　冬季风模拟

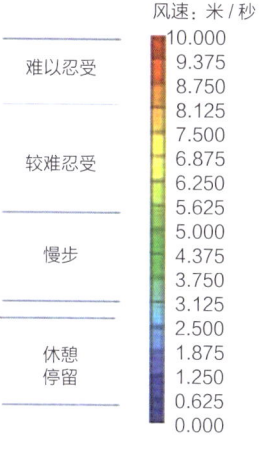

图6.3 夏季风模拟

② 人流模拟技术。人流是一种特殊的物质流,包括人口在时间和空间上的变化。前者即人口的自然增长和机械增长;后者是反映城市与外部之间人口流动中的过往人流和反映城市内部人口流动的交通人流。城市人流包括常住人流和日常人流两个方面。常住人流是指出生、死亡、迁入、迁出,即城市人口的自然增长和机械增长。日常人流主要是指城市居民的日常活动,包括有规律的基本定时定点的流动,如上下班、上学和放学等;和偶发的流动,如购物、游乐、看病、访友等。日常人流往往呈现随着时间周期性变化的规律。

例如:城市热模分析技术可将城市人群一天的活动热力呈现在三维空间模型上,以反映城市中的人流对空间的使用情况。在图6.4中,红色区域是一天中使用频次最高的区域,蓝色区域是一天中被居民使用频次最低的区域。通过实时动态热模的分析,可以对城市建筑、公园、道路等主要的公共活动场所的使用效率进行科学定量分析,以掌握城市人流活动与城市功能和空间形态之间的关联规律。在对城市人流活动规律进行深度学习以后,可以结合设计方案对未来的城市热模进行预测,进而反映出设计方案对激活城市空间、促进人群交往活动产生的作用。

③ 功能流配置技术。在城市空间治理中,应重点关注城市三维空间上的功能变化,这种变化包括城市功能的出现、集聚、扩散、衰退等全生命周期的过程,也包括城市功能之间的融合、互动关系。城市空间功能在三维上存在特定的分布规律,城市功能的集聚和离散在平面和高度上均存在差异性。

例如:采用城市三维功能流分析技术,对城市的POI进行三维重构,并对每一个POI点的z值进行机器学习,可以捕捉特定地区范围内的在竖向上的功能分布特征。图6.5反映城市三维功能的两个剖面,因此,根据城市功能要素分布规律,可以进一步推演在三维空间断面上的未来演化趋势。例如在滨河地区功能要素的总量、比重以及在三维空间中的分布层次,通过对城市三维POI功能的大规模学习来完成对未来功能流的推演(图6.6)。

(3)感知技术。如果城市无法感知其服务的对象,就无法称为智能治理。感知主要针对感知的对象及其流动在质量和空间上的变化。感知技术的应用价值主要体现在:①对人类难以识别的规律的挖掘;②发现规律并以规律判断正常的阈值;③采取干预措施后,加速进入阈值的精准化控制。

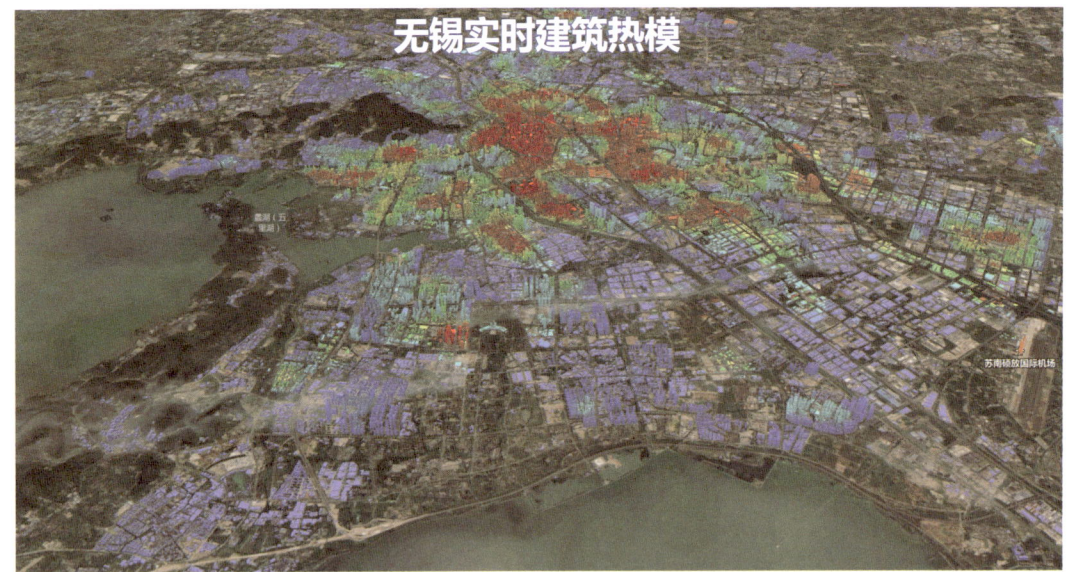

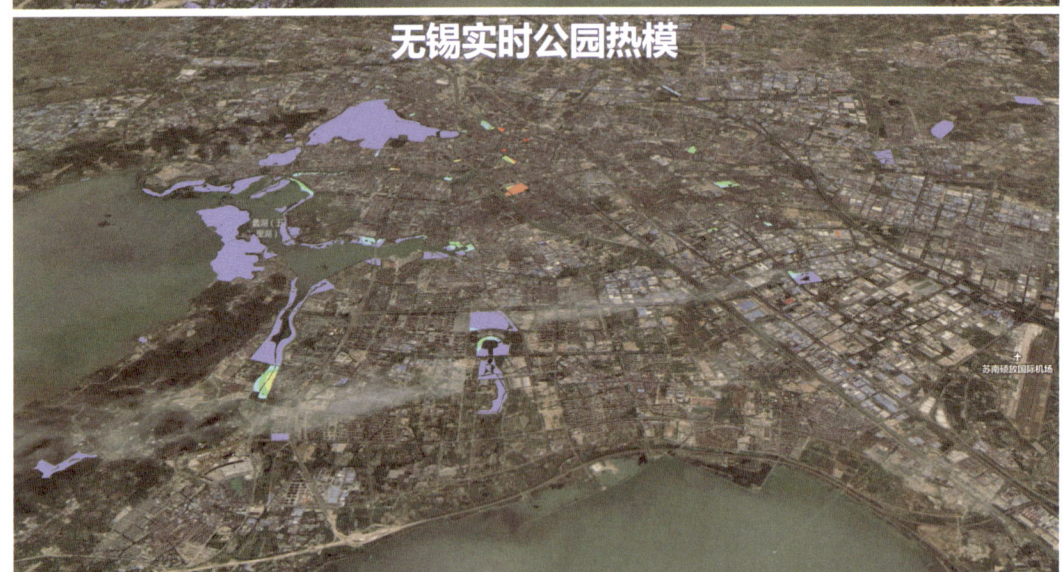

图 6.4 无锡城市热模分析

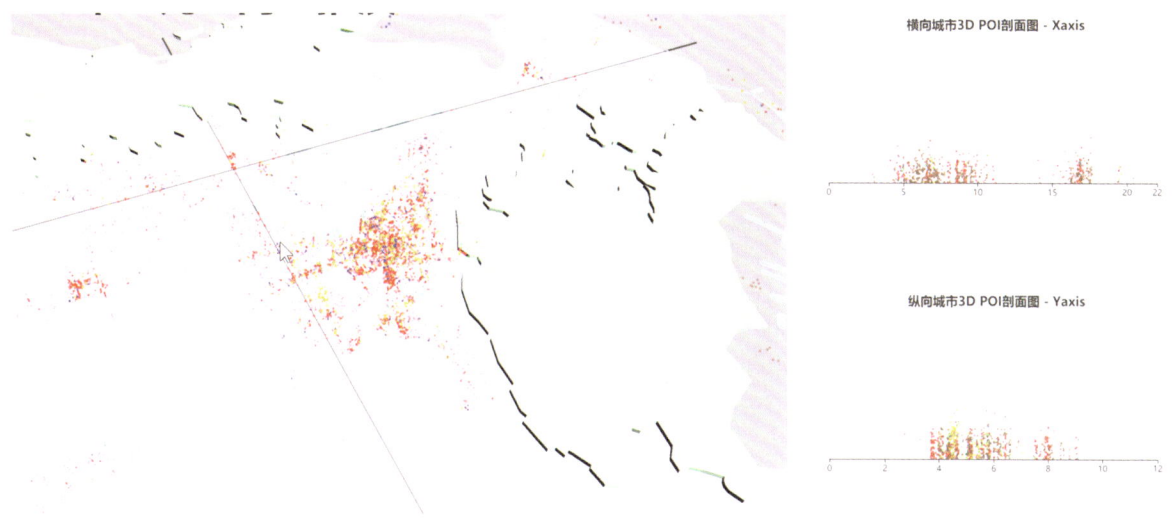

图 6.5 城市三维功能配置技术

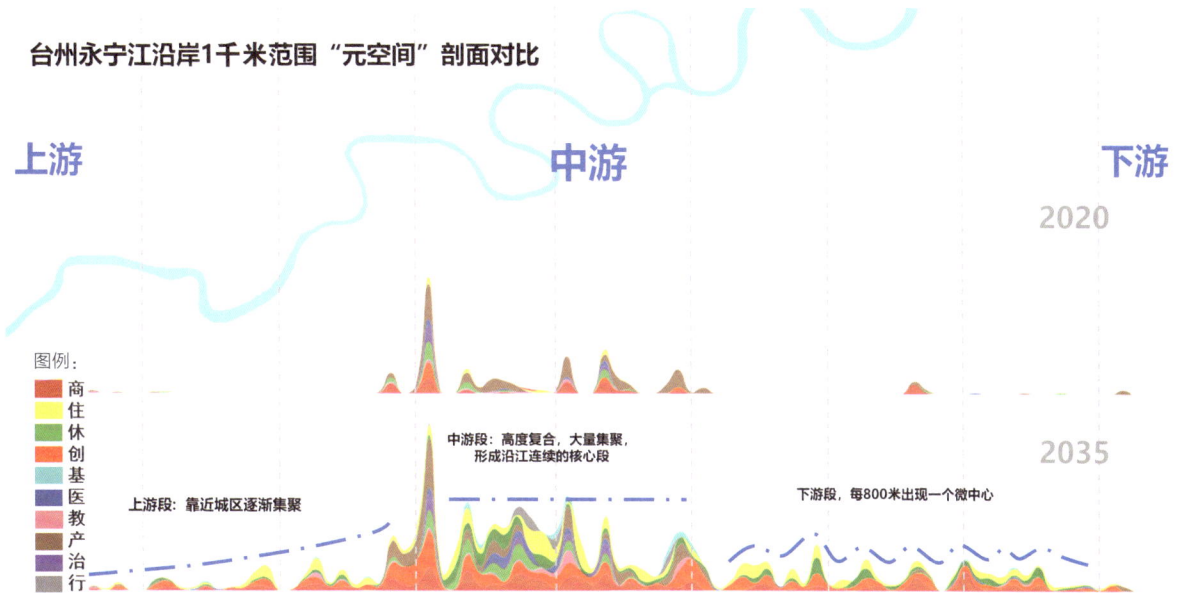

图 6.6 城市沿河功能配置结果

　　重点针对八大数据源的城市数据进行动态捕捉，高频甚至超高频数据的感知能力，是现代治理的关键特征。感知技术需要数据库的支撑。CBDB数据库具备存储、分析和可视化平台功能。它集成实时数据采集、数据融合、空间数据分析与可视化等技术，在统一的数据框架下整合、储存并管理各类城市数据，提供相关数据下载与共享服务接口，实现感知数据的协同。

　　在智能治理体系中，对微观个体的感知包括光、声音、湿度、温度、力、生物信号、电磁、无线电、化学粒子、网络平台数据等要素。通过对各种自然媒介的精准感知，建构迷走神经系统、中枢神经系统的反应机制（图 6.7）。前者针对城市终端行为的分级感知，后者针对城市重要决策问题的中央感知。通过智能感知技术，可以实现城市与人的智能联动。根据人的表情、行为，精准感知个体需求，为智能治理提供神经末端的技术支撑。

　　（4）推演技术。城市智能推演技术是基于智能规划理

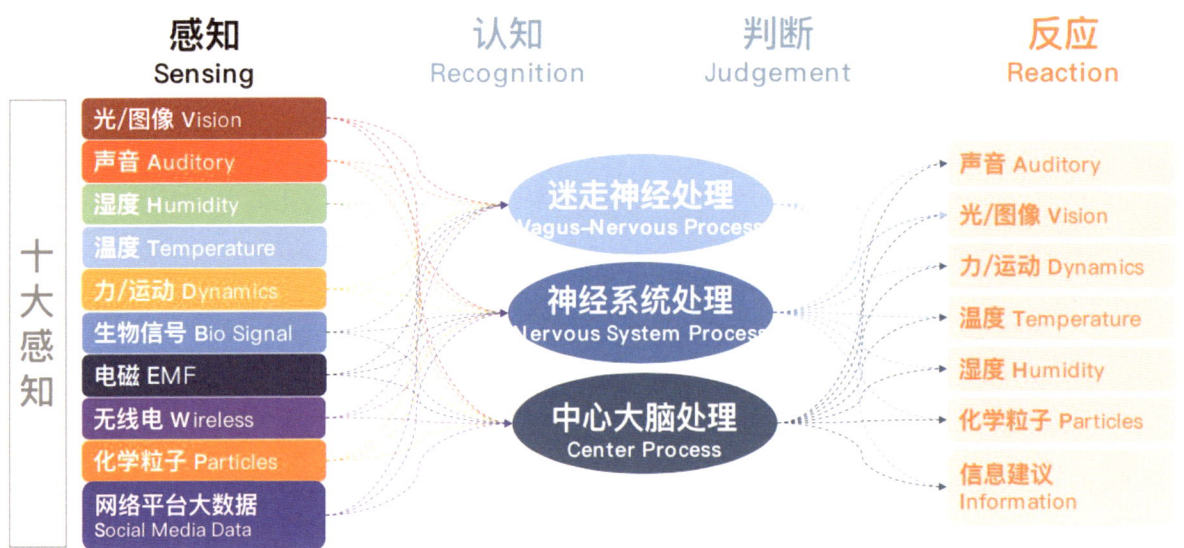

图 6.7　城市感知技术体系

论、方法创新而实现的一项智能治理的核心技术。其目标是基于特定的发展条件，预演城市未来发展的趋势，以支持城市发展的科学决策。智能推演技术应对的是空间规划面临的未来的不确定性挑战，也是智能治理最关键的技术攻关环节。城市推演技术将突破传统城市治理的模式，采用科学分析的方法，提出对于城市空间形态的量化和测度，仅基于静态的物理指标是无法反映出城市空间实际被使用的状态的。构建基于城市未来动态发展的规律模型，进而反映城市空间的演进特征。

吴志强院士团队在"以数明律、形流互动"的智能规划理论基础上，创造性地提出"城市博弈模型"，形成城市发展博弈的内核技术，即四方十元的博弈模型（CityGo）（吴志强，2018）。推演城市利益相关体，政府、规划师、投资商、市民四方的相互关系，实现 15 分钟范围内自然、治理、居住、出行、商业、医疗、教育、产业、设施、创新十大核心功能平衡配置的多方共赢城市布局方案。在 CBDB 数据库支撑下，通过规律模型对泛在网所产生的海量流数据进行挖掘分析，完成对数据的相关关系的有效挖掘，揭示人类活动和事件发生演化的潜在规律。在博弈学习模型基础上，融合深度学习框架、计算机博弈理论算法、多主体自主智能技术建构，完成智能推演技术的决策支持体系，为城市发展的科学治理提供预见性的技术支撑。

城市推演模型重点关注三种场景模拟（图 6.8）：①不干预。在城市自然生长规律的基础上，外推城市发展的规模和方向，以及城市功能要素的分布。②干预后正向影响。通过战略引导的干预，有利于城市向更健康的方向发展。③干预后负向影响。干预结果无效，或是干预的手段加剧了城市问题的产生，因此需要优化干预手段。

（5）集成技术。建构城市智能规划的五环系统，完成感知、数据、计算、明律、应用五大环节的智能搭接。通过物联网设备和智能信息感知技术强化城市的实时数据采集和处理，合理使用城市数据库，联动城市综合治理服务。以领域知识为牵引，针对特定的应用场景需求，实现计算能力，挖掘数据规律；面向城市政府、社会、市民等不同主体提供的终端服务，加强不同主体之间的协同，建构协同共享、精准治理的应用体系。重点研究集成利用人工智能模型对国土空间多源数据进行实时反馈调

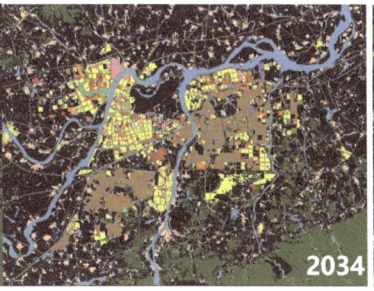
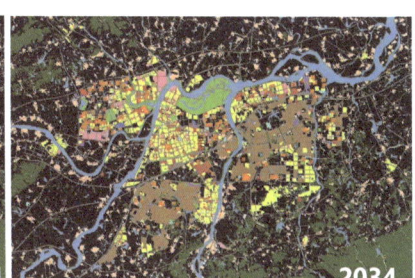

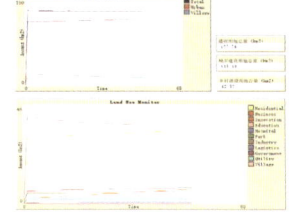
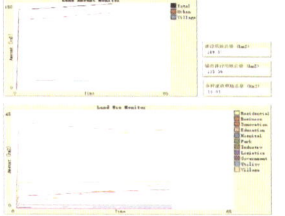

图 6.8　多种模式的城市发展推演技术

优，支撑城市规划、设计过程中的科学决策和模拟优化。

例如，北京城市副中心CIM平台的建设，集成了155km²设计覆盖范围，应用支持系统可快速读取出任一区域内的天气、人口成分、建筑高度、建成材料等信息，并进行个体化的精准计算，从而高效完成设施的最佳配置量和配置地点等的布局（吴志强，甘惟等，2021）。在以城市局部地区作为数据加载的基础上，基于开放共享的架构理念，可以与更多信息化业务系统相协调，通过数据传输接口的形式与各个系统共享数据加载多项应用功能，从而形成覆盖全域的城市智慧化治理服务体系（图6.9）。

图 6.9　城市治理的系统集成

6.1.3 依托治理技术完成治理能力提升

治理的反应和控制是城市治理技术最高级的体现。通过城市治理技术，对城市流动规律进行捕捉，能够精准把握城市物质空间背后的自然、人、功能要素的运行，构成城市治理的看不见却又极其重要的组成部分。城市流动要素与形态关系密切、相互影响，在城市治理研究中不能忽视"形"和"流"之间的互动，应当采用以大数据与人工智能技术为算法核心的技术方法，完成对城市流动规律的捕捉，有助于揭示城市真实的运行状况以提升治理的精密性（吴志强，2020）。城市治理需要对未来发展情景进行科学预判，因此在智能感知、分析的基础上，进一步基于对城市流动要素的机器学习，完成对未来要素分布的推演，进而预判潜在的发展问题，通过智能技术体系的应用，完成城市治理能力的综合提升，也是未来现代城市治理的一项重要标志。

6.2 人工智能赋能城市规划
AI Empowering Urban Planning

城市规划包含了一个完整的回路过程，从城市感知－踏勘－调查，城市问题的分析－诊断，城市战略的研制－制定，城市实现目标的不同路径－选择－比较，城市发展过程中的动力确定和配置措施，维护的政策，城市规划整体编制对空间、时间、要素的决策，城市编制完成之后的实施机制，实施主体以及城市运行过程中的评价，以及对未来规划提出的优化要求，最终回到下一轮的规划、实施中。城市规划的整个过程中，每一个决策都需要进行民主决策、科学决策和依法治理决策。由此每一个决策过程都涉及大量的复杂系统的学习和判断。这种对于每一个过程中复杂体系规律的把握对决策后效果的预评估、预评价都是复杂体系决策。而在历史传统城市规划中，这是主要依据专家个体、编制团队以及整个城市规划学科长期知识积累的判断。

随着大数据、移动互联网、人工智能、区块链等数字技术的出现，针对复杂体系定量化学习的新技术正是城市规划学科走向科学化道路特别需求的技术。这是解决城市治理面对的长期未得到解决的问题的有力的技术支撑。

在大数据、人工智能、移动互联网、区块链技术中，人工智能是决定性的理念技术。人工智能在城市治理中的导入主要是解决复杂系统的感知、数字收集、规律发现、发展推演、决策预判过程中的技术难点。在这方面，中国的城市规划界已经做出了世界级的领先探索，而这种探索从历史发展来看，还是初级的，处于起步阶段。我们期待的是形成一个城市治理学科中以人工智能为引领的数字复杂科学的完整支撑体系，以应对城市治理各个阶段的回路搭接的复杂问题，也应对城市发育中各功能板块的互动关系带来的复杂问题的挑战，更应对在未来的城市治理中人和物，人和人，数字世界应对物质、社会世界产生的大量的挑战和决策过程中的问题。同时也可以应对同一国土空间中农业系统、城镇系统、海洋系统和生态用地系统之间的更大范围的复合生态（包括自然生态、社会生态、创新生态和数字生态），形成完整的四大生态系统间的融合。我们把未来世界称为智能社会，智能社会的治理问题需要大量的架构。今天我们的顶层架构只能说还在起步阶段，但已经在单点、单系统中做出了大量创新探索，这些初步的人工智能导入城乡治理已经让我们看到了 AI 赋能城市治理、城市建设规划、城市建设过程的智慧和贡献。

6.3 城市智能治理技术平台
Urban Intelligent Governance Technology Platform

随着近现代以来城市化进程的不断加速，城市也出现了一系列问题，人口拥挤、交通堵塞、环境污染等"病状"呈现出高发态势。随着信息技术的快速进步、技术体系的完善，城市智能治理平台由此而生，并不断演进，城市治理迎来了智能优化与重构的良机。

城市智能治理平台不仅是针对城市数据的技术平台，还是能以更加智慧的方式将城市信息有效传达给用户的互动系统。借助城市智能治理平台可以使城市规划、建设、管理的过程更加轻松、人性化，同时在用户的干预和反馈过程中，城市智能治理平台也得以持续迭代增强，体现出人的主观意志和城市智能生命的互动协调。以对城市大数据的智能分析、模拟、推演为基础，人机协同决策制定更优的解决方案，维护城市全生命周期的健康发展。

6.3.1 城市智能治理技术平台架构设计

（1）平台标准规范的设计。平台标准规范设计是在充分整理归纳和参考借鉴当前国际、国家、行业和地方相关政策法规和标准规范的基础上，结合治理特色和建设需要，提出需要编制的标准、规范和指南。平台标准规范不但需要考虑当前的技术水平，还对技术发展有所预见，是平台建设具备科学性、合理性、先进性的技术准绳，是实现跨部门和跨领域数据互操作的技术前提，也是平台运行和生态环境构建的重要参考。

城市智能治理技术平台的标准规范设计应在继承原有国家、行业地理信息标准的基础上，围绕城市空间实体概念，在 ISO 19100 系列标准的基本框架规范下，指定城市实体分类、感知、建模、数据库表达及可视化、元数据及目录、数据交换、服务接口，以及治理等各层次规范。

（2）平台的安全保障。平台的安全保障主要是从系统的安全威胁和风险分析，明确安全等级保护实施办法及与保护等级相适应的安全策略，以实效和应用为主导，管理与技术并重，从物理、网络、系统层、信息交换层、应用层、组织管理等方面，保障系统的安全，满足系统的建设和发展要求。

6.3.2 城市智能治理技术平台应用

针对城市规划建设和城市治理领域对统一化的多系统空间信息需求，吴志强团队自2008年起创建并逐步完善了城市智能治理平台，历经多代演进，逐步研发出城市运行关键信息的监控与预警、城市发展规律定量发掘、城市治理与规划辅助决策、人工智能辅助规划设计、项目信息动态追踪等关键技术，实现了城市多要素全生命周期联动。

城市智能治理技术平台在上海世博会控制台、市长决策平台、城市规划智能辅助设计平台、未来城市中枢等重大工程项目中应用，不断迭代优化，形成了良好的工程示范。

（1）世博会控制台。作为上海世博会不可或缺的一部分，紧扣世博会规划建设的实际需要，利用现有成熟技术，建立的结构简明清晰的世博会控制台，在世博会期间为上海世博会区域范围内的治理活动提供有效的支撑。

世博会控制台具有互动、真实、及时等特性，同时具有规划决策支持、建设工程管理、世博运营管理、后续利用管理等功能。在规划设计阶段，通过世博会控制台可以进行虚拟现实演示系列的多维操作，对画面视角进行全自由度的浏览，让复杂空间关系一目了然，也可以进行直观的景观仿真和方案比较（图6.10），并根据方案的变化进行及时跟进调整，起到各部门的沟通平台的作用。同时在控制台中存储了与上海世博会相关的图档资料，可以对建设信息进行快速准确查找调用，为区域治理提供专业化服务。

世博会控制台虽然管理的范围有限，但在城市治理技术发展的早期，其所具备的功能在一定程度上能够帮助世博会进行智能治理活动，为城市智能治理技术平台的发展提供借鉴案例。

（2）市长决策平台。在城镇化发展过程中，城市规划、建设、运行、管理、安全等各方面收集了海量的数据，但缺乏数据间的连接及有效管理，形成数据"孤岛"。现代城市管理者急需从传统经验主义管理模式向理性主义管理模式转变。智慧城市的本质特征是信息的涌现和激活，其表现为智慧生命体全面感知、准确判断、恰当反应、持续学习的生长特征。

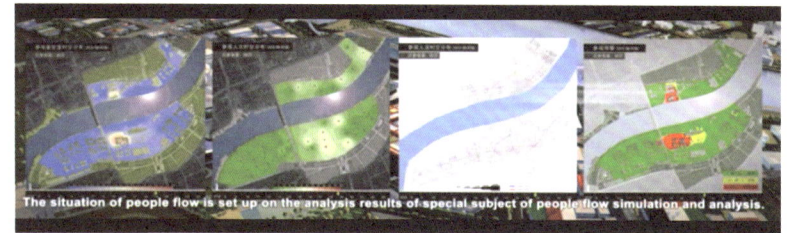

图6.10 世博会控制台方案比较功能

市长决策平台构建以物联网、云平台等ICT技术为支撑，针对城市智能化发展产生的新需求，实现城市各层面决策者的城市数据挖掘、展示和信息蜂巢化传播的目标，为决策行为提供一体化的辅助支持。平台设计了发展业绩、资源统筹、向上联络、日常管理、经验引荐、突发事件、意见汇聚、重大项目八大模块（图6.11），并自主研发了城市预警模型、智慧城市评估指标体系（图6.12），有利于全面掌握城市建设中的阶段性问题，发挥智慧城市顶层设计价值，即利用信息技术实现城市社会、经济、环境最佳化和谐、最小量消耗（资源、能源、人力、时间），从而满足社会和谐运行、人民幸福感创造、社会价值创造的需求。市长决策平台以构建中国最大的智慧城市蜂巢化智库为远期目标，依托智能城镇化协同中心，构建数据共享生态系统，创造超越空间距离的思想聚焦，面向企业、政府、市民实现观点集合，利用群体智慧提升决策准确性。

（3）城市规划智能辅助设计平台。智能模型的大规模导入推进了城市智能治理技术的快速发展。其价值在于，决策者和规划师可以通过对复杂城市数据的计算来预判城

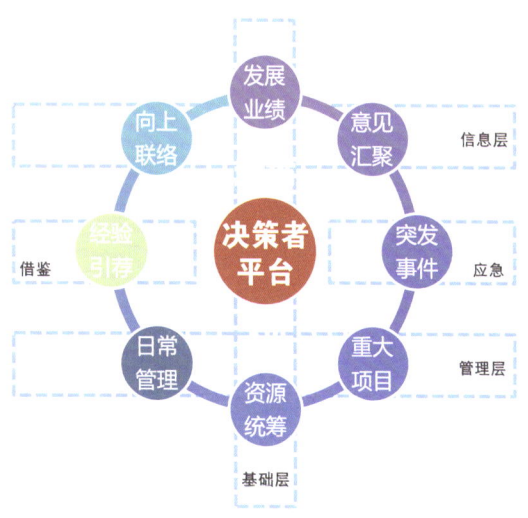

图6.11 市长决策平台八大模块

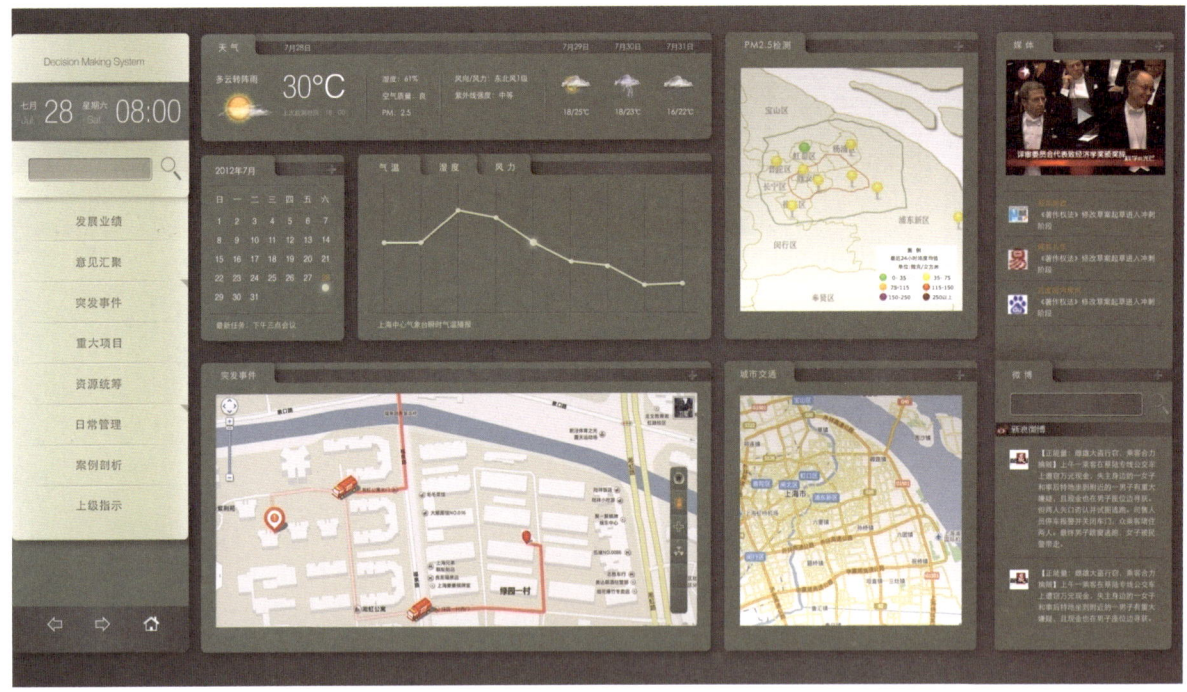

图 6.12 市长决策平台

市未来发展的情景。与在传统决策过程中依靠经验的方法相比，城市规划智能辅助设计平台更能发挥科学辅助的作用。这一特征是城市规划、建设、运行、管理智能化转型的一个重要体现。

城市规划智能辅助设计平台是 BIM（Building Intelligent Model）概念基础上的扩展和提升，由建筑的尺度上升到城市的尺度。CIM（City Intelligent Model）平台集成了城市大数据技术、智能诊断技术、智能推演技术，以及新一代具备高精度、全信息和可计算特征的城市三维建模技术，是面向应用开发的智能规划服务系统。基于此平台，可以实现针对公共设施配置的迭代优化技术，包括功能评估、选址、灾情模拟与预警技术、人工智能城市决策系统等功能（图 6.13）。

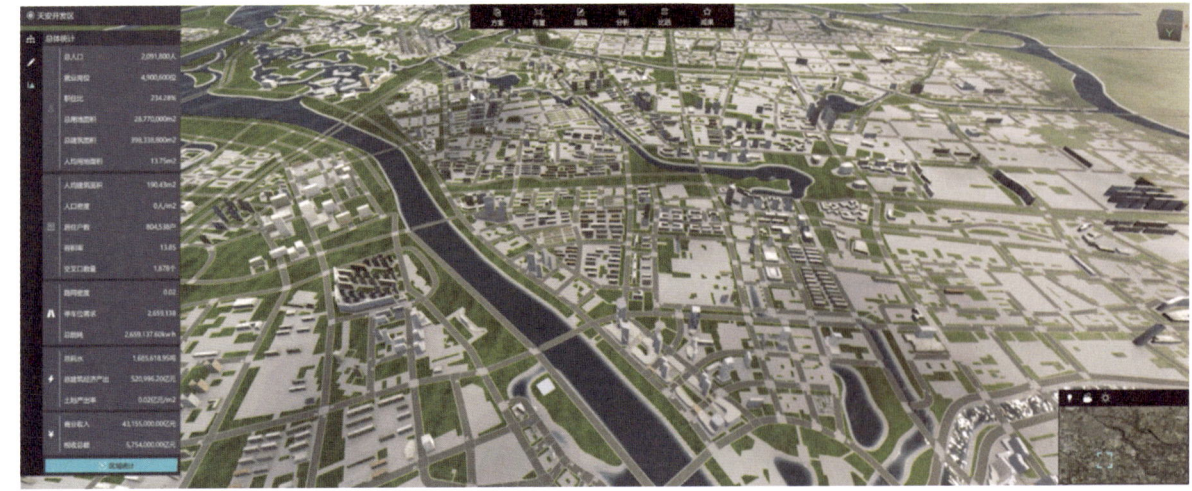

图 6.13 城市规划智能辅助设计平台

（4）未来城市中枢。随着城市向着多维度复合空间结构发展，未来城市的创造亦超脱单一物质空间要素的干预，向着更加复杂多元的方向拓展。人类对未来城市的不懈追求与想象，其本质就是人类认知世界（城市人居环境）和认知自我（城市居民）的过程。

未来城市智能中枢（AI city centrum）集成了智能城市的四大功能，即智能感知、判断、反应、学习，并且能实现自我更新、持续进化。通过对接城市感知系统，人工智能城市中枢能对城市的状态和后果做出预判，并能根据情景分析调动资源应对，实现最小的能源、资源、时间和社会消耗，在定量发掘城市规律，模拟推演优化城市空间布局方案，创建理性规划、建设、管理方法系统等方面取得了重要突破（图 6.14、图 6.15）。

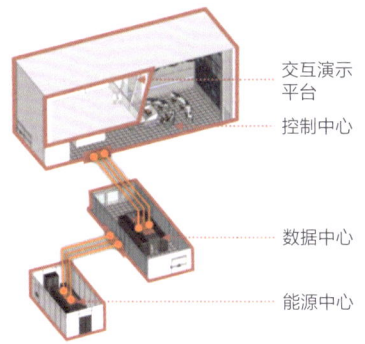
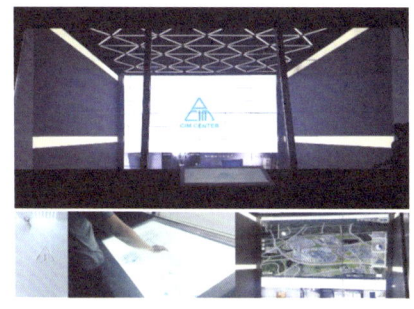

图 6.14　未来城市中枢展示

图 6.15　未来城市中枢平台

参考文献

[1] 吴志强，李欣. 城市规划设计的永续理性 [J]. 南方建筑，2016（5）：4-9.
[2] 吴志强，王德，干靓，等. 2010 年上海世博会园区规划建设三维仿真可视化控制管理系统 [Z]. 上海：同济大学，2008.
[3] 吴志强，甘惟，臧伟，等. 城市智能模型（CIM）的概念及发展 [J]. 城市规划，2021，45（4）：106-113，118.
[4] 吴志强. 人工智能辅助城市规划 [J]. 时代建筑，2018（1）：6-11.
[5] 吴志强，韩婧，滕雨薇，等. 青岛中德未来城——循律鼎新　致爱家园 [J]. 生态城市与绿色建筑，2018（2）：27-33.
[6] 吴志强. 新时代国土空间规划体系及其技术支撑的平台 [J]. 中国建设信息化，2020（21）：8-9.
[7] 甄峰. 信息时代新空间形态研究 [J]. 地理科学进展，2004（3）：16-26.
[8] 郑志明，吕金虎，韦卫，等. 精准智能理论：面向复杂动态对象的人工智能 [J]. 中国科学：信息科学，2021，51（4）：678-690.

战略篇
PART III
STRATEGIES STRATEGIES

第七章 战略案例
CHAPTER 7
STRATEGY CASES

7.1 北京副中心的家园治理规划设计
JIAYUAN Planning in Beijing Sub-center Project

"家园思想（Jiayuan Thought）"在现代城市规划"社区（community）"理念基础上，导入东亚本土"地域社会（local gemeinde）"非宗教的亲邻要义，融入中华传统村庄社会空间的组织智慧，依托大数据生活辨识和人工智能配置的数字技术，聚焦民生福祉目标的复杂协同，形成城市日常生产、生活、生态空间单位的规划设计思想。家园作为城市最基础的社会空间单元，在百姓离家步行可达范围内组织职、住、医、教、休等多元功能，提供均衡、便捷的生活服务，实现城市资源单元化的高效配置，重塑家庭与城市之间有温度、有品质、有归属感的中间空间。

7.1.1 家园的中华文化基因

家园有其悠久的中华历史渊源。"家"，豕居之圈曰家。家文化是中华的文明、政治、宗教、礼俗、生活的缩影。"园"，所以树果也，是人们耕作、生产的空间。"家园"是人与自然共生、人与社会相融的集中体现的空间载体。

中国传统的居住空间群落往往是血缘构成的社会关系网络，整个村庄就是整个家族，村民往往有统一的姓氏。村内的重要位置设有祠堂，祠堂是族人共同的精神寄托和精神归属的空间，承载并延续着对先辈的往思和对未来生活的美好愿望。家谱清晰记载了整个家族内部的运行规矩，从宏观到微观、从上下辈的关系到个人的行为，构成了全面而系统的家族管理机制。村内的公共财产为孩子提供免费的教育，为老人提供赡养保障。精神场所、运行机制、公共财产等这些传统理念都是中华文明不断繁衍和发展沉淀下来赠予今人的宝贵财富，也是家园的物质与精神核心要素。

7.1.2 家园治理的首次提出

规划建设北京城市副中心是习近平总书记亲自主持做出的重大战略决策，是千年大计、国家大事。作为推动副中心规划建设工作全面展开的起点，2016年，北京市启动城市副中心总体城市设计国际方案征集，吴志强院士带领同济联合团队取得第一名，受聘"综合方案总规划师"，创新提出"家园"规划理论及技术体系。

在传统的社会生活共同体定义基础上，家园体现了更为复合多元的社会内涵和空间内涵。每个家园空间范围约3~5平方千米，服务人口约1~3万人，强调在15分钟步行可达的空间范围内，以集中与分散相结合的方式统筹布局就业、居住、休闲、教育、医疗、商业等各类与百姓息息相关的公共服务设施，拉近生活与工作的空间，减轻城市通勤压力。同时，家园的治理与街道、社区等基层行政组织相结合，鼓励居民积极参与家园共建、共享、共治。总体而言，家园规划有以下六大目标。

（1）根治交通问题。让居民可以就近享受种类齐全、质量较高的公共服务，优化出行方式，缩减交通通勤距离，减少交通时间，从而缓解道路与公共交通系统压力，从根本上改善城市交通拥堵。

（2）回归低碳慢行。提升城市绿色出行比例，降低对机动车的依赖，15分钟步行可达家园中心。与5-15-30分钟生活圈相匹配，居民通过步行或骑车短时间内可抵达公共服务中心，享受便捷高效的公共服务。同时，降低对汽车等交通工具的依赖，回归慢行交通、公共交通、低碳交通，实现绿色环保。

（3）强化亲邻意识。增强"家园"内邻里交往空间，促进居民的"家园"认同。提供更多公共服务和公共空间，构建居民见面场景，增加邻里间接触交流，实现"小家"与"大家"之间的平衡，共建精神家园。

（4）关爱弱势群体。构建对老人和儿童护助的"家园"机制体系，共同关爱弱势群体。应对目前城镇化背景下的"孤寡老人"与"留守儿童"等社会问题，促进双方交流，实现心理共同慰藉。

（5）保护公共财产。通过共建、共享的方式落实"家园"建设管理，打破公有、私有二元对立界限，提升居民社区归属意识、集体财产意识和公德文明意识，保护公共财产。

（6）营造绿色环境。见缝插绿，增加休闲健身空间，提升社区绿色生态品质。以创新公共服务设施布局为契机，提升公共空间品质，建设绿地公园，方便居民享受良好环境，养成健康生活习惯。

7.1.3 家园治理的特点

1. 人与自然相和谐：自然相融

家园规划在最小的城市社会单元中对水、风、能源、绿色等自然要素进行高效分配、合理组织，达到人与自然的和谐。家园内部收集、利用好每一滴雨水，一片天对一片地。开敞空间顺应城市整体布局，微循环纳入城市风廊体系。"削峰填谷"提高家园能源利用效率。水城共融，梳理水网绿网，形成城市多组团格局的生态骨架，以多种生态修复措施，治理污染，改善水质，提升城市环境。蓝绿交织，家园绿色空间融入区域绿化体系，形成多层次的绿色生态安全格局、多级连续立体的绿化系统，使绿色充分融入城市生活，提升家园城市绿荫道、口袋公园、建筑垂直绿化等绿色空间的碳汇能力，推进家园层面的碳中和。

2. 人与人相和谐：人民共享家园

在家园这一基本社会空间单位中，完成人和人的和谐，克服大都会中人与人的冷漠、匿名，建立家庭与城市之间，有温度、有归属感的空间。百姓为本，家园的设施功能设置基于百姓生活的痛点清单，有针对、定制化地满足各年龄段居民在一天不同时间段的服务需求。设置家园礼堂，为社区老百姓举行典礼、婚礼、成人礼、退休礼等提供精神场所，使居民在家园空间形成精神寄托，增进居民间的信任，培育共同记忆。

3. 历史与未来相和谐：历史创新未来

家园承载着中华民族的历史精神遗产，物质遗产和非物质遗产，成为未来创新的源泉。在识别、保护和传承家园基因的基础上，创新动力的培植是家园生生不息发展的关键，结合旧城复兴工作，置换低效的存量空间资源，植入符合家园特色的创新创意创业的复合功能，吸引更多青年人汇聚。

4. 家园凝聚智慧

依托大数据、人工智能等智能规划技术，从感知、判断、学习、优化、迭代等各环节实现家园治理全生命周期的智能化，构建人们美好生活的底板支撑，让家园生活更加安全、便捷、定制化。依托四方十元博弈模拟平台，体现城市功能各方需求，智能模拟各方空间博弈，自下而上形成家园内部功能配比和空间布局。通过预留10%的弹性空间，为未来家园中心功能拓展和更新迭代提供条件。基于规划设计模拟优化应用场景分析技术，对人口发展、资源消耗、交通需求等十项家园建设关键问题进行智能推演，实现多场景的模拟优化。针对城市灾害，通过预警模拟优化城市应急处理能力。综合应用人视空间分析技术，科学定量城市空间尺度，人性化把控空间细节。

7.1.4 家园治理的基本思路

国家治理的落地在地方治理。地方治理的最重要的单元在家园，不会治理家园，地方治理就是空心。家园的治理是一个地方、一个国家与百姓生活质量、收入水平、精气神、幸福感最直接相关的。家园的治理模式和一个国家、一个地方政府的治理本质上是一致的。总体而言，家园治理包含以下基本思路。

（1）家园治理必须回归各方都可以参与的治理，不是自上而下的管理，也不是单纯的自下而上的建言献策，而是上下、左右、内外的共同参与。

（2）家园治理和国家治理都是为了维护一个空间组织的生生不息的发展，无论自上而下或上下融通，只是模式的选择，其根本仍是服从对人群构成的空间组织的生命力的养护的需求。

（3）所有的治理都可以分为解决眼前的问题、实现人类千年梦想和把握规律这三个出发点。家园的治理首先是了解城市的真实痛点和百姓的真实需求，聚焦于痛点和需求，分轻重缓急、有的放矢地进行治理，同时也要前瞻性地为城市未来的问题和百姓未来的需求预留迭代空间。

（4）家园治理正处于前所未有的数字化时代，主要目标是通过数字化把人和人、人和物之间的联动变成一个更高效、低耗，更穿越空间、时间、人群的共享体系，更满足人对美好生活的需求。

（5）在家园中，空间的尺度让人更多地采用人性化的、线下的、非匿名的空间组织模式。线上线下联动的高频率使家园治理比国家、地方的治理更人性、具象、有温度。

家园治理就是人文治理、文明治理的模式，是一种社会生态，与自然生态、创新生态一起，为整个城市、整个国家的治理提供一种基础单元的治理范式。

7.2 智力城镇化国家碳达峰路径及其影响要素研究
Carbon Peak Paths in Intelligent Urbanization Countries and Their Influence Factors

7.2.1 世界各国碳排放格局

（1）世界各国碳排放演变趋势。1960—2018年人类碳排放演变历程显示，世界各国碳排放趋势总体仍处于攀升阶段，部分国家的碳排放量近十年快速上涨（图7.1）。国家之间也存在分化，一部分国家已经实现碳达峰，如美国、日本等；一部分国家的碳排放持续快速增长，但增速近年来开始放缓，如中国等。另外，还有一大部分国家的碳排放在相对较低的水平。1990年，中国碳排放量超过苏联，2005年超过美国，位列世界第一。

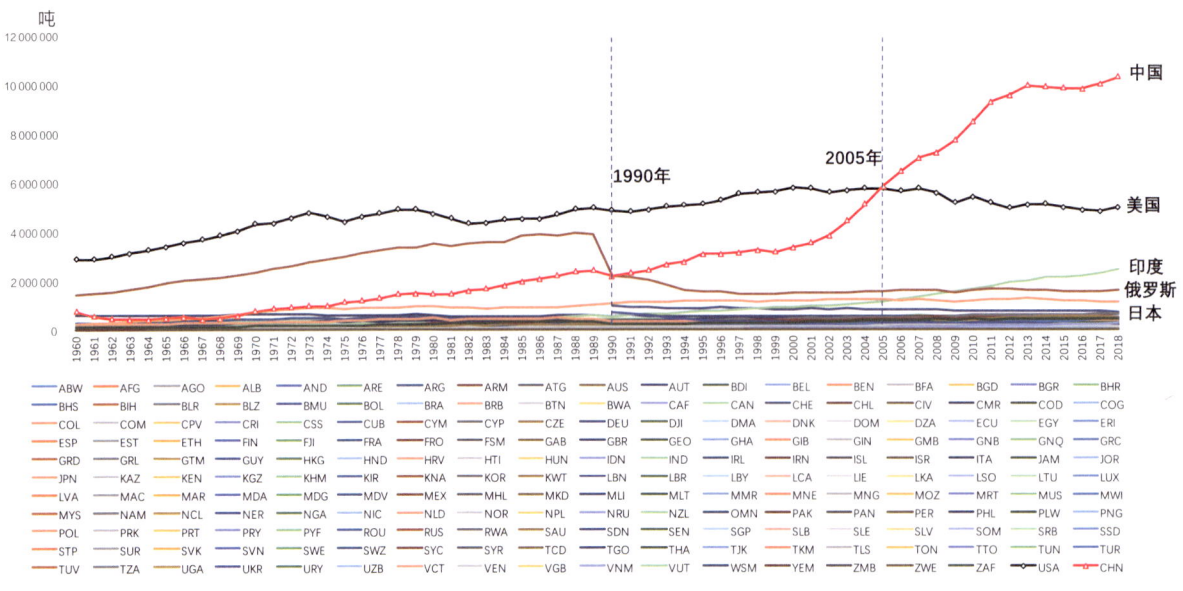

图 7.1　1960—2018年世界各国碳排放演变趋势

跟踪1960—2018年人均碳排放量发展历程可以发现，总体上世界各国人均碳排放量呈波动变化趋势，部分国家波动下降，另一部国家波动上升（图7.2）。中国近年来的人均碳排放量2013年后开始逐年下降，2016年后又开始攀升。美国人均碳排放量波动持续下降，但对比2018年中美两国人均碳排放量，美国人均碳排放量仍远高于中国，差值在7.8吨/人左右。

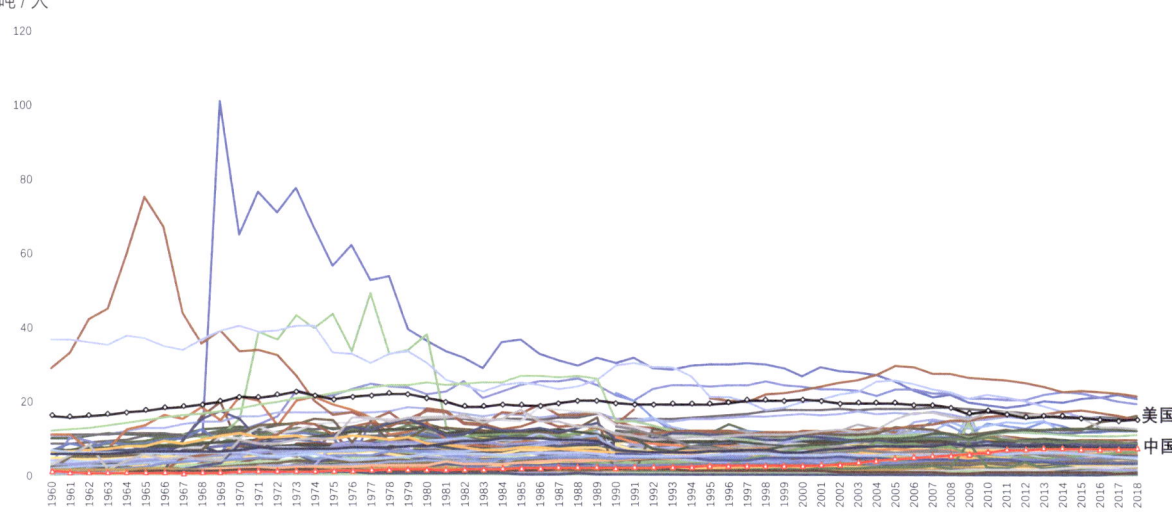

图 7.2 1960—2018 年世界各国人均碳排放量演变趋势

1960—2018 年人类碳排放强度演变历程（图 7.3）显示，世界各国碳排放强度总体呈波动下降趋势。综合各国波动变化特征，发现 1960—2018 年人类碳排放强度波动变化大致经历了三个周期：第一个周期是 1960—1975 年，人类碳排放强度波动下降了 50% 左右；第二周期是 1975—1999 年，处于波动型平台期，这期间人类碳排放强度经历了 4 次显著的波峰、波谷，但碳排放强度总体并未实现显著下降；第三个周期是 2000 年及以后，人类碳排放强度总体上显著持续下降。数据显示，中国碳排放强度从 2005 年开始持续下降，2018 年碳排放强度为 7.4 吨 / 万美元。对比同时期美国碳排放强度 2.4 吨 / 万美元、日本碳排放强度 2.2 吨 / 万美元、德国碳排放强度 1.8 吨 / 万美元，中国碳排放强度与世界主要发达国家还存在较大差距。

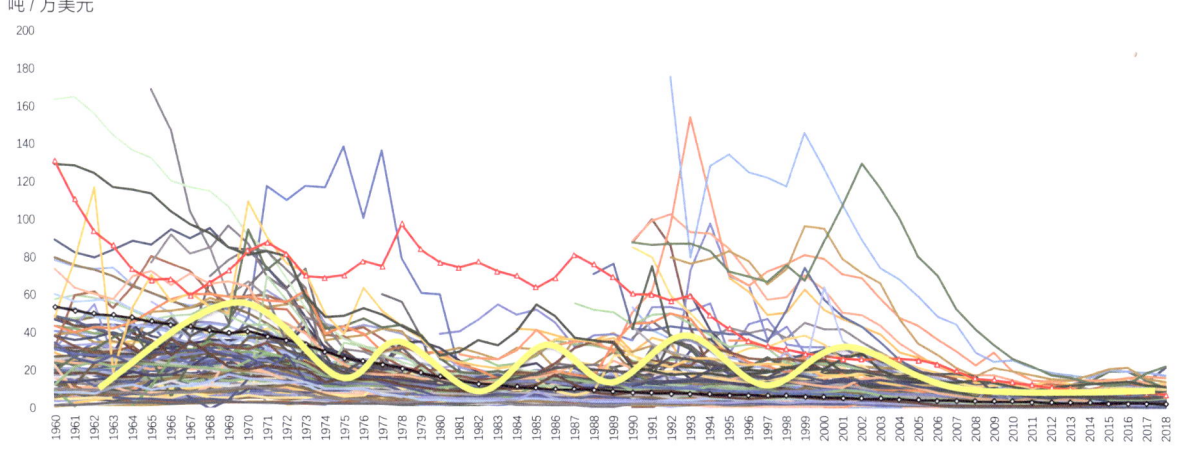

图 7.3 1960—2018 年世界各国年碳排放强度演变趋势

（2）世界主要碳排放国家。统计世界各国碳排放量占比情况，发现 50 个国家的碳排放量占全球总碳排放量的 95% 以上。其中 G20 成员除欧盟外的 19 个国家，2018 年碳排放量总计占全球碳排放量的 82%，对全球碳排放格局影响很大（图 7.4）。

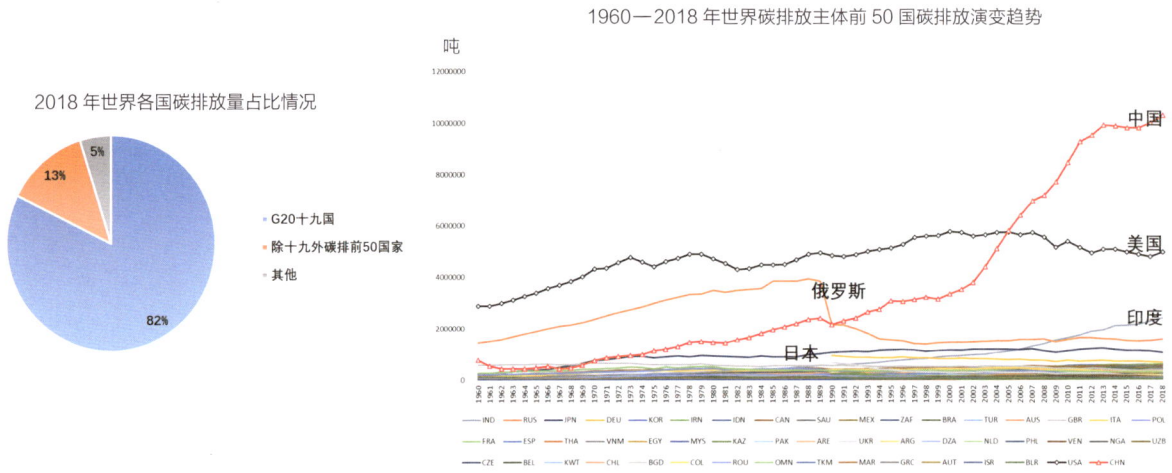

图7.4 全球50个主要碳排放国家的碳排放演变情况及2018年占比情况

截至2018年，全球50个主要碳排放国家中22个国家已实现碳达峰，28个国家还未实现碳达峰。2018年，50个主要碳排放国家的碳排放总量中，22个已实现碳达峰国家的碳排放量占比为41%，28个未实现碳达峰国家的碳排放量占比为59%（图7.5）。

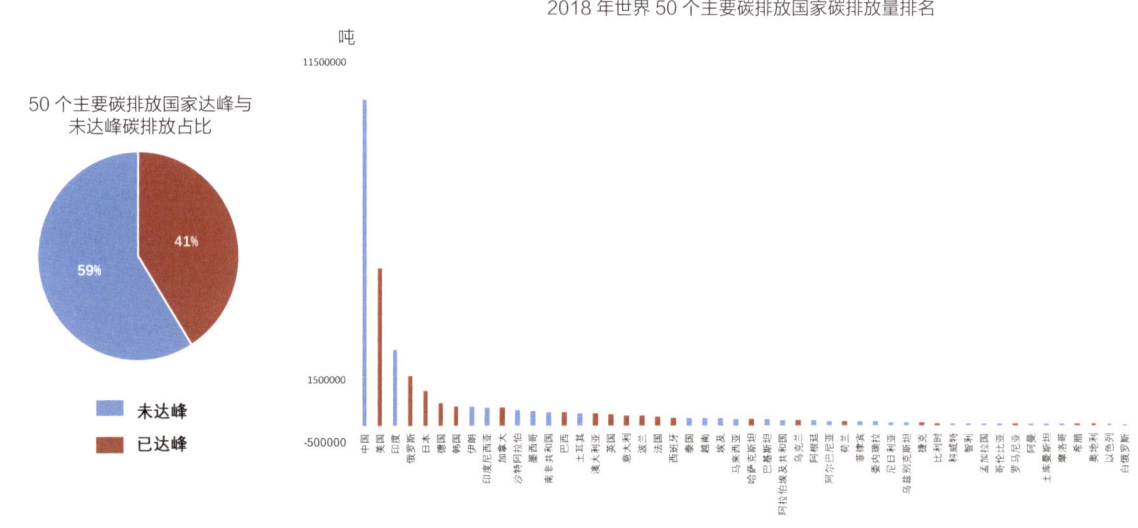

图7.5 全球主要碳排放国家碳排放演变情况及占比

（3）22个已达峰的主要碳排放国家人均GDP与城镇化率情况。为进一步考察2018年22个已达峰的主要碳排放国家的人均GDP情况，我们以25 000美元作为划分稳定智力型国家、体力型（或非稳定型）国家的依据，发现有13个已达峰国家属于稳定智力型国家，9个已达峰国家为体力型（或非稳定型）国家。2018年，这22个国家的城镇化率基本上超过60%。除奥地利、波兰、罗马尼亚、哈萨克斯坦，其余18个国家城镇化率均在70%左右，表明其城镇化发展进入成熟阶段（图7.6）。

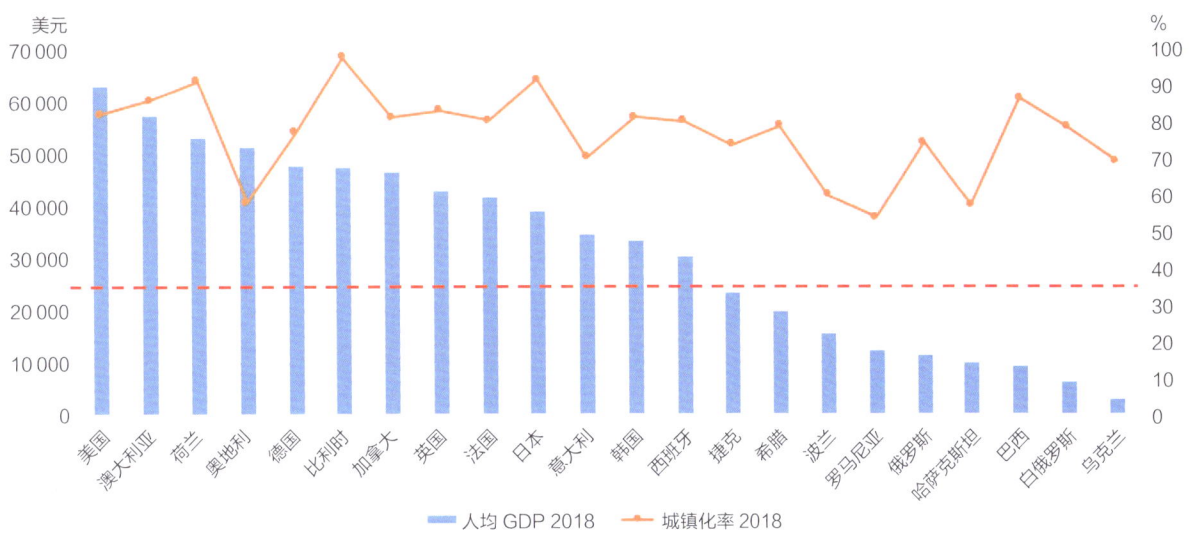

图 7.6　2018 年 22 个已达峰的主要碳排放国家人均 GDP 及城镇化率情况

7.2.2　智力型国家城镇化道路与碳达峰路径关系

（1）世界主要碳排放国家的碳排放与城镇化关系。碳排放与城镇化发展呈现出高度相关性。聚焦世界 50 个主要碳排放国家，以 2018 年人均 GDP 是否达到 15 000 美元为分界线，分为智力型（stand，红点所示）、体力型（lay，蓝点所示），并进行区分显示。如图 7.7 所示，两类国家的城镇化率与碳排放趋势均呈正相关，表明国家城镇化过程都会伴随耗能的增加。进一步分析各国城镇化率与碳排放关系，发现大部分主要碳排放国家城镇化率与碳排放斜率表现出相对平缓的趋势。其中，美国、日本等智力型国家经历了高能耗城镇化阶段后，在碳达峰后碳排放开始回落下降，而中国、印度等体力型国家仍然处于高能耗城镇化阶段。从中国碳排放与城镇化率的分布情况可以看出，中国整个城镇化发展过程中的耗能非常高。相关研究表明，中国城镇化率与碳排放之间长期存在驱动关系，城镇化率的提高将引起碳排放量的增加，城镇化率每提高 1%，碳排放量以 1.61% 的比率增加。由图 7.7 展示出的各个国家的发展路径可以得出：一，大部分国家城镇化过程都会伴随耗能的增加；二，这一趋势不是必然的，即有一部分的低碳发展路径可以参考借鉴，尤其是稳定智力型国家的发展路径。

（2）22 个主要碳排放国家碳达峰路径与城镇化发展的关系。50 个主要碳排放国家中已达峰的 22 个国家达峰时期对应的城镇化率均值在 74% 左右。各国碳达峰路径

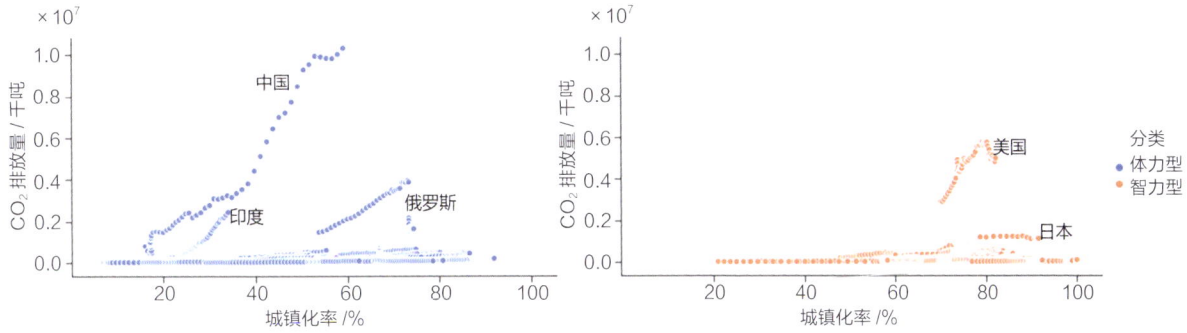

图 7.7　世界 50 个主要碳排放国家的城镇化率与碳排放关系

与城镇化发展的关系主要呈现出三种类型的曲线：

第一种类型曲线：碳达峰前快速提升，碳达峰后快速下降。该类型国家有比利时、西班牙、法国、意大利、加拿大、韩国、德国、美国、希腊、巴西、俄罗斯、捷克、白俄罗斯、乌克兰，如图7.8所示。

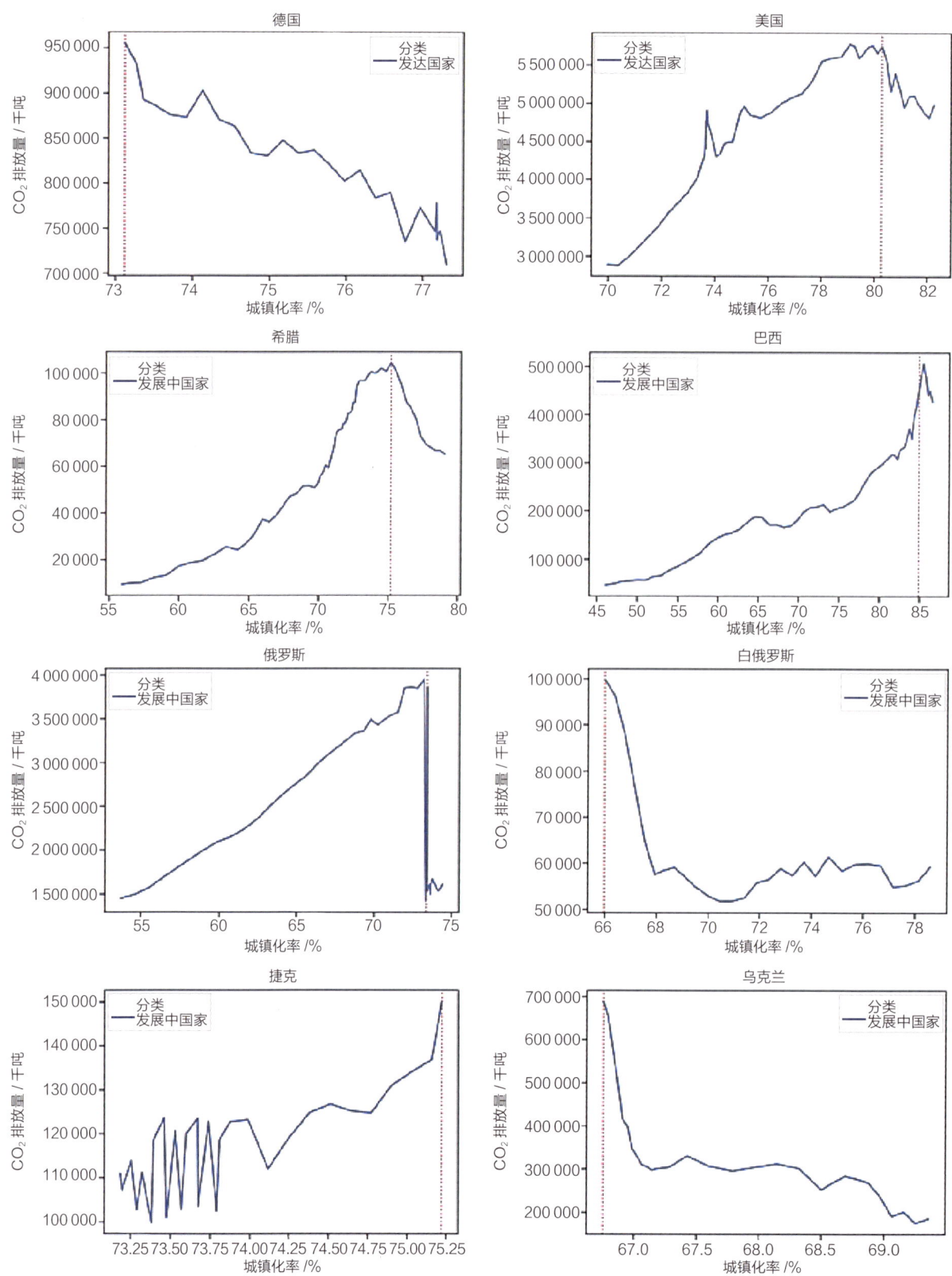

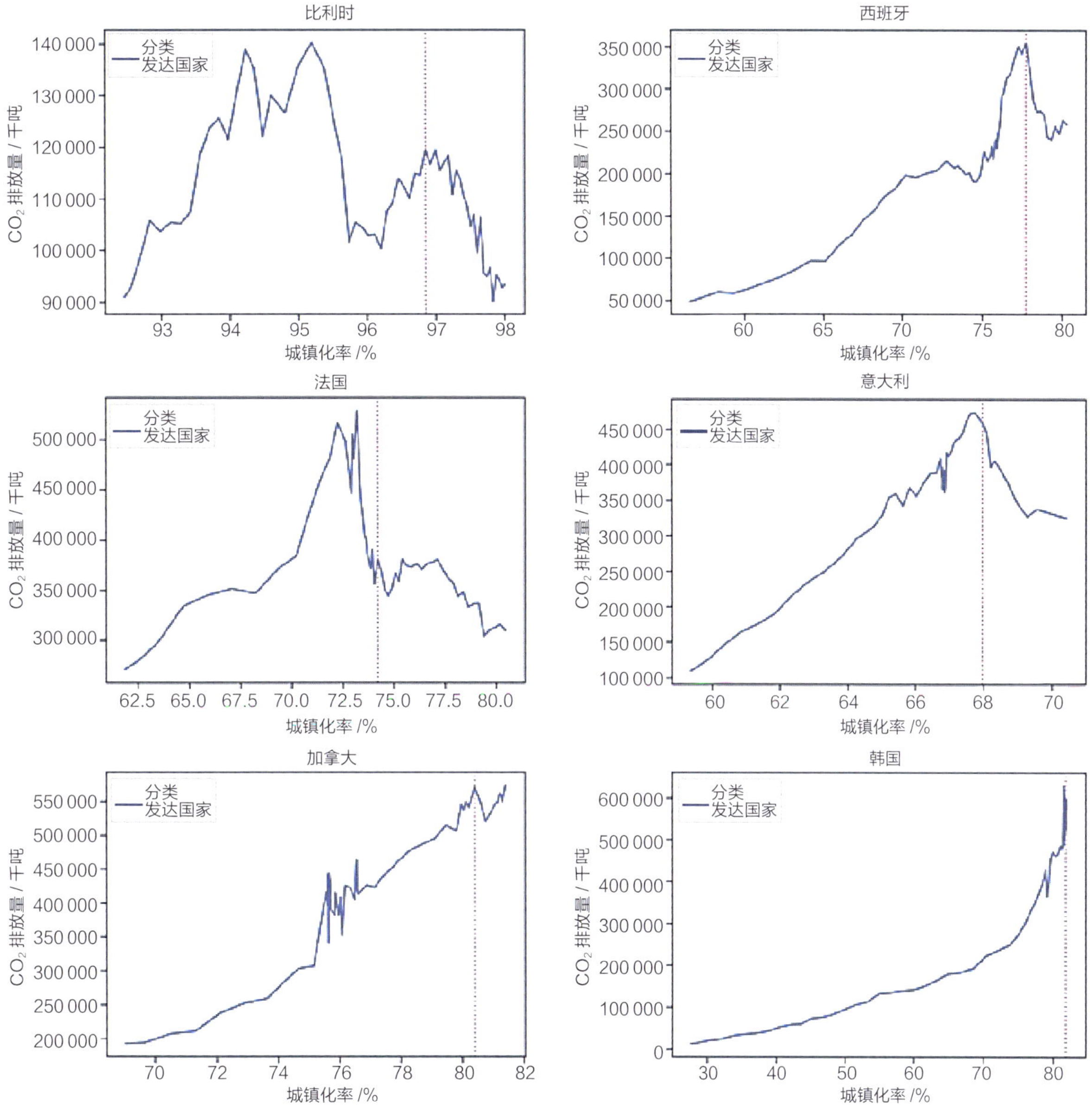

图 7.8 第一种类型曲线

第二种类型曲线：碳达峰前先快速提升然后进入缓坡段，碳达峰后快速下降。该类型国家有日本和罗马尼亚，如图 7.9 所示。

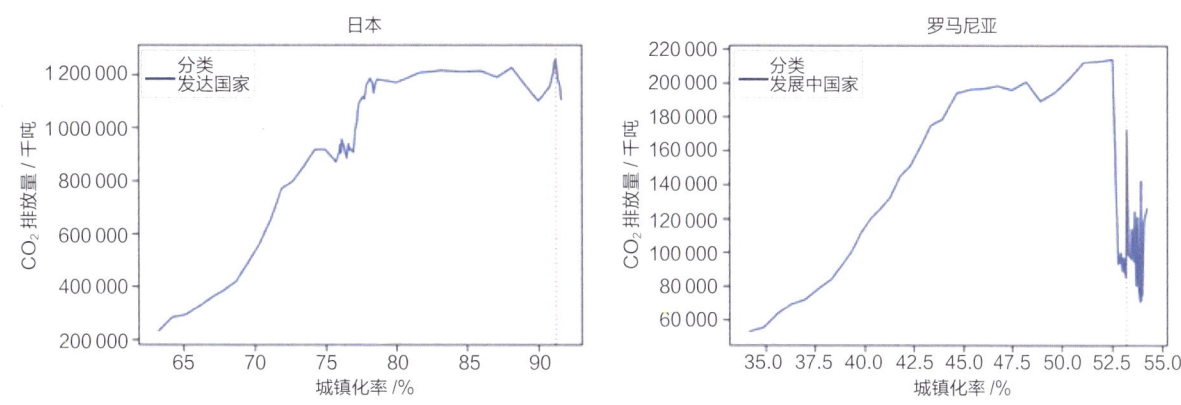

图 7.9 第二种类型曲线

第三种类型曲线：碳达峰前波动变化，碳达峰后波动下降。该类型国家有奥地利、荷兰、英国、澳大利亚、波兰和哈萨克斯坦，如图 7.10 所示。

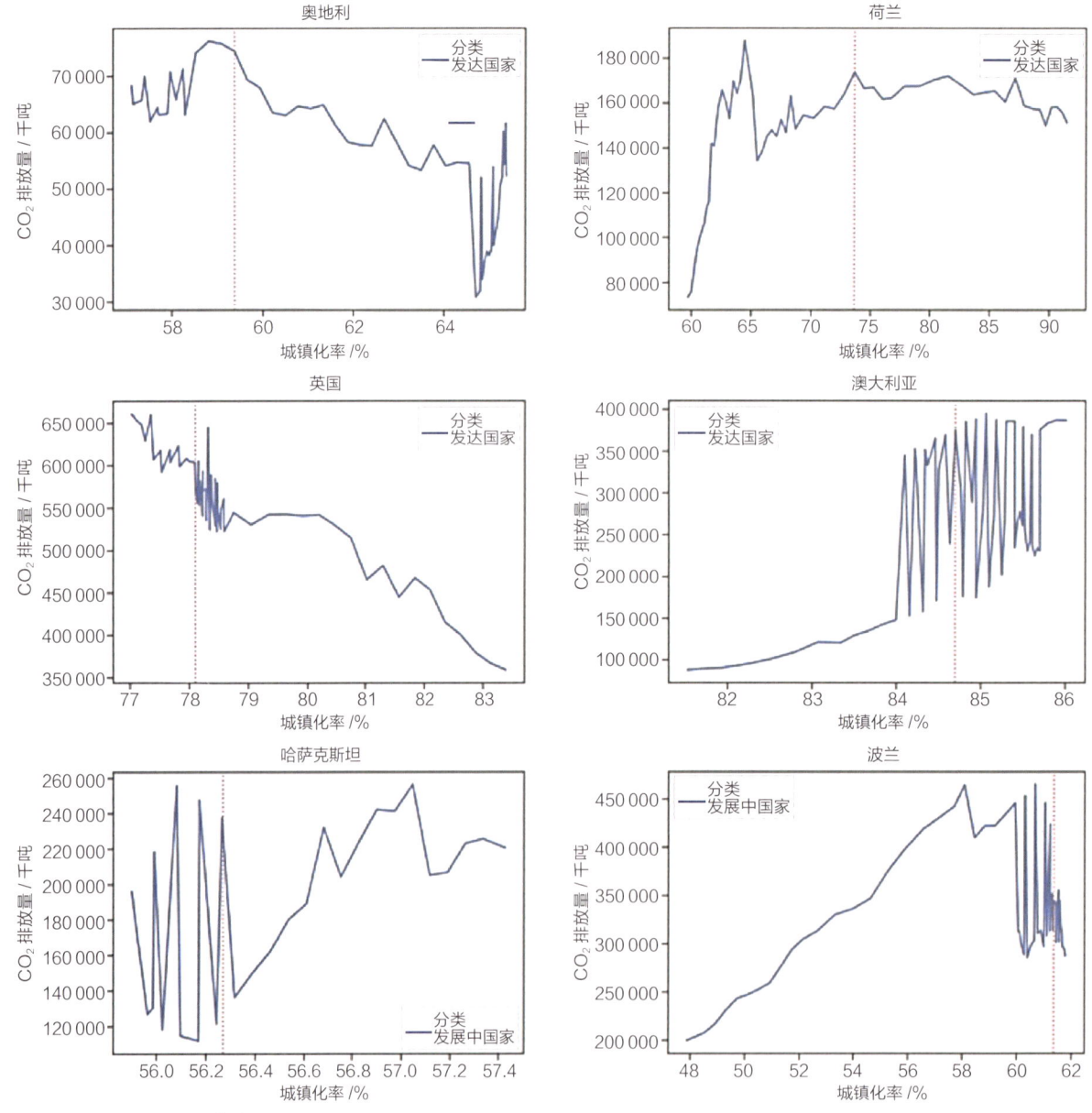

图 7.10　第三种类型曲线

（3）智力城镇化下的碳达峰路径关键衡量指标。以 2018 年国家人均 GDP 是否达到 25 000 美元为分界线，将 22 个碳达峰国家分为稳定智力型国家、体力型（非稳定型）国家，并分别分析这两种类型国家碳达峰时的特征。13 个稳定智力型碳达峰国家在其碳达峰时对应的城镇化率、碳排放强度、人均碳排放等数据（表 7.1）显示：①城镇化率均值在 78.42% 左右，表明其城镇化达到相对高的成熟阶段；②碳排放强度均值在 3.74t/ 万美元左右，表明其经济发展与碳排放基本实现脱钩；③人均碳排放强度均值在 11.74t/ 人左右。

表 7.1　13 个稳定智力型碳达峰国家达峰时期数据

国家	官方公布达峰时间	达峰时城镇化率	达峰时碳排强度	达峰时人均GDP	达峰时人均碳排放	收入水平	智力城镇化（稳定）	G20国家
德国	1990	73.12	5.40	22282.92	12.03	High income	是	是
法国	1991	74.23	3.00	21687.41	6.50	High income	是	是
英国	1991	78.11	5.00	19852.02	9.93	High income	是	是
比利时	1996	96.85	4.28	27469.72	11.76	High income	是	否
荷兰	1996	73.64	3.86	28975.25	11.20	High income	是	否
奥地利	2003	59.38	2.84	32260.36	9.17	High income	是	否
澳大利亚	2006	84.70	5.03	36042.30	18.12	High income	是	是
西班牙	2007	77.74	2.41	32502.85	7.84	High income	是	否
意大利	2007	67.97	2.08	37817.66	7.86	High income	是	是
加拿大	2007	80.40	3.89	44695.76	17.37	High income	是	是
美国	2007	80.27	3.96	48135.78	19.06	High income	是	是
韩国	2013	81.78	4.36	27166.97	11.85	High income	是	是
日本	2013	91.23	2.44	40488.05	9.89	High income	是	是
均值	/	78.42	3.74	32259.77	11.74	/	/	/

9 个体力型（非稳定型）碳达峰国家在其碳达峰时对应的城镇化率、碳排放强度、人均碳排放等数据（表 7.2）显示：①城镇化率均值在 68.04% 左右，表明其城镇化接近成熟阶段；②碳排放强度均值在 42.60 吨 / 万美元左右，表明其经济发展与碳排放尚未实现脱钩；③人均碳排放强度均值 10.54 吨 / 人左右。

表 7.2　9 个体力型 / 非稳定型碳达峰国家达峰时期数据

国家	官方公布达峰时间	达峰时城镇化率	达峰时碳排强度	达峰时人均GDP	达峰时人均碳排放	收入水平	智力城镇化（稳定）	G20国家
白俄罗斯	1990	65.98	46.12	2124.84	9.80	Upper middle income	否	否
罗马尼亚	1990	53.22	44.27	1680.71	7.44	High income	否	否
捷克	1990	75.22	36.88	3941.50	14.54	High income	否	否
乌克兰	1990	66.76	84.54	1569.76	13.27	Lower middle income	否	否
哈萨克斯坦	1990	56.27	88.21	1647.46	14.53	Lower middle income	否	否
俄罗斯	1990	73.39	41.87	3493.97	14.63	Upper middle income	否	是
波兰	1992	61.38	36.40	2459.02	8.95	High income	否	否
希腊	2007	75.20	3.28	28782.26	9.44	High income	否	否
巴西	2012	84.92	1.83	12394.17	2.27	Upper middle income	否	是
均值	/	68.04	42.60	6454.85	10.54	/	/	/

22 个碳达峰国家的碳达峰时期对应的城镇化率数值显示出，碳达峰时期与城镇化成熟期具有高度重合性，说明碳达峰路径也是智力城镇化发展还是体力城镇化发展的关键分化期。对比稳定智力型国家与体力型（非稳定型）国家，进一步考察这两类国家的人均碳排放、碳排放强度，发现这两类国家的人均碳排放未体现出明显差异性（11.74 吨 / 人 VS 10.54 吨 / 人），而碳排放强度具有显著差异性（除巴西、希腊）。

稳定智力型国家在碳达峰时的碳排放强度均值在 3.74 吨 / 万美元左右，体力型（非稳定型）国家碳达峰时的碳排放强度均值在 42.60 吨 / 万美元左右，说明碳排放强度是衡量一个国家是否实现经济发展与碳排放脱钩，从能源消耗型向创新高质量产出、低能耗的关键指标（图 7.11）。

2030 年，中国城镇化预计达到 70%~75%。这段窗口期是中国转型到智力城镇化的关键时期，也是碳达峰的关键时期。碳达峰后碳排放下降，如果未能实现发展路径的转型，势必会对中国的发展造成巨大影响。2018 年，中国碳排放强度在 7.4 吨 / 万美元左右，参考稳定智力型国家的碳达峰时期数据，中国 2030 年实现碳达峰时的碳排放强度需进一步下降至 3.7 吨 / 万美元以下，以实现经济发展与碳排放脱钩，中国未来的发展亟须走向智慧创新的低碳发展道路。

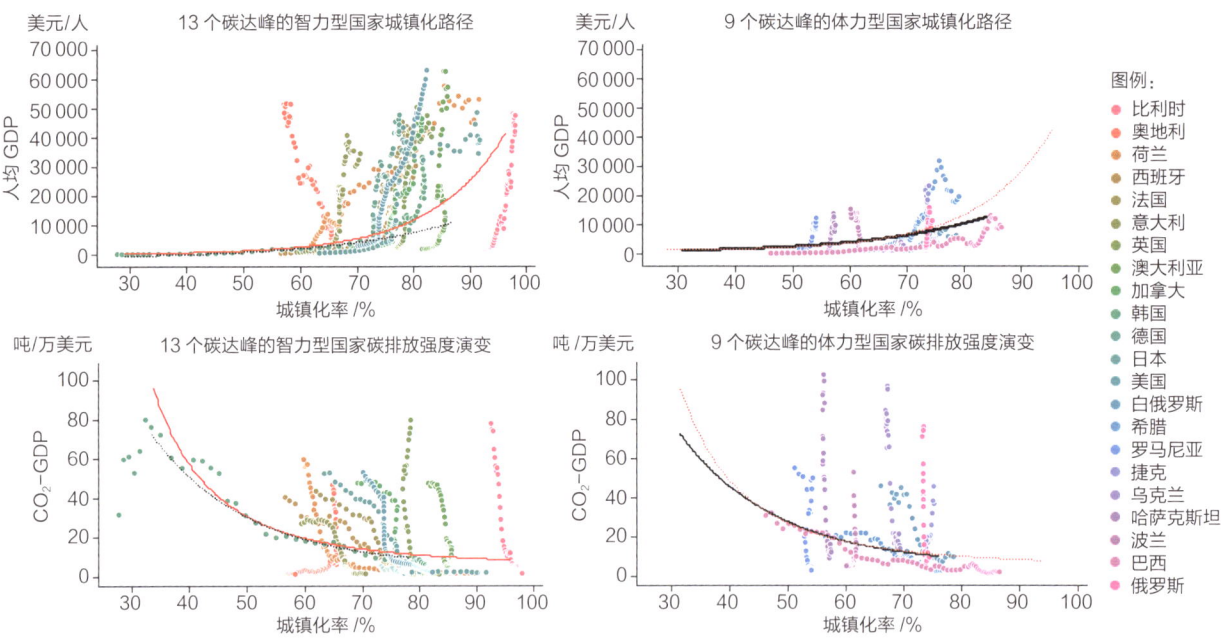

图 7.11 稳定智力型、体力型碳达峰国家的城镇化路径、碳排放强度演变对比（数据来源：世界银行）

7.2.3 智慧创新碳达峰路径实证研究

（1）智慧创新碳达峰路径的驱动因子。研究聚焦 13 个稳定智力型碳达峰国家的发展路径，利用机器学习算法建构创新驱动－碳排放强度模型，找出稳定智力型国家碳排放下降、经济高质量增长的创新关键驱动要素及其作用机制，以此为中国未来 10 年左右的碳达峰道路走向智慧创新的路径提供参考依据。

智力城镇化道路的主要特征集中表现在"智力化"，与科技、资本、精英人群等智力发展要素息息相关。研究聚焦国家的智力投入、智力主体、智力产出，将 R&D 占比、高等学校录取率、科研人员数、科技论文数、国内申请发明专利数等创新相关数据（图7.12）（研究数据来源于世界银行公布的 1980—2018 年相关数据）作为模型的输入数据集，国家碳排放强度（每万美元碳排放量）作为模型的输出数据集，利用机器学习算法建构创新驱动－碳排放强度模型，探索创新驱动因子对稳定智力型国家碳达峰及碳排放强度降低的影响机制。

（2）基于机器学习构建创新驱动－碳排放强度预测模型。为了进一步研究创新驱动因子如何影响碳排放强度，本研究引入机器学习 XGBOOST 模型，建构稳定智力型国家的创新驱动－碳排放强度预测模型，探寻其内在数值规律。XGBOOST 是提升树模型（tree boosting）的其中一种，提升树模型算法的思想是将许多弱分类器集成在一起，形成一个强分类器。该算法已经在大量的机器学习和数据挖掘竞赛中被广泛地认

图 7.12 智慧碳达峰路径的创新驱动因子

可。XGBOOST 是对梯度提升算法的改进，求解损失函数极值时使用了牛顿法，将损失函数泰勒展开到二阶，另外损失函数中加入了正则化项。

输入是训练集样本 $I=\{(x_1, y_1), (x_2, y_2), \cdots, (x_m, y_m)\}$，最大迭代次数 T，损失函数 L，正则化系数 λ，γ；输出是强学习器 $f(x)$。训练时的目标函数由两部分构成，第一部分为梯度提升算法损失，第二部分为正则化项。损失函数定义为：

$$L(\Phi)=\sum_{i=1}^{n} l(y'_i, y_i)+\sum_{k}\Omega(f_k)$$

式中：n 为训练函数样本数；l 是对单个样本的损失。假设它为凸函数，y'_i 为模型对训练样本的预测值，y_i 为训练样本的真实标签值。

正则化项定义了模型的复杂程度：

$$\Omega=\gamma T+\frac{1}{2}\lambda\sum_{j=1}^{T}\omega_j^2$$

式中：γ 和 λ 为人工设置的参数；ω 为决策树所有叶子节点值形成的向量；T 为叶子节点数。

引入多重判定系数 R^2 测度 XGBOOST 模型的拟合程度。

$$R^2=\frac{SSR}{SST}=1-\frac{SSE}{SST}$$
$$=1-\frac{\sum(y-\hat{y})^2}{\sum(y-\bar{y})^2}$$

式中：SSR 为回归平方和；SSE 为残差平方和；SST 为总离差平方和。$0 \leq R^2 \leq 1$，R^2 越接近 1，回归拟合程度越高；反之，R^2 越接近 0，拟合程度越低。

在此基础上，利用机器学习可解释性算法，计算预测模型中各创新驱动因子的 SHAP 值（Molnar Christoph, 2021），根据 SHAP 值对各因子的重要性进行排序，挖掘影响国家碳排放强度的关键因子，并进一步分析各因子分别对碳排放强度的影响特征及其作用机制。

（3）智慧碳达峰关键影响要素及其作用机制。利用 XGBOOST 算法构建稳定智力型国家的创新驱动 - 碳排放强度预测模型，训练数据集为总数据集的 80%，测试数据集为总数据集的 20%，用 R^2 测度模型准确性。测试阶段 R^2 达到了 0.9 以上，说明模型的准确度高，预测效果较为理想。统计各要素对模型输出贡献度（绝对值），以 95% 为目标。结果如图 7.13 所示，影响智力型国家碳排放强度的关键要素有 4 项，影响度由高到低依次为：科技论文数 / 百万人、高等学校录取率、国内申请发明专利数 / 百万人、R&D 占比。

考察各创新驱动因子对模型输出的影响，如图 7.14 至图 7.16 所示，可以发现创新驱动因子对碳排放强度的影响表现为非线性的特征，且存在一定的阈值区间，当驱动因子数值超过或低于阈值区间，对碳排放强度的影响趋势显著变化，各驱动因子的影响机制呈现出一定差异性。

科技论文数 / 百万人对碳排放强度的影响趋势呈现为三个区间段，拟合曲线趋势为逐渐递减后，有较小的回升。第一个区间段为正向影响区间，对应阈值为 700 篇 / 百万人以内。当超过阈值 700 篇 / 百万人以后，进入第二个负向影响区间段。该因子对碳排放强度影响为负向，即有利于碳排放

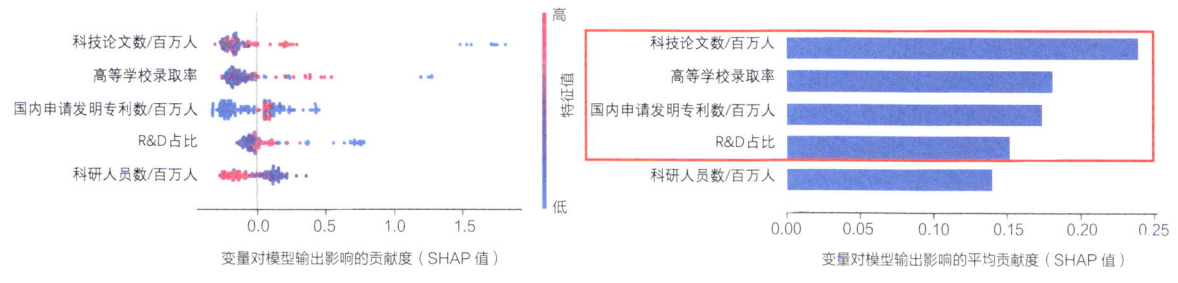

图 7.13 基于碳排强度预测模型的智慧碳达峰国家关键影响要素分析

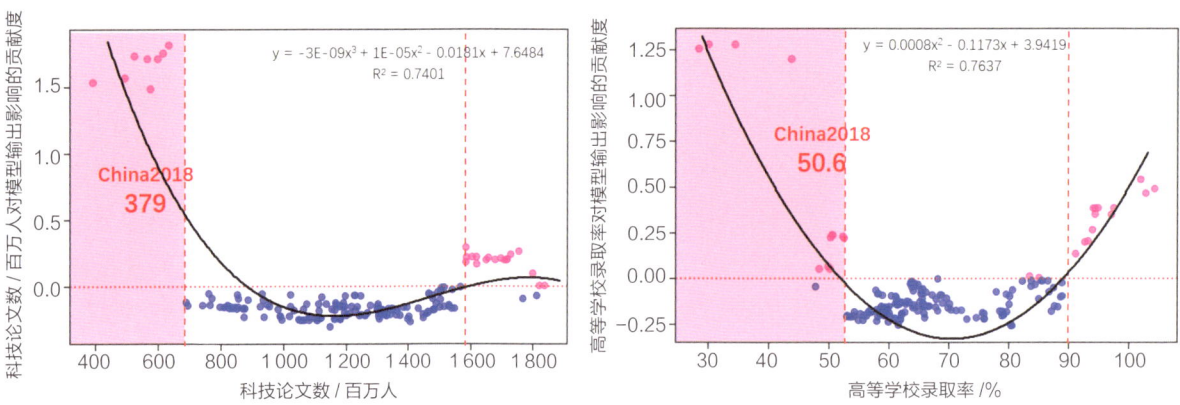

图 7.14　科技论文数 / 百万人、高等学校录取率的作用机制

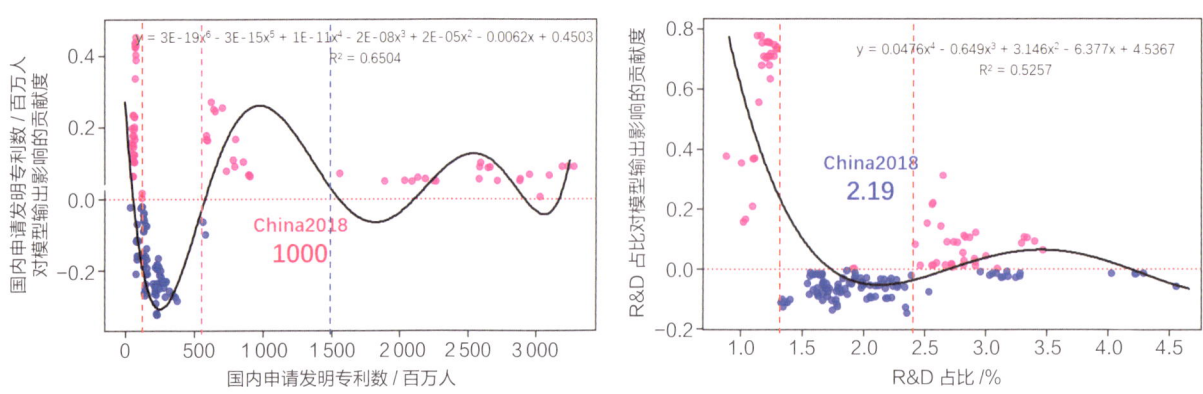

图 7.15　国内申请发明专利数 / 百万人、R&D 占比的作用机制

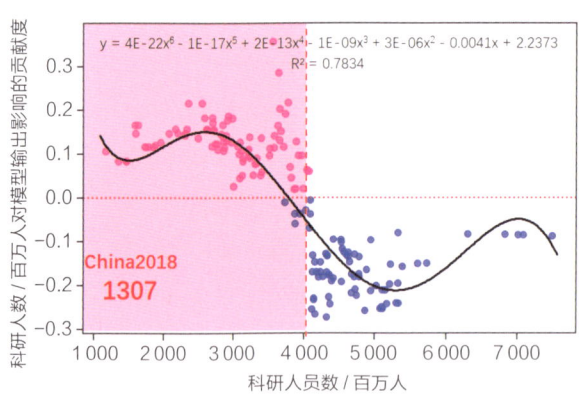

图 7.16　科研人数 / 百万人的作用机制

强度的降低。当这一数值超过 1 600 篇 / 百万人后，进入第三个正向影响区间段，即该因子将在一定程度上推动碳排放强度的增加，但正向影响相对于第一个区间弱化很多。模型结果显示最佳影响区间为 [700，1 600]。对比中国 2018 年科技论文数 / 百万人为 379 篇 / 百万人，尚处于第一个正向影响区间，表明中国的科技论文发表数量有待进一步提升，以进入最佳影响区间。

高等学校录取率对碳排放强度的影响划分为三个区间段，拟合曲线的趋势为 U 形曲线。第一个区间段为正向影响区间，对应阈值为 56% 以内。第二个区间段为负向影响区间，对应阈值范围在 [56%，90%] 之间。超过 90% 以后，进入第三个正向影响的区间段。随着该因子的增加，表现出对碳排放强度增加显著的正向影响特征。对照中国2018年高等学校录取率（50.6%）情况，还有待进一步提升，以有利于碳排放强度的降低。

国内申请发明专利数/百万人对碳排放强度的影响呈现出三个区间段，拟合曲线为波动下降曲线。第一个区间为正向影响趋势区间，对应阈值为125件/百万人以内。该区间正负影响均存在，但正向影响趋势更显著。第二个区间为负向影响区间，对应阈值范围在[125，500]左右。第三个区间为正向影响区间，但影响特征随着该因子的数值增加，正向影响波动下降，尤其是超过1500以后，正向影响显著下降。对比中国2018年的国内申请发明专利数/百万人为1000，按照模型分析结果，如要降低碳排放强度，中国的国内申请发明专利数还有待进一步提升。

R&D占比对碳排强度影响表现为三个区间段，拟合曲线为逐渐递减。第一个区间为正向影响区间，对应阈值为小于1.3%左右。第二个区间为负向影响区间，对应阈值范围[1.3%，2.4%]左右。超过2.4%进入第三个区间。该区间为正向影响趋势区间。对照中国2018年R&D占比为2.19%，处于负向影响区间。

科研人员数/百万人对碳排放强度也有一定影响，其特征表现为两个区间段：阈值为4000人/百万人，当低于该阈值，对碳排放强度影响为正向；当超过该阈值，因子对碳排放强度影响为负向。对照中国2018年的科研人员数/百万人为1307，仅为该阈值的1/3左右，还有很大的提升空间。

7.2.4 中国特色智慧的创新的碳达峰路径

第一，本研究显示，国家碳达峰与其城镇化发展之间是有关联规律的。对城市研究、城市规划来说，抓住这一关联可以快速把握一个国家的碳达峰相关规律。

第二，从现在碳达峰发达国家数据来看，其均值在74%左右。按城镇化发展规律，中国应在2030年左右城市化率达到74%。因此我们的研究证明中国把碳达峰的时间点放在2030年是有科学依据的。

第三，在城镇化率达到74%之前，如何把握城镇化与碳达峰的精准关系是极为重要的。我们应该在未来10年的城镇化过程中，尽量减少城市的碳排放工业，使每一个城镇化百分点的提升都带来更高的劳动生产率，从而带来更低的百万产值的碳排放量。

第四，在碳达峰之前的城镇化关键十年可能有五种碳达峰路径，即橄榄曲线1、橄榄曲线2、橄榄曲线3、橄榄曲线4、橄榄曲线5，如图7.17所示。

橄榄曲线1，如图7.18所示，在碳达峰前关键10年的发展过程中提前半程达到碳

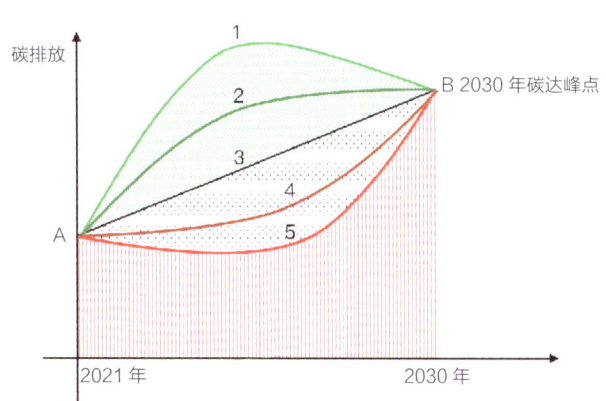

图 7.17 橄榄曲线 1~5

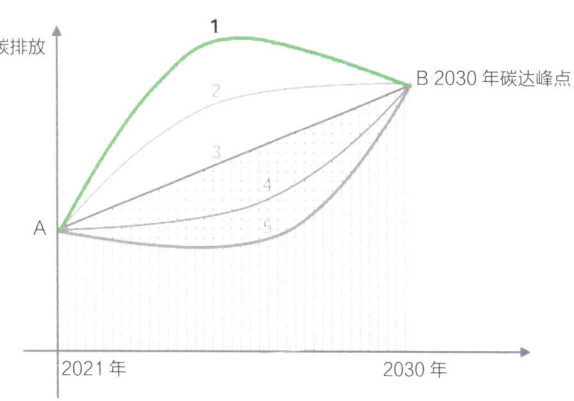

图 7.18 橄榄曲线 1

达峰，后半程有非常大的碳排放余量，并且从整体创造的财富来看，远远高于后4条曲线所代表的碳达峰路径所创造的财富。这是一条最主动的曲线。

橄榄曲线2，如图7.19所示，提前五年达到碳达峰之后，保持在一定的水平上，为2030年后的碳排放量下降做够高原平台。这也是一条非常优秀的路径。

橄榄曲线3，如图7.20所示，是一条直线，是一种粗放的、非年度控制的直线，把2020年和2030年进行了直线挂钩，但考虑到各个城市和省份的实际发展水平，是没有可能走出这样的直线的，一定会在这条直线上下摆动。

橄榄曲线4，如图7.21所示，前段、即把2020—2025年的碳排放量保持在一个相对低的高度上，在最后五年内快速增长，到2030年达到碳排放高峰点，这样的碳达峰路径损失了时间、损失了劳动生产率的提升，也损失了经济效益。这是一种后觉醒模式，是特别需要提醒避免的。

橄榄曲线5，如图7.22所示，这是五种曲线中间最愚昧的，不仅没有把碳达峰的政策用好，还在国家总体战略层面规划的最后达峰的2030年之前快速提升至高峰点。若一个地区、一个城市走上这样的碳达峰路径，即意味着不给碳达峰后的碳排放下降留任何余地。更严重的是，这是对地区和城市时间、资源和劳动效率提升机会的巨大挥霍。这是必须高度警惕并杜绝的一条曲线。

第五，碳达峰和城镇化的关系。虽然已经有不少的研究在揭示国别的差异，本研究重点剖析碳达峰路径，不仅是对历史数字的回归分析，更重要的是为中国的未来进行智慧的

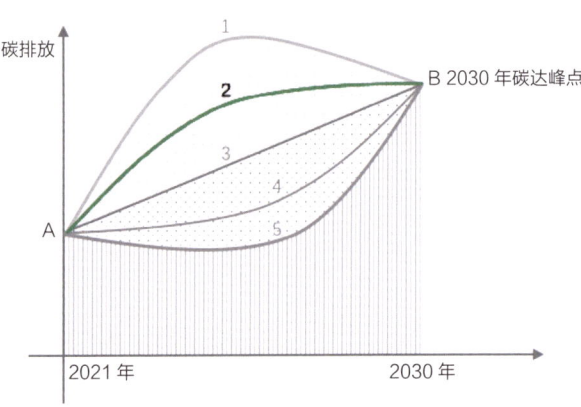

图7.19 橄榄曲线2

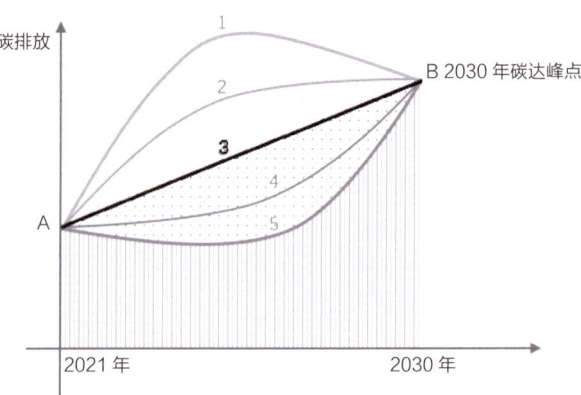

图7.20 橄榄曲线3

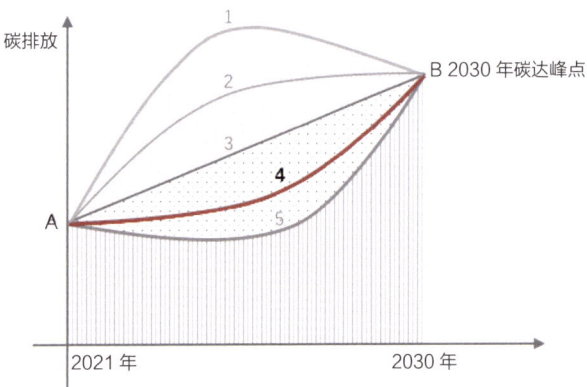

图7.21 橄榄曲线4

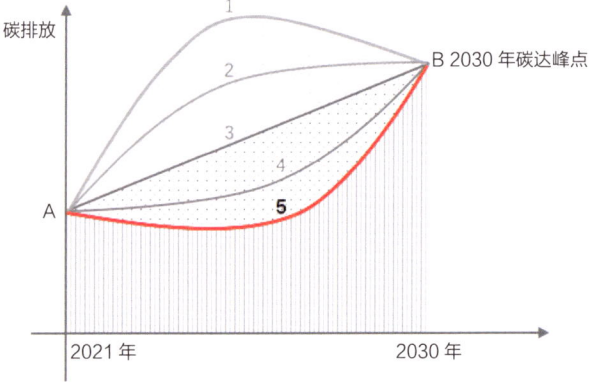

图7.22 橄榄曲线5

设计，因此必须由双层智慧来进行控制：第一层智慧，碳达峰路径走向的智慧设计，如上面第四点所讨论的五种曲线；第二层智慧，引起碳达峰路径不同走向的智力含量。这里主要列举了城镇化智力含量的五个要素：

① 国家科技产出密度。该项指标采用每百万人的科技论文数为衡量指标。

② 国家高等教育普及率。该项指标采用高等学校录取率为衡量指标。

③ 国家创新密度。该项指标采用每百万人国内申请发明专利人数为衡量指标。

④ 国家创新投入密度。该项指标采用 R&D 占 GDP 的比重为衡量指标。

⑤ 国家科研人员密度。该项指标采用每百万人中科研人员数量为衡量指标。

第六，根据我国不同地区和城市在以上五项指标衡量下体现的不同禀赋，它们的城镇化走向智力道路并贡献碳中和的发展路程是有所差异的：

① 从国家科技产出的衡量指标来观察，我国百万人科技论文数量近年得到了快速提升，从 2000 年的 42 篇提升到 2018 年的 379 篇。但是从贡献率角度上来看，达到最佳贡献区间需超过百万人 700 篇，尚有翻倍的距离。因此国家的科技产出还需要加紧努力，尤其是我国发达地区的科技产出可以为该城市和地区的劳动生产所消耗的碳排放的大规模下降做出重大贡献。

② 从国家高等教育普及率的衡量指标来观察，我国高等教育录取率近年得到了快速的提升，从 1984 年的 2.02% 提升到 2018 年的 50.60%，接近最佳贡献阈值 56%。因此，随着国家高等教育普及率的进一步提升，将为我国碳排放的大规模下降作出积极贡献。

③ 从国家创新密度的衡量指标来观察，我国百万人国内申请发明专利数近年得到了快速提升，从 1985 年的 4 件提升到 2018 年的 1 000 件。但从贡献率角度来看，该指标还需要提升 50% 以上，以促进碳排放强度的降低。因此国家的创新密度提升还需要加大努力，尤其是在我国发达地区的创新密度的提升将对该地区的单位 GDP 消耗碳排的大规模下降作出重大贡献。

④ 从国家创新投入密度的衡量指标来观察，我国 R&D 占比近年得到了较大的提升，从 1996 年的 0.56% 提升到 2018 年的 2.19%。从贡献率角度看，该指标位于最佳贡献区间。因此，总体上应保持国家创新投入的力度，对于欠发达地区应加大创新投入力度，以为我国经济发展实现碳脱钩作出积极贡献。

⑤ 从国家科研人员密度的衡量指标来观察，我国百万人中科研人员数近年得到了较大的提升，从 1996 年的 438 人提升到 2018 年的 1 307 人。但是从贡献率角度上来看，达到最佳贡献区间需超过 4 000 人 / 百万人，还有两倍的差距。因此，加大力度培养国家科研人才，同时优化政策以吸引、留住科研人员，对我国未来走向低碳高质量智慧的发展道路非常关键。

第七，城镇化发展、国家智力创新水平和国家碳达峰三者之间动态关联。我国的东中西部、南北方的自然条件、产业结构和科技创新力差异巨大，在国家 2030 年碳达峰的总目标下需要设计各个城市和各个区域的特殊曲线，制定各自的智慧策略，并防止走上前文所提到的橄榄曲线 4，并杜绝走上橄榄曲线 5，尽量走出橄榄曲线 1 和橄榄曲线 2。

7.3 马桥人工智能试验区新基建顶层设计
Top-level Design of New Infrastructure in Maqiao AI Town Project

7.3.1 智能新基建的本质

基础设施主要指为社会生产和居民生活提供公共服务的工程设施。本质就是承担城市能源、物质、信息的传递。作为城市空间中的一部分，基础设施的智化与城市住区、城市广场、创意园区的智化提升本质上一致，均为智慧城市中智能场景 iSpace 的建设。

在技术发展的支撑下，未来创造城市空间开始感知人的需求，感知人的情感，并通过感知变化而进行空间本身的优化调整。产业的迭代发展，为城市基础设施带来了更新迭代的需求和可能。不断迭代发展的基础设施作为支撑体，保障城市的更高发展目标得以实现。新基建实现了城市建设的千年跨越，从古至今只有人膜拜城市广场，新基建让广场开始膜拜人，感知人的需求，感知人的情感，并做出即时反应。

"新基建"一词需从"新型基础设施"与"建设"两个层面理解，"新型基础设施"是指由新一代城市技术驱动的基础设施。新一代城市技术在本时代应特指第七波城市技术浪潮对应的"大智移云链"技术，但是结合中国智慧城市发展现状及技术应用水平，目前还应包括生物信息技术和可持续发展技术，即图 7.23 第五、六波城市技术。

而新型基础设施的"建

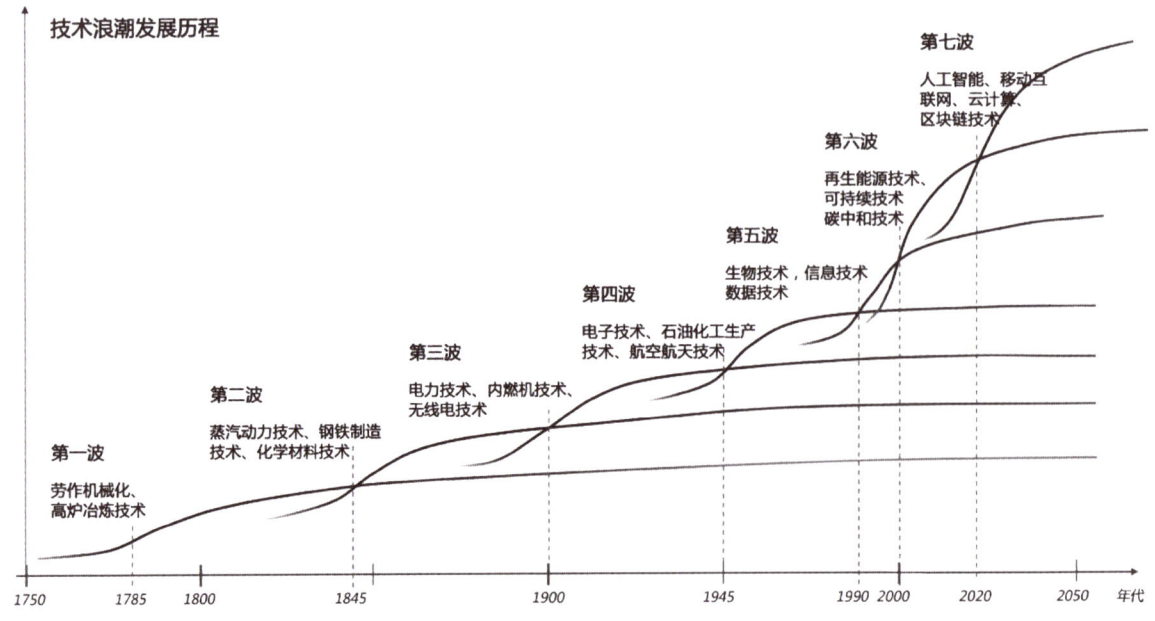

图 7.23 城市七波技术迭代
图片来源：作者自绘

设",狭义可理解为基础设施的建造过程,但广义来看还应包括基础设施建成之后,运行、管理、维护的全流程。

新基建具有以下三大基本特征:

第一,立足基建的一个本质。新型基础设施的根本要义依然是为物质生产和人民生活提供必要条件,成为保障城乡生存、持续发展的支撑体系,支撑城乡社会、经济及生态运行。

第二,内容体系分为两大类。相较于工业革命之后出现的、伴随前四波技术迭代而产生的传统基础设施,第五、六波技术对应的设施应是目前中国智慧城市急需追赶建设的一类基础设施,第七波技术对应的基础设施是另一类真正意义上面向未来的"新型基础设施"。

第三,城市应用总结三方面。其一传统基础设施的信息化、智能化提升;其二是将新一代技术进行设施化转译,成为能够应用于城市,提升人民生活质量的设施。其三是为新型基础设施规划必要的城市空间,满足设施的正常运行。

7.3.2 新基建革命性变化

1 新基建革命性变化分为"前-中-后"三段

前段:最新理念引导;
中段:技术创新支撑;
后段:将理念、技术、资本、建造、运营、使用、管理多层次全打通,以此确保各方利益均得到保障。

2 新基建革命性变化内外感知互动

新基建系统应形成"感知-判断-反应-学习"专门的循环系统。内感知本身系统运行情况;外感知外部要素识别获取。

依托众脑形成分工明确架构清晰、边缘计算强大的三类反应系统,新型基础设施能够准确判断何时使用何种资源,并对反应模式进行归类总结。基本可分为三类:

第一类,非物质反应,新型基础设施调动信息等非物质要素的流动;

第二类,物质反应,例如自动打开闸门,完成物质要素的流动和变化;

第三类,外援反应,当基础设施无法自我应对完成自我修复的时候,能够及时发出信息,请求更上层设施资源;

7.3.3 新基建顶层设计的关键要义

顶层设计核心在于完成各方力量的集聚,同时保证每个参与主体从中得益,包括理念提出者、资本提供者、建造者、运行管理者、使用者(生产使用、生活使用)、管理领导者的利益。顶层设计就是要深入理解并提出方案如何满足各方需求,确保从中获益。

上海马桥试验区目标打造成新基建实验首建区,其产业发展聚焦"四智"产业:智能运载系统、智能机器人、智能感知系统、智能新硬件系统。因此首先需要回答新基建如何满足产业发展的需求,创造出除了马桥试验区之外,其他城市和园区都无法提供的人工智能的空间支撑。

信息、能量、物质三要素通过新基建充分流动于试验区内外,以高质量的信息流量、频度、精准度提升核心竞争力。

智慧城市作为城市生命体的高级阶段,核心在于具有众脑结构。智慧城市中的新型基础设施也必然具备"大脑+分脑/分库+末脑"三级架构体系,在城市地上、地下空间形成智能空间结构。

7.3.4 基础设施智能化的迭代

智能基础设施对应的是一系列基建产品,大范围建设带动了人工智能产业的发展,同时人工智能对新基建又起到了促进作用。

基础设施的智能化不能一蹴而就,是不断迭代的过程。每一代的标志、代际划分的界限、相应的成本和效益、代际跨越的机会窗口是新基建迭代的关键要素。

7.4 广州市基于 CIM 的智慧城建"十四五"规划
Guangzhou's Smart City Plan Based on CIM

7.4.1 广州智慧城建的问题与挑战

（1）CIM 驱动的智慧城建应用深度及广度处于起步阶段。城建领域信息化建设条块分割的状况仍比较突出，CIM 的"城市操作系统"基础性作用未得到有效落实，缺乏有影响力的智慧城建标杆应用领域。在应用的深度方面，已建成的 CIM 基础平台主要完成了广州中心城区现状城市三维信息建模工作，但仍停留在白模阶段，远未达到 BIM 模型的空间表达能力及数据丰富水平。目前最大的障碍之一是 BIM 正向设计比率偏低，需要进一步推进 BIM 应用达到较高的普及度进行支撑。城市三维空间数据底板尚未建成，距离真正反映城市现状的建筑物内外部一体化、地上地下一体化的信息模型目标还有很长的距离，作为智慧城市操作系统离广泛实用还要跨越很多障碍。从应用的广度方面，CIM 基础平台的成功应用范围局限在广州市住房和城乡建设局、广州市规划和自然资源局的试点业务场景中，对国家七部委推进新城建指导意见中所指出的城市体检、城市安全、智能建造、智慧市政、智慧社区、城市综合管理服务、政务服务、公共卫生、智慧交通等领域的应用尚未有效开展，需要大力推进中台化的智慧城建信息化建设。

（2）CIM 产业整体发育比较薄弱。综合而言，国内 CIM 产业链的发展远未成熟；信息技术应用创新产业任重道远，在底层国产化芯片、BIM 国产化平台、底层 CAD 软件、海量数据的存储等方面具有一定的技术缺失。广州的本土企业中，在基础云计算、数据存储分析中心、IoT、人工智能等领域缺少相关的技术支撑企业；BIM 基础软件集成及垂直应用型较多，缺少数据中台平台类企业；CIM 相关的行业企业主要集中于智慧建设、智慧交通领域，在智慧城市管理服务、安全、生态环境、医疗等领域缺少相应的承载类企业。

（3）CIM/BIM 应用认知度较低，保障措施不健全。在试点推动的过程中存在较多的实际问题，出现一定的政府机制障碍，表现为：对于 CIM 发展的定义、计划、协调机制等文件的执行效率和力度不足，不同委办局对 CIM 有不同的理解及定位，CIM 应用的必要性、时效性未得到充分的重视，未有效地纳入相应的行动方案，推进基于 CIM 的智慧应用缺乏资金预算，缺少人力、人才及技术支持，在一定程度上影响试点 CIM 建设的推进进度和建设发展的路径，试点发展不及预期。

7.4.2 广州智慧城建发展目标

（1）科学规划、全面布局广州 CIM 平台。以世界眼光和高点定位要求，认真落实国务院"放、管、服"改革要求与住房和城乡建设部相关改革要求，科学规划、全面布局广州 CIM 平台。围绕"政务服务一网通办""城市运行一网统管"，为工程建设项目的规划合理性、科学性搭建业务场景应用；为工程建设项目报建、过程管理及竣工验收提供智慧审批平台；为城市综合运行治理的信息化提供统一的三维可视化时空界面；贯通各部门间数据，打通部门间业务藩篱；不断优化流程、提高效率，形成畅通高效的跨部门、跨层级、跨区域运行体系。

（2）以 CIM 平台促进建设项目审批服务制度改革。重点建设满足规划、建设、管理、营运全生命周期和未来智慧城市需要的 CIM 平台，以 BIM 技术形成城建信息数字载体，深化工程建设项目审批制度改革。"十四五"期间，运用区块链、人工智能等相关技术，通过流程整合与再造，以三维模型为载体，加载从规划报批到竣工验收全过程三维空间虚拟建筑与实体建筑的映射关系，形成以设计为主线的三维设计，并以此为载体形成全建设过程应用链。并在此基础上研发基于三维视图的建设审批服务平台，提高审批效率和智慧化水平，提升规划建设管理服务的精细化水平，进一步优化营商环境和创新环境，提升城市的数字化治理能力和城市管理的精细化水平。

（3）以 CIM 平台助推广州城市建设管理高质量发展。基于城市信息模型平台，以建设管理创新、建设模式创新和行业科技创新为重点，探索基于 CIM 平台，对建设新兴产业的推动作用，显著提高广州市智慧城市建设的力度和广度，推动广州城市建设管理的高质量发展。统筹规划、建设、交通、水务、林业园林、城管等领域，积极探索智慧建设模式下的建设管理机制的创新和完善，信息化服务手段的进一步迭代，管理与服务精细化水平的进一步提升。通过对 CIM 平台延展应用方向的研究，运用人工智能、大数据等 ICT 技术对住房与城乡建设领域的应用场景提出定点解决方案，对城市体检相关数据进行可量化监控，动态监测城市运营状况，提高广州市住房与城乡建设领域安全管理水平和应急处理能力。

（4）提高广州城市建设智能治理水平，践行可持续治理。CIM 平台的搭建以绿色治理、可持续发展为目标导向，以建立服务型政府为出发点，改变以往智慧城市建设中"轻框架重场景""轻战略重应用"的建设思路；以提高公民的满意度、安全感、幸福感为出发点，进行功能的布局，通过对城市系统结构与功能的调整、重组与优化，使城市能量流、物质流与信息流得以永续利用和协调统一，减少政府运行管理中时间、物质、能源的消耗，保障城市的永续发展、健康发展。

7.4.3 广州智慧城建重点发展领域与产业

（1）跨部门 CIM 平台治理及深化建设领域。CIM 平台的治理与建设是相互作用的两个不同范畴。治理包含评估、指导和监督三个关键活动。分别建立 CIM 平台治理机构、CIM 平台建设机构，理顺广州市住建局、规自局、政数局、发改委以及广州智投公司等相关单位在 CIM 平台治理、建设、运营中的组织协调关系，健全 CIM 平台跨部门协同工作机制；贯通各部门间数据，打通部门间业务藩篱，促进传统由上而下的城市管理转变为多方的协同管理，切实推进跨部门的智慧城建协同管理。通过推进基于 CIM 的跨部门协同治理和 CIM 平台深化协同建设，促进城市管理走向更高决策层面。

（2）智慧规划与设计领域。通过对广州市建成区，特别是试点区域的建筑群、市政道路、绿化景观、地下管线等城市要素进行数字化还原，并加载社区人口、环境、交通等数据，为规划编制提供统一的城市信息底图。大力推广 BIM 正向设计，提高房屋建筑类施工图、竣工图三维数字化表达率。结合 CIM 系统对广州市的多源异构数据进行处理分析以辅助规划决策，提高规划设计质量。促进更智能的规划管理，结合 CIM 检验规划设计方案是否符合国土空间规划、控制性详细规划等法定规划管控要求，提升规划项目合规、合法性审批效率，并排除规划设计人为审批疏忽造成不良后果的隐患。

（3）智慧建设项目管理

领域。"十四五"期间，通过 GIS 精准定位建设项目的空间信息，利用物联网、BIM 技术精细化展示项目建设进度、质量、安全和环境管理；利用先进的传感器设置，自动捕捉施工环境中的危险源，对现场的安全隐患自动预警；利用区块链技术创新建设项目投资管理及监控模式，可视化城市建设资金流动态；城市建设全过程管理实现由平面二维数字化底图向立体三维全景式的时空虚拟空间展示的转变，监测并且预判城市建设动态过程，构建建设项目管理的智慧生态链，促进城乡规划建设全生命周期的管理智慧化。

（4）智慧住房管理领域。基于 CIM 基础平台，打造"全市住房一屏"呈现。从宗地到街坊，从邻里到社区到城市，构建数据模型建设方案和业务应用解决方案，将住建系统房产业务进行整合，实现房地产管理全过程全要素数字化、三维可视化表达。

利用智慧房产中的数据体系支撑、功能服务支撑和业务应用场景支撑等内容，打造三维不动产智慧房产，涵盖从房地产的开发、建设、运营到维护全过程管理。同时也包括相关参与方，如房地产开发商、物业管理等行业管理信息化。

基于商品房与保障房信息的同屏三维展示，同平台数据支撑，促进城市住房体系的合理构建，及时响应市民在房屋租赁、房屋物业、房屋安全等方面的合理诉求，保障市民的合法权益。

（5）智慧城市更新领域。综合利用 CIM 技术，结合城市体检指标体系建设，整理广州城市核心区域的环境、交通、安全、教育等基础设施配置等多方面的指标数据，建设基于 CIM 的城市智能体检动态监测分平台，构建城市体检智能计算分析模型，利用实际运行的体检结果，对照城市规划目标，发现城市基础设施配置短板，为城市更新的范围、内容提供科学依据。

基于 CIM 平台，集成城市更新、园区社区改造和美丽村镇建设项目工作，对城市"三旧"改造项目进行 CIM 情景下方案模拟比选，辅助规划；统筹管理城市更新，园区、社区改造与乡村再造重点项目，监控项目建设进展，把控财政资金使用情况；模拟展示分期轮动拆迁安置过程，直观动态展现城市更新改造效果，可视化城市更新进展。

（6）智慧基础设施建设领域。对城市传统基础设施的智慧赋能是新基建中的一项重要内容。智慧城市的建设离不开智慧基础设施的完善。在"十四五"期间，传统基建数字化改造和智慧化升级是补足智慧城市基建短板的一项重要内容。

提高基础设施领域智慧化的关键，一方面在于对原有基础设施的智慧化更新与升级；另一方面在面向未来的规划设计中，应提前考虑智慧化基础设施的设计与应用，推动移动互联网、物联网、人工智能等新兴技术与传统基建运营实景的跨界融合，形成全智慧型的基建应用生态链，开展从地下三维数字管网基础设施、车联网情景下城市道路智慧化设计与改造、立体智慧停车、智慧光照布置等与广州市城建系统密切相关的业务场景拓展。

7.4.4 广州智慧城建的重大改革措施

（1）统一数据管理，实现各部门数据联动。深化广州市 CIM 工作联席会工作制度及组织机制，由广州市住建局、政数局、规自局牵头建立 CIM 平台治理领导小组，成立动态工作专班，依托 CIM 数据中台建设，完善 CIM 基础平台的数据标准、数据管理层次体系、数据共享目录，制定 CIM 相关的数据归集政策依据、操作流程，明确数据归集的范围要求、数量要求、质量要求、安全要求、更新频率要求、考核要求，强化对各市直单位 CIM 相关业务数据的统筹协调，打破数据壁垒，推动实现部门之间数据信息资源共享。

优化全市智慧城建数据存储的顶层设计方案，在 CIM 平台与各业务系统间构建"逻辑统一、分布存储""分级分类"的数据资源体系；实现智慧城建海量数据的高效归集、合理冗余、有效一致；建立健全数据的生产、管理、质检、汇总、更新、归档、应用等同步更新机制。

强化数据安全保障机制，建立完备的信息安全和数据保密管理体系，鼓励运用数据脱密脱敏技术，加强数据共享使用，鼓励采用自主可控的海量数据存储技术、数据安全产品；探索应用区块链（联盟链）技术，构建广州城建数据链，对CIM平台数据归集过程进行数据溯源，保证智慧城建数据归集的一致性、不可篡改性和责任归属。

（2）划清管理对象，实现四维矩阵管理。在业务管理过程中，打破部门藩篱，整合多部门力量，提升部门之间的横向关联能力，开展"四整合"尝试，即对直属部门平台数据整合、审批内容整合、人员队伍整合；开展四维矩阵管理，推进以往基于业务功能模式的线性运行模式向基于信息流协同推进的矩阵式运行模式的转变，进一步增强治理核心能力的构建。

建立基于共同目标、不同情境下的部门业务联合矩阵化管理模式，创立一个横跨各直属部门的语音、视频、图像与数据集成式办公环境，运用即时通信、视频会议、留言板等举措，在城建业务办理各单位之间实现安全、流畅、无缝的协作，最终创立网络化、矩阵化的运作新模式。

（3）厘清管理程序，建构流程协同平台。明确城市治理为以人为本的核心理念和核心价值所在，识别城市治理核心服务功能，政策制定过程中，通过CIM平台，为企业、市民等多元主体提供参与城市城建治理的途径，改变以往以政府为中心的自上而下的单向管理模式，贯彻自上而下与自下而上相结合的多元协同治理的核心治理理念，开创各方协同、基于整体性城市平台的城建管理新模式，探索CIM协同管理平台在城市建设、城市管理领域的运行模式。

（4）换位思考模式，重构市民友好服务。在面向市民的服务提供中，将提供高质量的服务作为主要的管理目标，充分依托共建的数据平台，以提高市民获得感、幸福感、安全感为出发点，建立面向市民、企业的CIM服务平台，打造社会多元化的国际大都市背景下的城建优质服务体系。

统筹规划智慧城建CIM信息公共服务平台建设。面向市民，从市民实际需求出发，建设全市统一的房产、城市更新、市政设施及城市管理等城建综合信息公共服务板块。充分发挥各直属部门的技术、资源优势，合理布局和集约化建设CIM数据中台，强化多方数据的互通共享，将所有的服务网站综合到统一的政务服务平台上，简化政府的服务程序，减少民众注册、访问的烦琐程序，使企业和市民可以方便、快捷地获得自己所需要的信息与服务，着力提升广州城建的政务服务和惠民服务的水平。

从监督型市民参与向共商的市民参与的城市管理模式转变。通过培养市民的参与意识，特别是对自身所在社区管理的主动参与，将民众参与切入点前移，增强政策的接受性，使公民获得更多的知情权。同时，城市管理者在面对市民不同观点时的决策困难也会展现在市民视野中，这种理解和认同反过来可提高市民对最终决策的接受度。

（5）学习改革创新，注入治理机构活力。推动建立分级管理机制，营造更加活跃且有秩序的工作模式。支持各级管理部门建立符合实际的政务管理评估体系，在决策执行的各环节由各级管理部门掌握自主权，充分结合实际，分步骤开展一体化平台的建设工程，实现业务的前端整合到后端整合的跨越，充分评估改革过程中可能存在的抵触情绪等消极因素。在大平台的框架下，充分听取业务部门操作层面的专业意见；在平台建设过程中，不搞"一刀切"，满足各部门多元化、能动性的需求。

参考文献

[1] 吴志强. "人居三"对城市规划学科的未来发展指向[J]. 城市规划学刊，2016（6）: 7-12.
[2] 吴志强. 论新时代城市规划及其生态理性内核[J]. 城市规划学刊，2018（3）: 19-23.
[3] 吴志强，李欣. 城市规划设计的永续理性[J]. 南方建筑，2016（5）: 4-9.
[4] 吴志强，刘朝晖. "和谐城市"规划理论模型[J]. 城市规划学刊，2014（3）: 12-19.
[5] 吴志强. 人工智能辅助城市规划[J]. 时代建筑，2018.
[6] 吴志强，甘惟. 转型时期的城市智能规划技术实践[J]. 城市建筑，2018（3）: 26-29.
[7] 吴志强，桂鹏，周咪咪，等. 作为国家级新区的地方基因延续探讨以北京城市副中心为例[J]. 时代建筑，2019（4）: 6-11.
[8] 吴志强，李欣. 北京城市副中心规划工作思路创新[J]. 城市规划学刊，2019（S1）.
[9] 周葵，戴小文. 中国城市化进程与碳排放量关系的实证研究[J]. 中国人口·资源与环境，2013（4）: 41-48.
[10] 李健，吴成霞，张吉辉. 产业结构和效率份额对碳排放的影响及关联分析[J]. 中国科技论坛，2012（6）: 67-72.
[11] 顾阿伦，吕志强. 经济结构变动对中国碳排放影响——基于IO-SDA方法的分析[J]. 中国人口·资源与环境，2016（3）: 37-45.
[12] 吴志强，何睿，徐浩文，等. 论新型基础设施建设的迭代规律[J]. 城市规划，2021，45（3）: 9-14.
[13] 何珍，吴志强，王紫琪，等. 碳达峰路径与智力城镇化[J]. 城市规划学刊，2021（6）: 37-44.

第八章　我国城市治理现代化战略推进

CHAPTER 8
STRATEGIC ADVANCEMENT OF URBAN GOVERNANCE
MODERNIZATION IN CHINA

8.1 我国城市治理现代化的根本需求
The Fundamental Demands of Intelligent Urban Governance in China

人来到城市，是为了生活，人们居住在城市也是为了更美好的生活。城市作为生活生产生态集聚体，因为更优质的基础设施、更便捷的出行体验、更舒适的居住感受、更高水平的经济收入、更丰富的文化生活，因而越来越多的人进入城市，城市化水平日益提升。

随着城市化进程的快速推进，各种城市问题日益凸显，资源生态压力促使城市必须更高效运营，而为了解决各种城市问题，满足人民对美好生活的向往与期待，必须直面难题，理清思路，推进城市治理体系和治理能力现代化构建。

8.1.1 城市治理的需求

在推进国家治理现代化的时代语境下，社会管理创新从传统社会管理走向现代社会治理。因为一个城市的整体运行和发展，必须是在共治的机制下才能进行高质量的推进。

依照1995年全球治理委员会发表的《我们的全球伙伴关系》中对治理的定义，治理是各种公共的或私人的个人和机构管理其共同事务的诸多方式的总和。治理是使相互冲突的或不同的利益得以调和并且采取联合行动的持续的过程。

治理既包括有权迫使人们服从的正式制度和规则，也包括各种人们同意或以为符合其利益的非正式的制度安排。

治理具有四个特征：治理不是一整套规则，也不是一种活动，而是一个过程；治理过程的基础不是控制，而是协调；治理既涉及公共部门，也涉及私人部门；治理不是一种正式的制度，而是持续的互动。

治理强调各类公共的或私人的个人和机构在管理共同事务时所采取的协调、连续的行动过程。

城市作为治理的对象类型之一，城市治理是指城市中的各种主体（政府、企业、公众）相互协作共同参与城市事务。各社会行为主体依照自身特点和优势基于平等的身份、平等的权利和责任意识与其他主体展开全方位、多层面的协调和合作，最终发挥出网络化合作的整体优势，实现自身利益最大化、公共利益最大化和社会良性秩序最优化的目标的过程。

我国城市治理针对社会空间与自然空间的分割、城市空间与乡村空间的分割、虚拟空间与现实空间的分割等，严重制约着区域之间平衡发展以及诸多社会问题，旨在建立城乡分工合理、布局协调、资源互惠、流动有序的一体格局，并充分发挥国家、市场、社会多元主体作用，形成多元主体共同推动治理体制机制，从而实现城乡经济社会发展一体化、公共服务一体化、城乡居民地位和权益平等化的协调发展和均衡发展目标。

8.1.2 城市治理现代化的需求

1. 健全城市管理

运用互联网、大数据等信息技术手段，实现政府、企业、社会团体、市民等多方主体参与、沟通、合作共享的网络互动机制，完善政府主导，市场、公众参与的城市治理模式，实现对城市中的人才、资金、技术、市场等流动资源与土地、建筑和空间等固定资源的优化管理，并在智慧城市管理的基础上推进人工智能管理，逐步实现智能政务、智能交通、智能医疗、智能安全、智能教育等。

2. 强化法制管理

为适应快速城镇化中的治理需求，需强化法治建设，进一步完善立法和健全完整法规体系，实现规范化、精细化管理。

3. 提升城市安全

树立安全发展理念，健全公共安全体系，确保水、电、气、通信等生命线安全运行，完善城市对洪涝、疫情、火警等的预警、应急和恢复能力。

4. 完善公共设施

完善文化教育、体育健康、医疗卫生、养老托育等设施，提高城市宜居性。

5. 改善生态环境

加强对大气、水、土壤等污染治理的支持力度，淘汰落后产能，严格控制污染物排放。

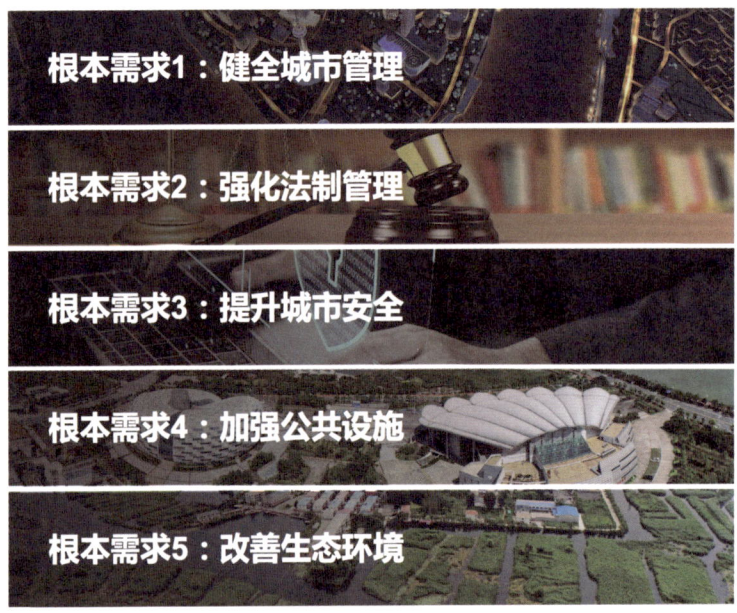

图 8.1　我国城市治理现代化 5 点需求

8.2 我国城市治理现代化战略模式的建构
Construction of the Strategic Model of Intelligent Urban Governance in China

为构建未来15年城市发展和现代化治理模式，需从我国城市面临的空间、生态环境、资源、社会等诸多方面，以及经济社会发展阶段，结合城市规划管理实施，提出适合的、可行的城市发展和治理模式。

8.2.1 国家策略视角下的城市发展和治理模式

未来15年我国城镇化发展将处于关键的转折期，但以往传统的城市发展模式已使有些城市资源环境不堪重负、区域社会经济发展差距较大。如何对中、东、西部不同地区城镇化发展做出指引，以循环、生态、精细增长的方式，构建我国多轴、多带、多中心的空间结构体系，实现大、中、小城市和小城镇协调发展，是基于国家策略的城市治理需要考虑的问题。

国家策略视角下的城市治理模式：一，要坚持走具有中国特色的城镇化道路；二，要坚持以人民为中心；三，坚持全面发展，全面建设社会主义物质文明与精神文明；四，坚持协调统筹，区域高质量发展；五，坚持可持续理念，达到人与自然和谐相处。

在区域层面，城市乡村统筹协调，大、中、小城市与镇各司其职，依托特大城市为增长极，辐射带动城市群，增强区域综合承载能力。在城市层面，以节约土地为基础，构建功能完善的合理空间布局。

8.2.2 综合发展视角下的城市治理模式

从城市空间发展、资源利用、生态环境和社会发展多角度系统综合着眼，我国城市治理模式，可归纳为空间发展紧凑型模式、城市资源使用集约型模式、城市生态环境友好型模式、城市社会发展和谐型模式（表8.1）。

8.2.3 空间规模形态视角下的治理模式

城市治理水平与城市规模紧密相关，城市治理水平取决于城市治理能力与城市规模两者之间的相对关系。

（1）城市群模式。城镇化发展到一定阶段，城市之间的空间集聚效应逐渐显现。大城市为核心向周边区域辐射延伸，城市群内各项要素的有机配置形成更高效的经济效率和更低廉的生产成本，如长三角城市群、粤港澳城市群、成渝都市圈。

（2）"中心城市+节点城市"模式。大城市和超大城市作为中心，集聚了大量劳动要素、资本要素和科创要素。在生产力提升、产业转型升级、空间结构调整的过程中，与周边中小城市或县镇形成高层级联动，带动其发展成为具有明确功能定位的节点城市，如上海周边的以汽车产业为特色的安亭、以电子信息产业为特色的昆山、以智能制造业为特色的太仓等。

（3）枢纽城市模式。以高铁和机场为核心形成的快速综合交通枢纽，将颠覆传统产业梯度转移，改变城市发展格局，形成一批枢纽城市。枢纽城市的发展，更有机地融入国家大战略，并与之紧密结合，也是确保地区高质量发展的前提，形成汇聚人流、物流、信息流的新经济枢纽，开创枢纽

表 8.1 我国城市治理模式

模　式	重点关注
空间发展紧凑型模式	（1）城市空间发展与土地利用的现状评估与问题 （2）资源环境约束条件下城市空间发展与土地利用的趋势和发展方向 （3）城市空间紧凑发展和城市土地节约利用的评价指标体系构建 （4）促进城市空间紧凑发展和城市土地节约利用的政策制度研究
城市资源利用集约型模式	（1）城市循环经济试点出现的问题和不足 （2）城市循环经济的考核指标体系 （3）城市可再生能源利用模式和政策研究 （4）建筑节能改造模式、激励机制研究 （5）可持续的城市交通发展模式与政策研究
城市生态环境友好型模式	（1）生态型城市内涵与体系构建 （2）生态型城市工程技术体系研究 （3）生态型城市产业发展研究 （4）生态型城市规划与建设导则研究
城市社会发展和谐型模式	（1）我国城市社会面临的问题和挑战 （2）以人为本和建设和谐社会理念对城市社会和谐发展的要求 （3）促进社会协调发展的规划方法和制度创新

城市发展模式，如北京、上海、广州等。

（4）特色中小城镇模式。中国城镇化道路有其独特性，由于农业人口规模巨大，大城市无法完全解决农村人口的就业问题。发展中小城镇，可使中小城镇居民及广大农民由农村迁移到附近的中小城镇，解决农村剩余劳动力。加强城乡之间的联系，将城市中的高科技、文化、经济联系推向中小城镇及农村，协调城乡之间的均衡发展，如东部地区已形成的科技小城、旅游小镇、文化小镇等。

8.3 我国城市现代化发展和治理模式
Intelligent Urban Development and Governance in China

2020 年我国城市化率为 63.89%，今后 15 年将处于城市发展的关键阶段。这一时期，城市人口增长快，基础设施跟不上，易引起"城市病"。这一阶段的城市治理应根据我国国情，发挥制度优势，并借鉴日本、新加坡的经验，以政府为主导，实现快速城市化。

8.3.1 构建城市群，区域协同发展

目前我国已初步形成以北京、天津、河北为中心的京津冀城市群，以上海、南京、苏州、杭州、宁波为中心的长三角城市群等，以广东、深圳、香港、澳门为中心的粤港澳城市群。未来区域城市群呈现组团式发展。其互通关联度不仅在城际拥有高效便捷的信息交通网络，更在于拥有创造共同福祉和城市治理的机会空间，使城市间经济和社会发展的分工协作密不可分，这种组团式发展将不同城市整合成彼此协作但各具特色的城市群落系统。

在长江中下游区域，目前已基本形成了以武汉为核心的"武汉城市群"，以长沙为核心的"长株潭城市群"，以南昌为核心的"环鄱阳湖城市群"和以成都、重庆为核心的"成渝城市群"。新一轮互动将在四大组团群中展示，以长江中下游交通走廊为主轴，向东南分别呼应"长三角城市群"和"珠三角城市群"。

8.3.2 "大城市+卫星城+特色小镇"模式

大城市将从扩张的外延式发展转为在周边建卫星城及特色中小镇的模式，解决城市病并实现优势互补，打造现代化都市圈。目前我国北、上、广、深四大城市，周边都有卫星城及一批特色小镇，如上海周边的苏州、无锡、杭州、宁波等卫星城，还有安亭、昆山、太仓、乌镇、千岛湖、黄山等一批特色中小城镇。

8.4 我国城市现代化治理发展的底板技术与核心技术

The Basic and Core Technologies for Intelligent Urban Governance in China

8.4.1 底板基础：基于三感五耗的智能感知大数据库 CBDB+

CBDB 大数据库是目前世界上最大的面向城市和城市群的时空大数据库，包含长三角、全国及全球三个圈层，整合并储存经济、社会、生态、交通与基础设施等领域多源数据及部分相关规划数据。

CBDB 已具备存储、分析，以及可视化平台功能。首次提出并实现数据精简、循环和再使用的 3R（reduce、recycle、reuse）的建设理念，大幅度提升了数据处理和实时更新效率。应用新技术精密感知城市动态即时变化，获得的数据汇入 CBDB 大数据库，提升其为城市治理赋能更精密感知度的能力。

8.4.2 关键技术：城市现代化治理五大突破

五大关键突破需以基于三感五耗*的智能大数据库 CBDB+ 作为数据底板基础，实现提升城市生命体常态型、底线型、动力型的三大能力（图 8.2）。

（1）点网流的智能硬件设施支撑体系，形成城市认知力。

（2）城市智能治理 IGO-VERNCE 平台搭建，形成城市战略制定与政策执行能力。

（3）以人的需求为根本的人工智能推演技术，形成满足城市市民福祉的能力。

（4）以家园为原型的腰部平衡城市治理单元，形成城市灾难预警与应急和恢复能力。

（5）协同创新智能化组织网络构建，激发社会和民众创新活力能力。

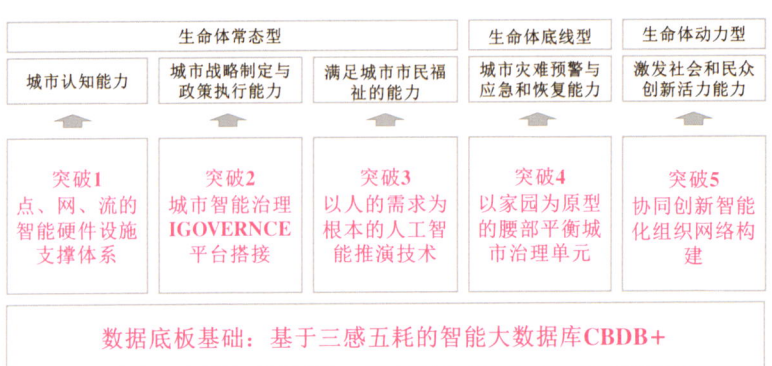

图 8.2 城市治理现代化关键核心技术架构图

参考文献

李迅. 关于中国城市发展模式的若干思考[J]. 城市, 2008 (11): 23-33.

---

*三感五耗：获得感、幸福感、安全感，物质消耗、能源消耗、时间消耗、社会冲突、个人消耗。

第九章 新时代我国城市治理现代化政策建议

CHAPTER 9
PROPOSALS FOR CURRENT URBAN GOVERNANCE IN CHINA

城市治理能力及治理体系的构建是推进国家治理体系和能力现代化建设的重要组成部分。我们团队历经十余年，基于对城市发展演进规律、城市治理智化、我国城市发展特点的深刻认识，在对我国城市发展不平衡、不充分的成因、机理等充分研判的基础上，借鉴世界主要发达国家城市治理经验，应用前沿城市智能关键核心技术，结合我国的国情特点，对城市发展、城市智化进行了深入研究。

9.1 国家治理现代化进程
The Intellectualizing of Governance at National Level

新时代国家治理现代化中,党总领导、法治筑基、行政保障是最主要的方针主线。2013年,党的十八届三中全会首次提出"推进国家治理体系与治理能力现代化的要求",并明确了经济体制、政治体制、文化体制、社会体制、生态文明体制等的改革方向。而后的十八届四中全会确定了全面推进依法治国的战略部署、建设中国特色社会主义法治体系和社会主义法治国家的总目标。到了2015年的十八届五中全会,党提出"全面建成小康社会"的新目标,并要求到2020年,各方面制度更加成熟、更加定型,国家治理体系和治理能力达到现代化要求。党的十九届二中全会审议通过了《中共中央关于修改宪法部分内容的建议》,并提出了全面依法治国与国家治理体系和治理能力现代化的重大举措。2018年,党的十九届三中全会提出以国家治理体系和治理能力现代化为导向,以加强党的全面领导为统领,深化党和国家机构改革。在党的十九届四中全会上,坚持和完善社会主义制度、推进国家治理体系和治理能力现代化成为重要议题。到中国共产党成立一百周年(2021年)时,在各方面制度更加成熟、更加定型上取得明显成效(图9.1)。到2035年,各方面制度更加完善,基本实现国家治理体系和治理能力现代化。到新中国成立一百周年(2049年)时,全面实现国家治理体系和治理能力现代化,使中国特色社会主义制度更加巩固、优越性充分展现。通过这些年的努力,我国国家治理现代化越来越受到重视,现代化进程大大加快。

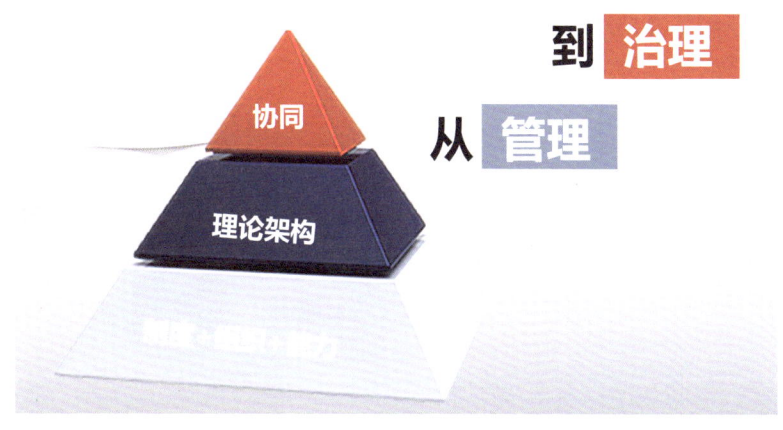

图9.1　国家治理体系现代化从管理到治理

9.2 国家政府层面政策建议
Policy Proposals at National Level

9.2.1 人民需求为根本，提升市民福祉

人的需求是城市发展的原动力，人工智能城市的原动力模式是用人工智能技术解决城市发展过程中的人的需求问题，以需求带动城市的发展是其重要特征。研究智能城市治理所需的技术支撑服务，应以市民的需求为导向，以总体设计为指引，以效率提升为目标，围绕智能城市建设各环节进行全流程、闭环的服务设计。

在人工智能城市规划和设计中，要根据人民对美好生活日趋丰富多元化的需要，因地制宜加强规划引领，提高人居环境质量。充分考虑市民对城市空间的需求，包括职业空间、居住空间、教育空间、医疗空间、商业空间、游憩空间、路网空间、河网空间、绿网空间、文化遗产空间的需求。

在人工智能城市治理中，做到以人为本，针对不同人群的需求，提供相应的服务。从单一管理到多元智理，"自上而下"与"自下而上"相结合，为市民提供智能化、个性化的服务，建立一个能够凝聚各方共识的规范性平台，实现城市管理统一化、规范化、流程化。特别突出城市管理在保障和改善民生方面的作用，要让每个居民，特别是外来者感受到城市的温度，增强对城市的认同感和归属感。

在解决城市问题的同时，应当贯彻"以人为本"的基石，了解不同人群的共性需求，以人的需求、感受和全面发展来规划好生产、生活、生态及共享空间，创新人工智能城市发展的方法。既要从宏观层面推动产业发展、基础设施、公共服务等资源的均衡、高效配置，也要从微观层面积极回应人民群众关心的教育、医疗、住房、养老、绿色开放空间、社区生活圈、城市安全等诉求，真正把以人民为中心的理念通过人工智能2.0技术落实到城市的各个角落，从而最大限度地实现空间布局的安全便利，享受到高质量的智能服务和个性化生活，提高城市发展的宜居性（图9.2）。

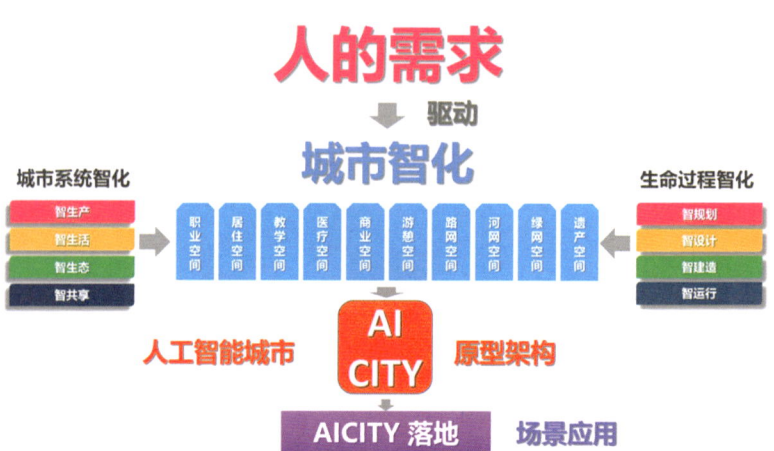

图 9.2 满足人的需求是城市智能治理的本质

9.2.2 iGovernance Platform（iGP）智能技术平台

中央政府鼓励支持各省市地方政府建构基于iGovernance Platform（iGP）智能技术平台的现代城市治理系统，并推进城市智能治理的建章立制（图9.3）。

尽快完善新型城市智能基础设施结构框架，以服务为导向，充分挖掘城市层面服务与管理的业务共性。同时根据所在城市的个性化特征进行 iGovernance Platform（iGP）为构架的城市智能治理系统框架的顶层设计，并考虑系统的开放性与兼容性，以满足未来不断丰富的应用场景。

考虑不同区域特征、不同城市规模等差异性带来的城市治理特殊性，鼓励地方政府基于地方特色出台城市智能治理政策，促进城市的智能化给当地人民群众带来切实的满意感、幸福感和安全感的提升。

iGP 平台整合人工智能城市中枢，纵向打通政府现有多个部门的纵向系统、企业、市民等城市治理主体。横向打通城市经济、社会、环境等城市治理客体，解决不同城市层面的问题。

基于 iGP 平台，推演城乡发展演变历程，提前感知城市发展趋势，预演城市发展瓶颈，从而在规划阶段进行街区优化，从源头上避免城市发展通病。

iGP 平台的建设可以提升对人民三感（获得感、幸福感、安全感）的感知能力，从交通、安居、教育、医疗各方面将大幅度提高公民的出行便利度、教育公平度、医疗满意度。将全面提高城市运行管理和服务水平，方便人民的工作、生活。iGP 平台建设可大大提高城市治理效率，降低五耗成本的量级消耗，即物质消耗成本（纯建造成本）、能源消耗成本（建造过程的能源消耗、运行过程的能源消耗）、时间消耗成本（建造时间的优化、使用时间的推测）、社会冲突成本（交通堵塞、医疗设施、教育设施分配不均衡、）、个人消耗成本（时间、精力、能力等成本、职住不平衡冲突等）。

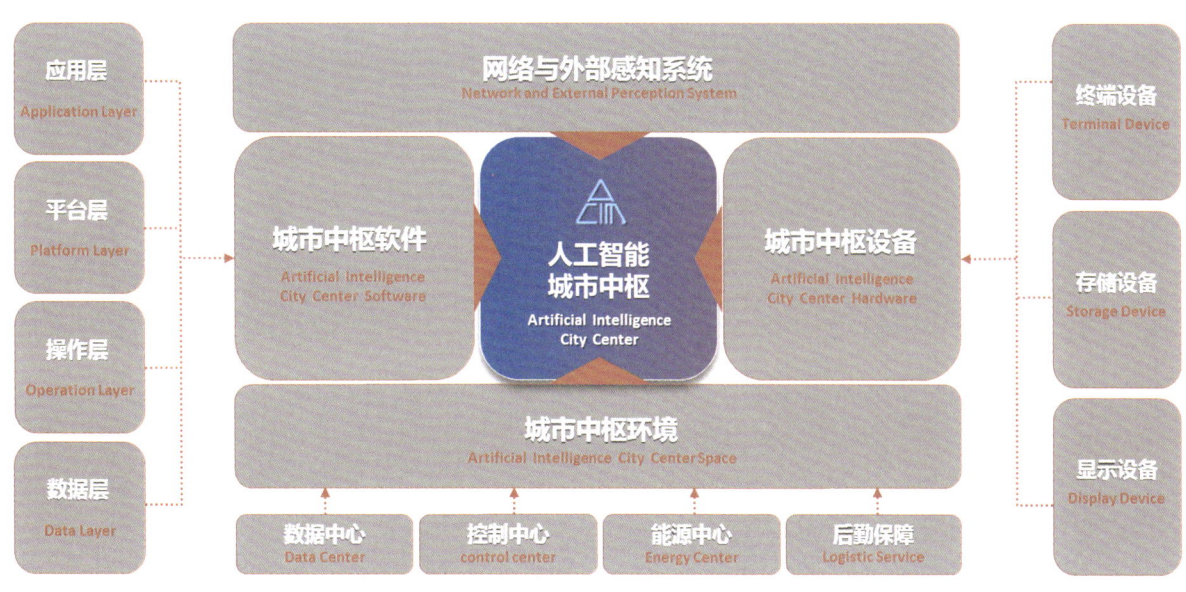

图 9.3 智能技术平台的城市治理系统示意图

9.2.3 构建现代治理数据知识库

建立全国统一的城乡政府现代治理数据字典，形成元数据知识库。建立城乡大数据库，以城市数据字典的方式，形成元数据知识库，对即时数据与历史数据采取有针对性的处理方式，提高数据密度的价值与有效性。

对即时信息的处理，以即时推送为特点，及时、即时推送至政府智慧治理平台的相关系统，直接服务于城市各类审批系统、缩短城市各类审批、服务时限，为提升营商环境、改善市民服务体验提供直接的数据支撑。

对历史数据，通过城市数据积淀，提高数据密度的价值，形成元数据知识库。通过知识库的建立，以数据为支撑，形成理性治理思维；通过历史数据分析、趋势研判，提升城市辅助决策系统，逐步改变以往靠个人经验积累、专家直觉的管理方式。

9.3 地方政府层面政策建议
Policy Proposals at Local Level

9.3.1 应急基础设施体系

建设基于城市治理大平台的应急关键基础设施体系，提高基层公务员人机协同能力。

全面梳理城市应急关键基础设施现状与掣肘因素，将目标规划与需求驱动结合，优化决策指挥、信息传递、权责划分机制，升级城市应急关键基础设施系统，有效应对各类公共突发事件。

加强基层公务员的技术培训，完善数据溯源系统和问责机制，培养掌握数字技术的基层问题高效处理者、个性化服务精准提供者。

9.3.2 家园作为城市治理单元

以城市更新为契机，结合城市老旧小区改建，建立以家园为基本单元的城市治理系统。

在家园为城市治理基本单元中，以智能测评技术判断治理短板，合理高效配置住、行、商、医、教、产、创新、基础设施、绿地等家园功能设施，优化家园生活环境，并在此基础上形成社会治理网络。

5分钟邻里是一个步行安全便捷的生活网络。在5分钟邻里范围内打造功能混合便捷的社区综合体，可以解决就学、游戏、求医、购物、休闲健身、养老等基本生活需求。居民能感受到舒心、体贴的基本生活需求服务。

基于城市治理现代化提升的智能家园建设可增强城市三大能力。

（1）持续能力：城市家园是城市生命体的核心基本单元，大都市可以看作是生命体的群居现象。精细布局城市迷走神经系统APP，响应城市和市民的十元（职、住、行、商、医、教、产、创、基、绿）需求，可提高城市家园的持续能力、免疫能力、韧性能力，以此决定城市的生命力。

（2）免疫能力：城市家园为单元的医疗设施科学布局可增强城市免疫能力。5分钟生活圈按照家园模式配置医疗设施，构建"分级诊疗"的家园基础；社区分散诊断与医院集中治疗的适当分离，避免人群在医院盲目汇集造成交叉感染。自组织的最小城市治理的单元，提供疫情期间的预防、隔离、治疗和援助的单元。

（3）韧性能力：城市的现代化抵御城市重大风险的能力。通过城市治理体系与能力的现代化，精准感知城市发展脉搏与人民动态需求，实时监测城市发展各项指标，预测城市发展趋势，及时预警城市重大安全风险并采取措施，形成完备的风险应对方案，化解城市发展危机，增强城市自身的抵抗力，提升城市健康水平。

9.3.3 激发社会民众治理活力

协同创新智能化网络可提升激发社会和民众创新活力能力。

创新模式的智化，即工作中人和人的协同创新模式的智化。全球搜索、全球匹配、全球协同各专业中最前端、创新的主体。

基于CBDB城市数据库，长三角城市群智能规划协同创新中心研发的ICITY知识服务系统是联合国教科文组织认定、全球范围内第一个城市规划知识交流网站。2015 年起，中心受中国工程院委托，参与联合国教科文组织国际工程科技知识中心（IKCEST）建设项目，负责完成"智城知识服务系统"ICITY 研发，架构了面向全球的城市知识库网站（www.icity.ikcest.org），并在 2018 年长三角城市群智能规划协同创新中心参与承办的首届联合国世界地理信息大会上正式发布并向全球推广。该网站集合了 1 000 个城市动态基础信息并开展城市智商评价，1 000 个全球优秀城市实践案例，按照每周 20 万篇文献读取速度筛选城市和规划信息（图 9.4）。

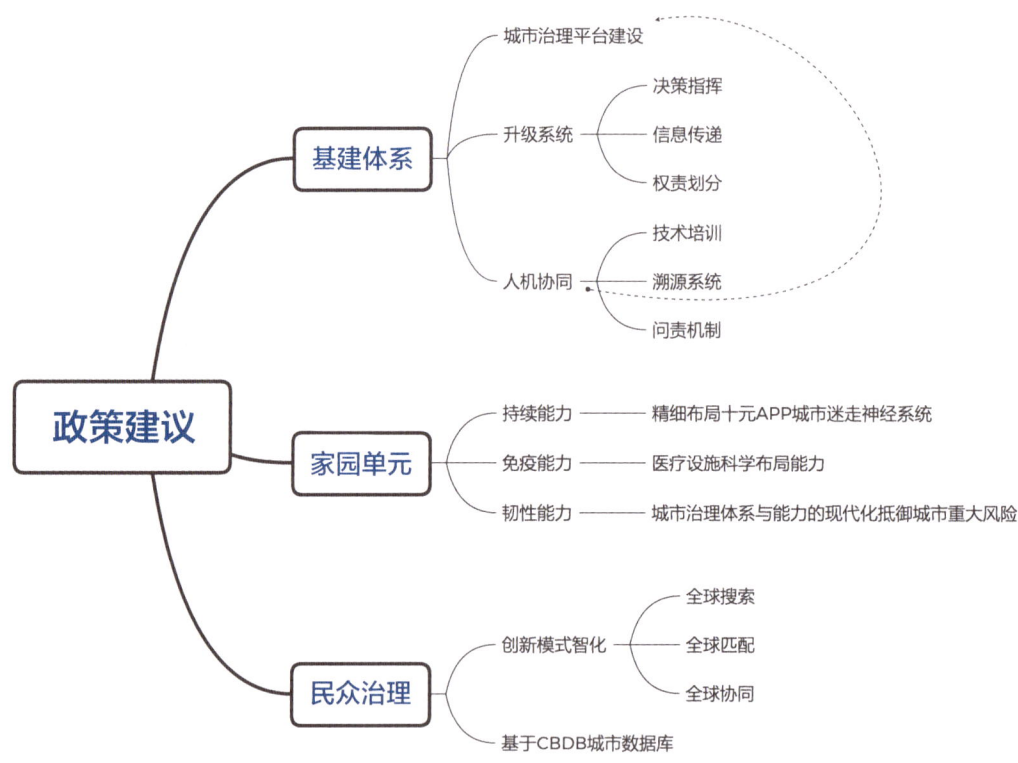

图 9.4 地方政府政策建议

9.4 行业技术层面政策建议
Policy Proposals at Professional and Technological Level

9.4.1 行业推进的两大方面

现代城市治理的智能化需要通过不同的行业共同推行的，对于国家地方的专业学会、协会、专业主管行政部门的推进，尤其需要在两个方面努力：

（1）本专业对现代治理的政策鼓励，使得本专业在城市现代化治理推进中的行业和专业的特殊推进力的培育。

（2）本行业在城市的现代治理建立过程中，与相关行业围绕共同系统的共建，形成协同创新的治理生态。

9.4.2 城市现代化治理相关行业

城市现代治理体系建立，尤其与以下行业相关：

（1）投资决策体系，如国家发展改革委、省市发展改革委。

（2）各地城市行政管理决策和研究机构，如各省各市的城市发展政策、治理政策的政府研究中心。

（3）全国和各省市经信委管理系统、科技委等从现代通信技术等方面推进，包括国家和省市级别的科协和数字信息系统相关的学会和协会，以信息化手段的动态更新和本地所需要的技术遴选，进行信息化和智能化的推进。

（4）国家和地方城市建设主管部门，如国家自资部和建设部，地方的规划局与建设局，从硬件布置和空间角度落实整个城市的现代治理体系的承载。

（5）国家和地方政府中的民政系统避免社会弱势群体所需要的、可操作的更新被城市的数字革命边缘化，又保证数字－信息－智能化能真实帮助他们在城市生活中参与到未来的建设和运营管理中。

（6）国家、省、市、地方的党委宣传部门、社会团体、各民主党派、各技术协会。城市现代治理的智能化是一个圈系统过程，也关系到所有市民对于信息化的建设的利益和知识的普及，因此与国家、省、市、地方的党委宣传部门、社会团体、各民主党派、各技术协会也都有自己可以进行参与和贡献的发挥各自力量的空间。

虽然以上列出了5个行业方向和主管的行政部门和党政管理部门，可能还有更多的行业和主管部门都可以积极地参与进来，但是直接相关的是城市管理部门、城市建设部门、城市信息化主管部门。

9.4.3 三大推进模式

由于各国行政体系的不同，各国对城市的智能化治理有不同的解决方案。就国内而言，也有多种推进模式，如以市委市政府主要领导挂帅推进的"城市一号工程模式"。这种模式容易打通"数字孤岛"和"治理烟囱"的问题，快速提升城市数据和建设的节奏。但是这种模式容易造成技术方案的投入性价比不一定最高，有时甚至建设结束后，投入的基础设施被快速迭代的技术淘汰。

也有的城市在推进模式中，采用了更适应市场经济的"技术公司构架模式"，即通过招标的形式，把城市的现代治理工程委托给市场大公司进行总体构架，如国内城市的智能化方案委托华为、阿里、腾讯和神州等公司进行总体策划和顶层设计。在 2010 年前后，也有很多城市与 IBM 签订城市智能化管理的协议等。这种模式的优点是技术架构城市，但容易造成以设备硬件的前期投入和技术方案的先进性为导向，忘记了城市的智能是以百姓需求为目的、为城市可持续发展为核心的初衷。因此在全球过去 15 年实践中，可以看到政府大量投入的设施，往往由于公司的投入大、产出差和城市运行数据的安全性问题，不能达到预期的治理效果。

我们提倡的是第三种模式，以本市居民的需求、本市居民迫切需要解决的问题为先导，配合城市的发展战略，制定城市智能化规划和设计，并在具体项目中进行技术市场的招标。我们把这种模式称为城市现代治理智能化的"人本战略模式"。实践证明，这种模式既把城市发展战略作为城市现代治理战略的主要征询，又紧密地考察人民的需求；既有城市自上而下的智能化的规划设计，又考虑实施技术方案的市场招标；既考虑长远的战略愿景目标，也考虑眼前实施中的精准投入和不断迭代的可能。

从以上 3 种模式，即"城市一号工程模式"、"技术公司构架模式"和"人本战略模式"。我们可以看到，各个行业都具有自己可贡献的力量和方向，任何现有的行业和国家、省、市、地方党委和政府领导下的专业主管部门，都不能独立完成一个城市的现代治理体系的智能化方案和技术推进。因此，各个行业既要提升本身行业的数字化、信息化、智能化的知识储备和动态把握，也要在现代治理体系建立的共同目标下，与其他行业进行沟通、协同和联合创新。

9.5 智能治理的实施保障体系建构
Construction of Supporting System for Implementation

9.5.1 组织保障

城市治理是一个社会系统的治理，因此要完成城市治理的智能化，必须有强有力的并且是组织架构明确的、实现方向坚定的组织保障体系。

组织保障体系第一层是市委市政府强有力的领导，把城市的治理智能化从目标、手段、思想到场景都纳入明确的顶层战略意图。而这个战略意图需要市委市政府的决策，市委市政府主要领导的直接领导，才能够克服各主管部门之间的区隔，保障前后道工程、系统、环节的连贯。

组织保障体系还包括城市治理现代化在国家层面、省市层面和地方层面的主管部门的新职责明确或机构新建。从世界大城市的经验来看，两类情况都有。有新成立的大数据局、城市智能治理局，也有架构在现有城市治理体制之上的城市专项小组、项目。从中国的实践来看，第一种方法更容易积聚城市的力量，成立专门的大数据局、城市智能治理局等，更容易保障人员、数据、专用基金、投资、场所的遴选、推进时间的布局等复杂问题的解决。

组织保障的第三层含义是基层组织的特别职位的设定，如街道、区政府都可专门设置工作岗位，安排专人完成社会治理底层的数字化、信息化、智能化、智慧化的工作，才能让中国的城市治理从市委市政府的战略成为各基层部门治理的现实。

组织保障的第四层含义超越了体系内部的保障，指任何空间包括省、市、街道、农村的治理都需要外部专家、科研机构的经验和知识。高端人才对技术战略规划进行顶层设计，放眼世界的经验和教训，结合当地需求和资源特色，进行特别的规划设计。也作为第三方，科学理性、严谨务实地评估治理的实施效果，为治理提供参考。这在组织上需要有专家委员会、专项活动经费等进行保障，包括对专家委员会的支撑机构，如科协、学会组织。

9.5.2 制度保障

城市治理的制度保障是一个立体的结构，包括地方立法、全国通用法律（尤其关于数字安全的法律）、国家和各个地方的技术规范，以及各个专业的操作流程中的专业规范。

从技术规范系统上来说，又可以分为不同空间的规范，如国际上的规范，全国的规范，省、市的规范，也包含专业的规范，如电讯的规范、使用信息的规范、数字安全的规范等。技术规范还包含通识规范和专项规范。

因此，制度保障是一个立体结构，是城市从传统管理走向未来的现代智能治理过程中的法律依据和技术行为的依据。

从全国的范围来看，城市现代治理的制度体系正在大规模地推进，全国层面上也在形成法律、法规、技术、规范，一些发达地区已经开始成立地方的专项的法律和技术规范。我们可以期待在未来五年、十年，这部分制度体系将快速地建成并为全国的现代治理体系提供路径依据。

9.5.3 人才保障

人才是治理的关键，在推

进国家治理体系和治理能力现代化的过程中，离不开城市治理专门人才的支撑。释放制度活力，解放人才，要把人才资源提升到战略高度，培养与城市智能治理相适应的专门人才。

智慧科技人才，大数据、人工智能、移动互联网、云计算等技术的发展为城市智能治理提供了重要的技术支撑。可以预见的是，随着现代智慧科技的发展和成熟，在不久的将来，为了适应城市智能治理进入更高阶段，构建懂得灵活运用现代智能科技的城市治理专门人才队伍十分必要。

法治专业人才，社会秩序能否实现安定平稳，社会矛盾能否有效化解，现代社会治理体系能否有效运转，都离不开法治的保障。在法治的框架下和轨道上形成一套人才队伍体系，既是维护公共安全的必然要求，也是加强和创新社会治理的内在要求。

基层治理人才，人民群众对美好生活的向往就是我们的奋斗目标，也是基层社会治理的根本追求。城市治理的重心在基层，基层治理关键在人，培养一批熟悉基层社会治理规律、掌握基层社会治理技能的本土化、乡土化的基层治理人才，促进城市治理新格局的构建。

群众治理人才，从"管理"到"治理"代表着更为多元的主体参与城市治理。让人民群众广泛参与治理决策过程，体现更加开发和包容的态度，发挥基础性作用，为城市治理的发展奠定重要基石。

9.5.4 技术保障

信息通信技术（ICT）时代，数据信息呈爆发式增长，数据采集需要满足全面性、多维性及高效性。城市治理的建设需要科学的顶层设计、系统性规划和相关政策的支持。

综合运用大数据、云计算、物联网、区块链、人工智能等前沿技术推动城市管理手段、管理模式、管理理念创新。城市治理体系及治理能力现代化有很多复杂的科学问题，需要更多的人才投入。合理的城市体系和现代化的城市治理能力关系到每个人的生活幸福，结合时空模型、大数据、计算机技术的城市治理大有可为。

参考文献

[1] 吴志强. 智慧城市：初心与反思[J]. 当代建筑，2020（12）：4-5.
[2] 吴志强，冯凡，鲁斐栋，等. 城市韧性空间设计[J]. 时代建筑，2020（4）：84-89.